— a —
ARMADILHA
DA FELICIDADE

A armadilha da felicidade

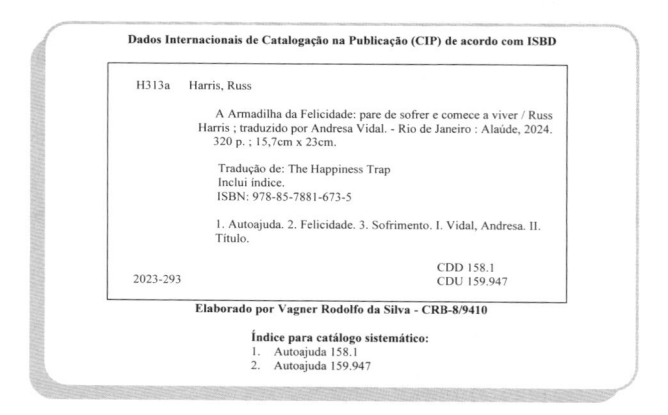

Dados Internacionais de Catalogação na Publicação (CIP) de acordo com ISBD

H313a — Harris, Russ

A Armadilha da Felicidade: pare de sofrer e comece a viver / Russ Harris ; traduzido por Andrea Vidal. - Rio de Janeiro : Alaúde, 2024.
320 p. ; 15,7cm x 23cm.

Tradução de: The Happiness Trap
Inclui índice.
ISBN: 978-85-7881-673-5

1. Autoajuda. 2. Felicidade. 3. Sofrimento. I. Vidal, Andresa. II. Título.

2023-293

CDD 158.1
CDU 159.947

Elaborado por Vagner Rodolfo da Silva - CRB-8/9410

Índice para catálogo sistemático:
1. Autoajuda 158.1
2. Autoajuda 159.947

Alaúde é uma Editora do Grupo Editorial Alta Books

Produção Editorial: Grupo Editorial Alta Books
Diretor Editorial: Anderson Vieira
Editor da Obra: Ibraíma Tavares
Vendas Governamentais: Cristiane Mutüs
Gerência Comercial: Claudio Lima
Gerência Marketing: Andréa Guatiello

Produtoras Editoriais: Caroline David, Gabriela Paiva
Tradução: Andresa Vidal
Copidesque: Luíza Thomaz
Revisão: Rafael de Oliveira, Renan Amorim
Diagramação: Joyce Matos
Capa: Marcelli Ferreira

ALTA BOOKS
GRUPO EDITORIAL

Rua Viúva Cláudio, 291 — Bairro Industrial do Jacaré
CEP: 20.970-031 — Rio de Janeiro (RJ)
Tels.: (21) 3278-8069 / 3278-8419
www.altabooks.com.br — altabooks@altabooks.com.br
Ouvidoria: ouvidoria@altabooks.com.br

Editora
afiliada à:

ASSOCIADO

— a —
ARMADILHA DA FELICIDADE

PARE DE SOFRER E COMECE A VIVER

Dr. RUSS HARRIS

EDITORA

ALAÚDE
Rio de Janeiro, 2024

DEDICATÓRIA

Aos meus irmãos: Adrian, Darrell, Yulanie e Quentin. Há um velho ditado: "Famílias são como galhos de uma árvore. Crescemos em direções diferentes, mas nossas raízes permanecem uma só." Obrigado por todo o amor, alegria, gentileza e risadas que vocês trazem à minha vida.

SOBRE AUTOR

O **Dr. Russ Harris** é um instrutor mundialmente renomado de Terapia de Aceitsação e Compromisso (ACT). Russ é formado em medicina e, como clínico geral, interessou-se cada vez mais pelos aspectos psicológicos da saúde e do bem-estar e cada vez menos pela prescrição de receitas médicas. Por fim, esse interesse o levou a uma mudança total de carreira. Agora, trabalha em duas funções diferentes, mas complementares — como terapeuta e *coach*.

Em 2015, Russ escreveu um protocolo de gerenciamento de estresse como recurso para a Organização Mundial da Saúde usar em campos de refugiados em todo o mundo, atendendo a maior variedade possível de problemas relacionados a traumas, incluindo TEPT, depressão e transtornos de ansiedade. Até agora, o trabalho foi implementado com efeitos positivos em campos de refugiados na Síria, Uganda e Turquia, e os resultados impressionantes foram publicados na revista *The Lancet*, uma das principais revistas médicas do mundo.

Desde 2005, Russ realizou mais de oitocentos *workshops* de dois dias e forneceu treinamento em ACT para mais de 50 mil profissionais de saúde. Ele é autor de quatro livros sobre o assunto (*ACT Made Simple, Trauma-Focused ACT, Getting Unstuck in ACT, ACT Questions & Answers* [sem publicação no Brasil]) e quatro livros de autoajuda baseados em ACT (*A Armadilha da Felicidade, The Reality Slap, The Confidence Gap* e *ACT with Love*). Seu livro mais conhecido, *A armadilha da felicidade*, vendeu mais de 1 milhão de exemplares em todo o mundo em sua primeira edição e foi traduzido para mais de trinta idiomas.

SUMÁRIO

O QUE HÁ DE NOVO NA SEGUNDA EDIÇÃO?

Quando comecei a escrever a segunda edição deste livro (dezesseis anos depois da primeira), achei que este seria um trabalho rápido; apenas algumas pequenas alterações aqui e ali. Mas logo percebi que a obra precisava de uma grande reformulação do início ao fim. Quando finalmente terminei o trabalho, fiquei surpreso ao descobrir que mais de 50% do livro era material novo! Acho que isso reflete o quanto a maneira como penso, falo e pratico essas coisas mudou ao longo dos anos.

Entre tantas mudanças, adicionei muitas novas ferramentas, técnicas e diversos exercícios; novas informações sobre a natureza e o propósito das emoções (e como superar o entorpecimento emocional); muitos novos tópicos e capítulos, incluindo como acabar com maus hábitos, superar a procrastinação, cessar ataques de pânico, interromper a preocupação e a obsessão, lidar com conflitos de valores e dilemas difíceis, superar a mania de agradar as pessoas e o perfeccionismo; dicas práticas para quem sofre com um trauma; e, por último, mas definitivamente não menos importante, uma pilha de material novo sobre autocompaixão.

Além de tudo isso, cortei muito falatório, repetição e jargão técnico. Então, se você gostou da primeira edição, espero e confio que tirará muito mais proveito desta.

Boa leitura!

Tudo de bom,

Russ Harris

PARTE 1

POR QUE É TÃO DIFÍCIL SER FELIZ?

1

A VIDA É DIFÍCIL

Ser humano dói. Em nosso curto tempo neste planeta, teremos muitos momentos de encanto, admiração e alegria — mas também muitos de angústia, pavor e desespero. Conheceremos os altos do amor, da conexão e da amizade — mas também os baixos da solidão, da rejeição e da perda. Vivenciaremos as delícias do sucesso, da vitória e da conquista — mas também as aflições do fracasso, da derrota e da decepção.

Em outras palavras: a vida é difícil. E se vivermos o suficiente, todos experimentaremos a dor, o estresse e o sofrimento em diferentes formas. O problema é que a maioria de nós não sabe como lidar de modo eficaz com essa realidade. Trabalhamos arduamente para encontrar a felicidade — mas muitas vezes falhamos; e mesmo quando temos sucesso, ele geralmente dura pouco, deixando-nos insatisfeitos e ansiando por mais.

Então, por que é tão difícil ser feliz? Que bom que perguntou. Este livro é baseado em um enorme conjunto de pesquisas científicas que mostram que todos nós facilmente caímos em uma poderosa armadilha psicológica. Passamos a vida nos agarrando firmemente a muitas crenças inúteis sobre a felicidade — ideias amplamente aceitas porque "todo mundo sabe que são verdadeiras".

Essas crenças parecem fazer sentido — por isso são encontradas em tantos artigos e livros de autoajuda. Mas, infelizmente, essas ideias enganosas tendem a criar um círculo vicioso, no qual quanto mais buscamos a felicidade, mais sofremos. E essa armadilha psicológica está tão bem escondida que nem percebemos que estamos presos a ela.

Essa é a má notícia.

A boa notícia é que há esperança. Podemos aprender a reconhecer rapidamente que estamos presos à "armadilha da felicidade", e, mais importante, aprender a escapar dela. Este livro lhe dará as habilidades e os conhecimentos necessários para fazê-lo. Ele é baseado em um poderoso modelo psicológico conhecido como Terapia de Aceitação e Compromisso (ACT), que tem uma base científica com mais de 3 mil estudos publicados comprovando sua eficácia.

A ACT (pronunciada como a palavra em inglês "*act*") foi desenvolvida nos Estados Unidos em meados da década de 1980 pelo psicólogo Steven C. Hayes e seus colegas, Kelly Wilson e Kirk Strosahl. Desde então, difundiu-se pelo mundo. Hoje existem centenas de milhares de psicólogos, terapeutas, consultores, *coaches* e médicos praticando ACT em dezenas de países diferentes — dos Estados Unidos, Reino Unido e Uganda à Índia, Indonésia e Irã.

Um dos motivos para a crescente popularidade da ACT é que ela é incrivelmente eficaz em ajudar pessoas com uma ampla gama de problemas. Os 3 mil estudos científicos que mencionei abrangem tudo, desde depressão, dependência e transtornos de ansiedade, até psicose, dor crônica e trauma. No entanto, a ACT não é apenas um tratamento para distúrbios psicológicos; também é usada para ajudar pessoas a lidar com doenças crônicas e deficiências e a desfrutar de vidas significativas e gratificantes mesmo diante de problemas de saúde sérios. Além disso, é muito utilizada pelas forças armadas, por serviços de emergência, departamentos governamentais, equipes esportivas profissionais e atletas olímpicos, empresas, hospitais e escolas — para melhorar a saúde e o bem-estar, reduzir o estresse, aprimorar o desempenho e aumentar a resiliência.

Por último, mas não menos importante, todos sabemos da importância de ter uma alimentação saudável, fazer exercícios físicos com regularidade e cultivar boas relações com os outros; estes são os pilares fundamentais para a saúde, a felicidade e o bem-estar. Mas quão difícil é *realmente fazer* essas coisas de forma contínua? Fácil na teoria, difícil na prática, para a maioria de nós. Felizmente, a ACT nos dá todas as ferramentas e estratégias de que precisamos

para acabar com maus hábitos, superar a procrastinação, encontrar a motivação para começar e manter novos comportamentos saudáveis, além de desenvolver relacionamentos melhores com as pessoas em nossa vida. Em breve veremos como a ACT alcança isso, mas, primeiro, vamos refletir...

A felicidade é normal?

A vida não é justa. Algumas pessoas têm infâncias horríveis em que foram abusadas, negligenciadas ou abandonadas por seus cuidadores, enquanto outras crescem em famílias amorosas e solidárias. Algumas pessoas vivem em extrema pobreza, em áreas onde há muito crime e violência ou em zonas de guerra, prisões e campos de refugiados. Outras vivem em boas condições de habitação, com excelentes comodidades. Algumas têm doenças graves, lesões ou deficiências, enquanto outras têm saúde perfeita. Algumas pessoas têm acesso a alimentação de qualidade, educação, justiça, tratamento médico, bem-estar, viagens, entretenimento e oportunidades de carreira, enquanto outras são privadas da maioria dessas coisas ou de todas elas. E algumas pessoas, pela cor da pele, religião, gênero, convicção política ou orientação sexual, estão continuamente sujeitas ao preconceito, à discriminação ou à opressão. Em todos os países há um grande abismo entre os membros menos e mais privilegiados da sociedade. No entanto, os seres em ambos os lados desse abismo são humanos e, portanto, têm muitas coisas em comum, incluindo o fato de que, não importa quão privilegiados ou desfavorecidos possamos ser, todos estamos naturalmente predispostos ao sofrimento psicológico.

Talvez você tenha notado como as seções de autoajuda das livrarias continuam crescendo. Depressão, ansiedade, raiva, divórcio, problemas de relacionamento, vícios, traumas, baixa autoestima, solidão, luto, estresse, falta de confiança; se é possível nomear, então há um livro sobre isso. E a cada ano, aumentam os números de psicólogos, *coaches*, consultores e terapeutas — assim como as receitas de remédios. Enquanto isso, na televisão e no rádio, em revistas e jornais, em *podcasts* e nas mídias sociais, os "especialistas" nos bombardeiam com conselhos ininterruptos sobre como melhorar nossa vida. E mesmo com todo esse suporte e informação, a angústia humana está crescendo, não diminuindo!

As estatísticas são impressionantes. A Organização Mundial da Saúde identifica a depressão como uma das maiores, mais caras e mais debilitantes doenças do mundo. Todo ano, um décimo da população adulta tem depressão clínica, e um a cada cinco sofrerá desse mal em algum momento da vida. Mais de um terço da população adulta sofrerá, algum dia, de um transtorno de ansiedade. Além disso, um a cada quatro adultos, em algum momento, será dependente de drogas ou álcool. (Só nos Estados Unidos existem atualmente mais de 14 milhões de pessoas que sofrem de alcoolismo!)

Mas aqui está a estatística mais chocante de todas: aproximadamente de uma a cada duas pessoas, em algum momento, considerará seriamente o suicídio — e lutará com isso por duas semanas ou mais. Mais assustador ainda: uma a cada dez pessoas, algum dia, tentará se matar. (Felizmente, pouquíssimas conseguem.)

Pense nesses números por um momento. Pense em seus amigos, familiares e colegas de trabalho. Em algum momento, quase metade ficará tão sobrecarregada pelo desespero que considerará seriamente o suicídio — e um a cada dez tentará!

Agora, pense em situações comuns de sofrimento que não são consideradas "distúrbios psicológicos", mas mesmo assim nos deixam angustiados: estresse no trabalho, ansiedade com o desempenho, solidão, conflitos de relacionamento, doença, divórcio, luto, lesões, velhice, pobreza, racismo, sexismo, *bullying*, crise existencial, falta de confiança, insegurança, medo do fracasso, perfeccionismo, baixa autoestima, crise da meia-idade, síndrome do impostor, ciúmes, medo de ficar de fora, falta de direção na vida… e a lista continua.

Claramente, a felicidade duradoura não é normal! O que naturalmente levanta a questão…

Por que é tão difícil ser feliz?

Para responder a essa pergunta, vamos voltar 300 mil anos no tempo. A vida era muito perigosa para nossos ancestrais da Idade da Pedra: lobos enormes, tigres-dente-de-sabre, mamutes-lanosos, clãs rivais, clima severo, alimentos escassos e ursos nas cavernas, para citar apenas alguns dos perigos. Então, se uma pessoa da Idade da Pedra queria sobreviver, sua mente tinha que estar constantemente à procura de coisas que poderiam machucá-la ou prejudicá-la! E se a mente das pessoas não fosse boa nessa tarefa… elas morriam jovens. Portanto, quanto melhores nossos ancestrais se tornavam em prever e evitar o perigo, mais viviam e mais filhos tinham.

A cada geração, a mente humana se tornava mais hábil em perceber, prever e evitar o perigo. Então, agora, 300 mil anos depois, nossa mente moderna está constantemente atenta, avaliando e julgando tudo o que encontramos: isso é bom ou ruim? Seguro ou perigoso? Prejudicial ou útil? Hoje em dia, porém, nossa mente não nos alerta sobre tigres, ursos e lobos, mas sobre perder o emprego, ser rejeitado, receber uma multa por excesso de velocidade, passar vergonha em público, ter câncer ou 1 milhão de outras preocupações comuns. Como resultado, todos nós passamos muito tempo nos preocupando com coisas que, na maioria das vezes, nunca acontecem.

Outro fato essencial para a sobrevivência é pertencer a um grupo. Nossos ancestrais sabiam disso muito bem. Se a sua tribo o expulsar, não demorará muito para que os lobos o encontrem. Então, como a mente lhe protege da rejeição do grupo? Comparando você aos outros membros. Estou me encaixando? Estou fazendo a coisa certa? Estou contribuindo o suficiente? Sou tão bom quanto os outros? Estou fazendo algo que pode fazer com que me rejeitem?

Soa familiar? Nossa mente está constantemente nos alertando sobre a rejeição e nos comparando ao resto da sociedade. Não é de se admirar que gastemos tanta energia nos preocupando com se as pessoas gostarão de nós! Não é à toa que estamos sempre procurando maneiras de melhorarmos ou nos colocando para baixo por não estarmos "à altura". Basta dar uma olhada em uma revista, na televisão ou nas redes sociais para encontrar instantaneamente um monte de pessoas que parecem ser mais inteligentes, mais ricas, mais magras, mais sexy, mais famosas, mais poderosas ou mais bem-sucedidas do que nós. Então nos comparamos a essas criações midiáticas glamourosas e nos sentimos inferiores ou decepcionados com a vida. Para piorar, nossa mente pode evocar uma imagem fantasiosa da pessoa que idealmente gostaríamos de ser — e depois nos comparar a ela! Que chance temos? Sempre sentiremos que não somos bons o suficiente.

Agora, em praticamente qualquer sociedade do mundo, em qualquer período da história, a regra para o sucesso é: quanto mais, melhor. Quanto melhores suas armas, mais alimento você pode caçar. Quanto maiores suas reservas de comida, maiores suas chances de sobrevivência em tempos de escassez. Quanto melhor for o seu abrigo, mais seguro você estará do perigo. Quanto mais filhos você tiver, maior a chance de alguns sobreviverem até a idade adulta. Não é surpresa, então, que nossa mente busque continuamente o "mais e melhor": mais dinheiro, um emprego melhor, mais *status*, um corpo melhor, mais amor, um parceiro melhor. E se tivermos sucesso, se conseguirmos mais dinheiro, um carro melhor ou um corpo mais atraente, ficaremos satisfeitos… por um tempo. Mais cedo ou mais tarde, porém (e geralmente mais cedo), acabamos querendo mais.

Em resumo, todos estamos programados para sofrer psicologicamente: comparar, avaliar e criticar a nós mesmos; focar o que está faltando; ficar rapidamente insatisfeitos com o que temos; e imaginar todos os tipos de cenários assustadores, cuja maioria nunca acontecerá. Não é de se admirar que os humanos achem que ser feliz é difícil!

Mas, para piorar as coisas, muitas crenças populares sobre a felicidade são imprecisas, enganosas ou falsas, e, na verdade, deixarão você infeliz se acreditar nelas. Vejamos dois dos exemplos mais comuns.

Mito nº 1: A felicidade é nosso estado natural

Muitas pessoas acreditam que a felicidade é "nosso estado natural", mas as estatísticas acima mostram muito claramente que não é o caso. O que *é* natural para os seres humanos é experimentar um fluxo constante de emoções — agradáveis e dolorosas —, que varia ao longo do dia, dependendo de onde estamos, do que estamos fazendo e do que está acontecendo. Nossas emoções, sentimentos e sensações são como o clima: mudam continuamente de momento a momento. Não esperamos que faça sol e calor o dia todo, o ano inteiro. Nem devemos esperar ser felizes e alegres durante todo o dia. Se vivermos uma vida humana plena, sentiremos toda a gama de emoções humanas: as agradáveis, como amor, alegria e curiosidade; e as dolorosas, como tristeza, raiva e medo. Todos esses sentimentos são uma parte normal e natural de ser humano.

Mito nº 2: Se você não está feliz, o problema é você

Seguindo a lógica do primeiro mito, a sociedade ocidental supõe que o sofrimento psicológico é anormal. Ele é visto como uma fraqueza ou doença, um produto de uma mente que é, de alguma forma, imperfeita ou defeituosa. Isso significa que, quando inevitavelmente experimentamos pensamentos e sentimentos dolorosos, muitas vezes ficamos envergonhados ou nos criticamos por sermos fracos, tolos ou imaturos.

A Terapia de Aceitação e Compromisso é baseada em uma suposição radicalmente diferente: *se não está feliz, você é normal*. Convenhamos: a vida é dura e cheia de desafios; seria estranho se nos sentíssemos felizes o tempo todo. As coisas que tornam a vida significativa vêm com toda uma gama de sentimentos agradáveis e dolorosos. Por exemplo, considere um relacionamento próximo. Quando tudo vai bem, experimentamos sentimentos maravilhosos, como amor e alegria. Mas, cedo ou tarde, mesmo nos melhores relacionamentos, teremos conflitos, decepções e frustração. (Não existe um relacionamento perfeito.)

Isso vale para todos os projetos significativos em que embarcamos — desde construir uma carreira ou uma família, até cuidar de nossa saúde e condicionamento físico. Embora projetos significativos muitas vezes tragam sentimentos de excitação e entusiasmo, eles inevitavelmente também trazem estresse e ansiedade. Então, se você acredita no mito número dois, está em apuros, porque é praticamente impossível criar uma vida melhor se não estiver preparado para se deparar com sentimentos desconfortáveis. (A boa notícia é que, em breve, você aprenderá a lidar com esses sentimentos de maneira diferente, a confrontá-los de uma forma radicalmente distinta, para que tenham muito menos impacto e influência sobre você.)

O que exatamente é "felicidade"?

Felicidade. Nós a queremos. Ansiamos por ela. Nós nos esforçamos para tê-la. Mas o que ela é, exatamente?

Se você fizer essa pergunta à maioria das pessoas, é provável que descrevam a felicidade como um "sentimento bom": uma sensação prazerosa de alegria, contentamento ou exultação. Os antigos gregos tinham uma palavra especial para uma vida baseada na busca de sentimentos felizes: "*hedemonia*", de onde vem a palavra "*hedonismo*" (busca pelo prazer). Todos nós gostamos de sentimentos prazerosos, então não é de se surpreender que os persigamos. No entanto, como todas as emoções humanas, os sentimentos de felicidade são fugazes. Eles vêm e vão. Não importa o quanto tentemos segurá-los, nunca ficam por muito tempo. E, como veremos, uma vida baseada na busca pelo "sentir-se bem" é, a longo prazo, profundamente insatisfatória. De fato, pesquisas mostram que quanto mais perseguimos sentimentos prazerosos e tentamos evitar os desconfortáveis, maior a probabilidade de sofrermos de depressão e ansiedade.

Mas há outro significado de felicidade que é radicalmente diferente: a experiência de viver uma vida rica e significativa. Quando esclarecemos o que defendemos na vida e começamos a agir de acordo — comportando-nos como o tipo de pessoa que realmente queremos ser, fazendo as coisas que importam no fundo do nosso coração, seguindo caminhos de vida que consideramos dignos —, nossa vida é enriquecida com significado e propósito, e experimentamos uma profunda sensação de vitalidade. Não é um sentimento fugaz, é a sensação poderosa de uma vida bem vivida. A palavra em grego antigo para esse tipo de felicidade é *"eudemonia"*. Quando vivemos dessa maneira, com certeza temos muitos sentimentos prazerosos; e também muitos difíceis, como tristeza, ansiedade e culpa. (Como eu disse, se vivermos plenamente uma vida humana, sentiremos toda a gama de emoções humanas.)

Este livro, como você sem dúvida supôs, concentra-se no segundo significado de felicidade, e não no primeiro. Claro, todos nós gostamos de nos sentir bem, e faz sentido apreciar e desfrutar de sentimentos agradáveis quando eles aparecem. Mas se tentarmos tê-los o tempo todo, estaremos fadados ao fracasso.

A realidade é: a vida é difícil. Não há como escapar disso. Mais cedo ou mais tarde, todos ficaremos fracos, adoeceremos e morreremos. Mais cedo ou mais tarde, todos perderemos relacionamentos importantes por rejeição, separação ou morte. Mais cedo ou mais tarde, todos nos depararemos com crises, decepções e fracassos. Isso significa que, de uma forma ou de outra, todos experimentaremos muitos pensamentos e sentimentos dolorosos.

Mas a boa notícia é que, embora não possamos evitar essa dor, podemos aprender a lidar muito melhor com ela — a nos "desconectar" dela, superá-la e criar uma vida que valha a pena ser vivida. Este livro ensinará algumas habilidades simples, mas eficazes, para eliminar rapidamente o impacto de pensamentos, sentimentos, emoções, sensações e memórias dolorosas. Você aprenderá a drenar o poder deles, para que não o detenham ou derrubem mais; aprenderá a deixá-los se manifestar e partir sem se deixar levar por eles. Também aprenderá a construir uma vida valiosa e significativa — independentemente do que tenha passado ou do que está enfrentando agora —, o que dará origem a um profundo senso de vitalidade e realização.

Agora pare por um momento e perceba como sua mente está reagindo a isso.

É de forma positiva, entusiasmada, animada, esperançosa, otimista? Se sim, aproveite enquanto dura — mas, por favor, não se apegue a isso; porque, como veremos mais tarde, tentar agarrar-se firmemente a pensamentos e sentimentos agradáveis cria todo tipo de problema.

Por outro lado, talvez sua mente esteja duvidosa ou pessimista, dizendo coisas como: "Isso não vai funcionar para mim" ou "Eu não acredito nessa baboseira". Se for o caso, reconheça que tais pensamentos são completamente naturais; sua mente está fazendo o trabalho dela, tentando salvá-lo de algo que pode ser desagradável ou doloroso. Como assim? Bem, suponha que você invista muito tempo, esforço e energia lendo este livro e aplicando-o em sua vida; suponha que faça tudo isso e *não funcione*! Isso seria muito doloroso, certo? Então sua mente está tentando salvá-lo dessa possibilidade dolorosa. Ao longo deste livro, você pode esperar que sua mente faça isso de muitas maneiras. Então, toda vez que isso acontecer, espero que se lembre de duas coisas:

a) Isso é completamente normal; todas as mentes fazem isso.

b) Sua mente não está tentando dificultar sua vida; está apenas tentando mantê-lo seguro, protegê-lo da dor.

A jornada à frente

Este livro é como uma viagem por um país estrangeiro: muitas coisas parecerão estranhas e novas. Outras parecerão familiares, mas de uma forma sutilmente diferente. Às vezes, você poderá se sentir desafiado ou confrontado; outras, animado ou entretido. Leve o tempo que precisar nesta jornada. Em vez de se apressar, saboreie-a por completo. Faça uma pausa quando achar algo estimulante, curioso ou incomum. Explore com profundidade e aprenda o máximo que puder. Criar uma vida que valha a pena ser vivida é um grande empreendimento, então, por favor, reserve um tempo para apreciá-lo.

2
O PONTO DE ESCOLHA

Você já se perguntou por que somos chamados de "seres humanos"? Acho que um nome melhor seria "fazeres humanos", porque seja comendo, bebendo, cozinhando, limpando, conversando, andando, brincando ou lendo, estamos sempre fazendo alguma coisa (mesmo quando dormimos).

Às vezes fazemos coisas que nos ajudam a caminhar em direção ao tipo de vida que queremos; vamos chamar essas atitudes de "movimentos para frente". E outras vezes, fazemos coisas que nos afastam do tipo de vida que queremos; vamos chamar esses comportamentos de "movimentos para trás".

O diagrama a seguir ilustra isso.

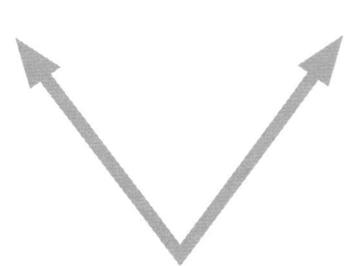

Para trás

Coisas que eu faço
que me distanciam da vida
que quero construir.

Para frente

Coisas que eu faço
que me levam à vida
que quero construir.

Movimentos para frente

Quando nos comportamos como a pessoa que queremos ser, respondendo de forma eficaz aos nossos desafios e fazendo coisas que melhoram a vida a longo prazo, estamos seguindo nossos "movimentos para frente". Para muitas pessoas, esses "movimentos" incluem passar bons momentos com os entes queridos, manter a forma e cuidar da saúde física, ser atencioso e gentil com os outros, ter *hobbies* ou interesses, divertir-se, praticar esportes, relaxar, ser criativo, ter contato com a natureza, contribuir ativamente com o seu grupo ou comunidade ou investir no crescimento pessoal (como ao ler este livro).

Não há uma lista de movimentos para frente "certos", "corretos" ou "melhores"; cada um de nós decide por si quais comportamentos se enquadram nessas categorias. Basicamente, os movimentos para frente são coisas que você diz e faz — não importa quão pequenas sejam — que melhoram sua vida; que a tornam mais valiosa, completa e significativa. E um dos principais objetivos deste livro é ajudá-lo a fazer muito mais desses movimentos.

Movimentos para trás

Quando estamos nos comportando de maneira diferente do tipo de pessoa que queremos ser, fazendo coisas que nos mantêm presos ou pioram nossa vida a longo prazo, estamos fazendo "movimentos para trás". Por exemplo, para muitas pessoas, movimentos para trás incluem se afastar de ou brigar com entes queridos, evitar exercícios físicos, usar substâncias nocivas ao corpo, perder a paciência, ser agressivo ou rude, procrastinar tarefas realmente importantes e assim por diante. Movimentos para trás também podem incluir coisas que fazemos "dentro da nossa cabeça" (tecnicamente conhecidas como "processos cognitivos"), como se preocupar, ruminar, ficar obcecado por algo e analisar demais. ("Ruminar" significa remoer, matutar ou pensar demais nas coisas.)

Em outras palavras, movimentos para trás são coisas que dizemos e fazemos que pioram nossas vidas, nos mantêm presos, agravam nossos problemas, inibem nosso crescimento, impactam negativamente nossos relacionamentos ou prejudicam nossa saúde e bem-estar a longo prazo. São coisas que idealmente queremos diminuir ou parar de fazer — outro grande objetivo deste livro é ajudá-lo a fazer muito menos desses movimentos.

Tal como acontece com os movimentos para frente, não há uma "lista oficial" de movimentos para trás; decidimos por nós mesmos quais comportamentos se encaixam nessa categoria. Por exemplo, se alguém tem fortes crenças religiosas que proíbem o álcool, *esse indivíduo* pode ver o consumo de álcool como um movimento para trás. Mas se alguém é um degustador profissional de vinhos, então *esse indivíduo* pode ver o consumo de álcool como um movimento para frente. *Para mim*, beber vinho com moderação (duas ou três taças por semana) é um movimento para frente, mas beber uma garrafa inteira em uma noite é um movimento para trás; no entanto, *para você*, essas quantidades podem ser muito diferentes.

Um ponto muito importante

O ponto seguinte é tão importante que estou pensando em tatuá-lo na minha testa (em letras maiúsculas, vermelhas e em negrito). Aqui está:

Qualquer ação pode ser um movimento para frente ou para trás, dependendo da situação.

Vamos destrinchar isso. Suponha que eu fique na cama e continue apertando o botão soneca principalmente para evitar ter de lidar com algumas tarefas realmente importantes — *para mim*, isso seria um movimento para trás. (Pode não ser para outra pessoa; mas seria para mim.) No entanto, nas férias, quando curto a soneca para aproveitar o merecido prazer de uma longa noite de sono — *para mim*, esse é um movimento para frente. No entanto, para outra pessoa, pode *não* ser. Algumas pessoas gostam de se levantar cedo nos feriados para correr ou praticar ioga e acham que dormir é desperdiçar o dia. (Não tenho certeza de qual planeta essas pessoas vêm. Eles afirmam ser da Terra, mas acho difícil de acreditar.)

Da mesma forma, quando ensaio mentalmente uma palestra enquanto estou sentado em meu escritório durante o horário de trabalho, como parte da minha preparação para um *workshop* ou *webinar*, considero isso um movimento para frente. Mas suponha que eu esteja ensaiando mentalmente essa palestra quando estou em casa, enquanto alguém que amo tenta me dizer algo muito importante — e, como resultado, pareço desinteressado e não presto atenção na pessoa, que fica chateada com isso. Nessa situação, eu consideraria o ensaio mental um movimento para trás. (Confissão: o exemplo acima não é puramente hipotético; eu fui culpado de fazer isso em... bem... digamos "mais de uma" ocasião. E, confie em mim, é sempre um movimento para trás!)

Como um último exemplo, imagine cancelar um evento social no último minuto. Suponha que esteja fazendo isso para lidar com uma emergência médica (por exemplo, levar um amigo doente ao hospital); nessa situação, suponho que consideraria esse um movimento para frente. Agora, suponha que você esteja muito solitário e socialmente isolado e tenha o hábito de cancelar sempre que se sente ansioso; e cada vez que faz isso, aumenta sua sensação de solidão. Nessa situação específica, se você cancelar mais uma vez porque está se sentindo ansioso, acho que classificaria a situação como um movimento para trás.

É essencial entender esse princípio porque ele sustenta tudo neste livro; o nome técnico para isso é "viabilidade". Se o que você está fazendo em uma determinada situação está lhe ajudando a se aproximar da vida que deseja construir, dizemos que isso é "viável" (um movimento para frente); mas se está tendo o efeito oposto, dizemos que é "inviável" (um movimento para trás). E só *você* pode decidir se algo é viável para *você*.

O que desencadeia movimentos para trás?

Quando a vida não é muito difícil, quando as coisas estão indo razoavelmente bem e nos sentimos ótimos... costuma ser bem fácil escolher os movimentos para frente. Mas com que frequência sua vida é assim? A realidade, para a maioria de nós, é que a vida é difícil. E muitas vezes *não* conseguimos o que queremos. Nós nos deparamos continuamente com problemas inesperados e situações desafiadoras. Experimentamos repetidamente emoções dolorosas, como ansiedade, tristeza, raiva, solidão ou culpa. Temos inúmeros pensamentos inúteis: "Eu não sou bom o suficiente", "Não consigo lidar com isso", "Não é justo", "Eu sou um perdedor", "É muito difícil", "A vida é uma merda!", (e zilhões de variantes desses temas). E, além de tudo isso, muitas vezes temos que lidar com fortes impulsos ou desejos, memórias dolorosas e uma infinidade de sensações físicas desagradáveis. Ao longo deste livro, usarei a frase "pensamentos e sentimentos difíceis" como um termo genérico para todas essas experiências interiores desagradáveis.

Quando situações, pensamentos e sentimentos difíceis assim se manifestarem em nossa vida, podemos responder com movimentos para frente ou para trás, conforme ilustrado a seguir.

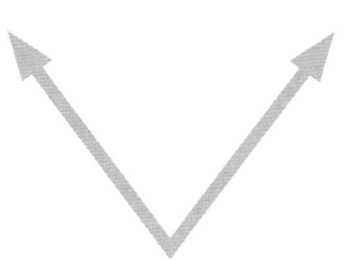

Para trás

Coisas que eu faço
que me distanciam da vida
que quero construir.

Para frente

Coisas que eu faço
que me levam à vida
que quero construir.

**Situações, pensamentos
e sentimentos difíceis**

Infelizmente, quando surgem pensamentos e sentimentos difíceis, somos facilmente "fisgados" por eles — como um peixe na ponta de um anzol. Ficamos viciados de duas maneiras principais, que geralmente se sobrepõem. Vamos chamá-las de "modo ACATAR" e "modo LUTAR".

Modo ACATAR

No modo ACATAR, nossos pensamentos e sentimentos nos dominam; eles comandam toda a nossa atenção ou ditam nossas ações. Quando ACATAMOS nossos pensamentos e sentimentos, damos tanta atenção a eles que não podemos nos concentrar em mais nada ou permitimos que nos digam o que fazer. O pensamento de que "é impossível" nos fisga e nós ACATAMOS: desistimos, paramos de tentar. Uma memória dolorosa aparece e nós ACATAMOS: damos tanta atenção a ela que somos arrastados de volta ao passado e perdemos o contato com o que está acontecendo aqui e agora. Um sentimento de raiva nos prende e nós ACATAMOS: gritamos, dizemos coisas ruins ou nos tornamos agressivos. Um impulso ou desejo nos fisga, e nós ACATAMOS: satisfazemos qualquer que seja o hábito ou o vício.[1]

---

1   Na ACT, o termo técnico para o modo ACATAR é "fusão".

Modo LUTAR

No modo LUTAR, tentamos ativamente impedir que nossos pensamentos e sentimentos nos dominem. LUTAMOS contra eles; fazemos o que podemos para evitá-los ou suprimi-los, escapar ou nos livrar deles. No modo LUTAR, podemos recorrer às drogas, ao álcool, a comidas não saudáveis, à procrastinação ou ao afastamento do mundo ou a basicamente qualquer coisa que nos dê alívio momentâneo desses pensamentos e sentimentos dolorosos — mesmo quando isso exerça impactos negativos em nossa saúde, bem-estar e felicidade.[2]

"Ser fisgado" e "movimentos para trás" = sofrimento psicológico

Quando nossos pensamentos e sentimentos nos "fisgam", eles nos puxam, nos enganam e nos levam a movimentos para trás. De fato, quase todos os transtornos psicológicos reconhecidos — depressão, transtornos de ansiedade, vício, dor crônica, trauma, TOC, o que for — devem-se a esse processo básico: pensamentos e sentimentos difíceis nos "fisgam" e nos levam a movimentos para trás.

Dito de forma ligeiramente diferente, quando respondemos aos nossos pensamentos e sentimentos no modo ACATAR ou no modo LUTAR (ou muitas vezes em ambos), nos comportamos de maneira autodestrutiva. Esse mesmo padrão também sustenta os "maus hábitos", as rotinas pouco saudáveis, os problemas de relacionamento, o desempenho ruim, o perfeccionismo nocivo, o excesso em "agradar as pessoas", a procrastinação e todas as outras coisas autodestrutivas ou desgastantes que fazemos sob pressão. O diagrama a seguir ilustra isso.

---

2   Na ACT, o termo técnico para o modo LUTAR é "esquiva experiencial".

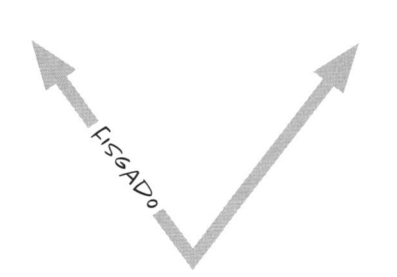

Para trás

FISGADO

Para frente

Situações, pensamentos e sentimentos difíceis

Desprenda-se e siga em direção à vida que deseja

Felizmente há momentos em que conseguimos nos *desprender* de pensamentos e sentimentos difíceis — e, em vez disso, nos movemos para frente. E quanto maior nossa capacidade de fazer isso, melhor a vida fica: o sofrimento diminui e o bem-estar aumenta. Em poucas palavras, é disso que trata este livro.

Uma grande parte do trabalho neste livro é entrar em contato com seus "valores": os desejos mais profundos de seu coração sobre como você quer se comportar como ser humano; como quer tratar a si mesmo, aos outros e ao mundo ao seu redor. Por exemplo, pense em alguém que você ama muito. Quando está sendo quem realmente quer ser nesse relacionamento, como trata a pessoa amada? Eu acho (e posso estar errado, é claro) que você deseja ser amoroso, gentil, solidário, honesto, confiável, carinhoso e atencioso. Se adivinhei certo, se essas *são* qualidades de comportamento que você deseja, então nós as chamaríamos de "valores".

Para deixar isso mais claro, escolha um papel importante que você desempenha regularmente e que envolva interagir com outras pessoas (por exemplo, amigo, parceiro, pai, vizinho, funcionário, aluno ou membro da equipe). Agora, imagine que eu entrevisto uma das pessoas com quem interage quando está nessa função e que a interrogue *sobre você*. Começo perguntando como você geralmente costuma tratá-las e o que diz e faz quando estão angustiadas, lutando ou passando por uma fase difícil. Em seguida, pergunto como você costuma tratar as outras pessoas. E, finalmente, pergunto quais são as suas três maiores qualidades, em termos de como interage com os outros.

Agora, se a magia pudesse acontecer, se os sonhos pudessem se tornar realidade, o que você gostaria que essa pessoa respondesse (sendo realmente sincera)? Por favor, dedique pelo menos dois minutos para pensar sobre isso...

Agora, repita o exercício para outro papel que você desempenha. Mais uma vez, leve dois minutos...

Então, como foi? Se você fez o exercício, provavelmente identificou alguns valores: algumas maneiras pelas quais deseja se comportar quando estiver nesses papéis. (Se você está confuso ou achou o exercício muito difícil, não precisa se preocupar; vamos nos aprofundar em tudo isso mais adiante no livro. Essa é apenas uma "amostra" preliminar.)

O simples fato de você estar lendo este livro sugere que está vivendo de acordo com seus valores agora. Você está lendo porque se preocupa em reduzir seu sofrimento e melhorar sua vida. Também pode estar lendo porque quer ser um amigo, parceiro, pai, parente ou vizinho melhor. Isso indica um valor de "ser atencioso": cuidar de si mesmo, dos outros ou ambos.

É importante esclarecermos nossos valores porque, uma vez que sabemos quais são, podemos fazer bom uso deles. Podemos utilizá-los como uma "bússola interior" para nos guiar pela vida e nos ajudar a fazer escolhas sábias e também como uma fonte de energia e motivação para nos ajudar a fazer mais movimentos para frente.

Outra grande parte dessa abordagem é aprender "habilidades de desprendimento" para que, quando pensamentos, sentimentos, lembranças ou impulsos difíceis aparecerem, possamos nos desconectar rapidamente deles antes que possam nos levar a movimentos para trás. Quanto melhor nos desprendermos e mais escolhermos os movimentos para frente, melhor será nossa qualidade de vida e nossa saúde, bem-estar e felicidade. Isso está ilustrado a seguir.

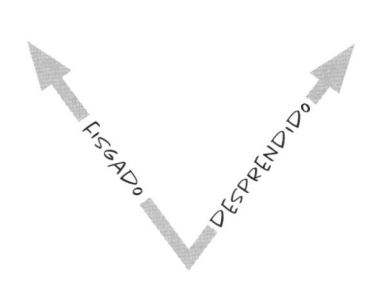

Para trás　　　　　　　　　　　**Para frente**

FISGADO　　　DESPRENDIDO

Situações, pensamentos
e sentimentos difíceis

Pontos de escolha

O diagrama anterior é oficialmente chamado de "ponto de escolha", porque em qualquer momento em que a vida é difícil e surgem pensamentos e sentimentos dolorosos, temos uma escolha *em potencial*. Podemos responder ao que está acontecendo com comportamentos eficazes que melhoram a vida (movimentos para frente) ou com comportamentos ineficazes que a enfraquecem (movimentos para trás). Mas observe a palavra "em potencial". Só temos essa escolha *se* tivermos desenvolvido boas habilidades de desprendimento. Sem elas, temos pouca escolha; sem elas, nossa "configuração padrão" é ser fisgado e puxado para trás (e, muitas vezes, nem percebemos que isso aconteceu até que seja tarde demais). Basicamente, quanto menor for a nossa capacidade de nos desprender, menos escolha teremos; em vez disso, nossos pensamentos e sentimentos tendem a nos dominar, comandar nossa vida, ditar o que podemos e o que não podemos fazer.

Originalmente, eu cocriei o ponto de escolha com dois colegas, Joe Ciarrochi e Ann Bailey, para simplificar o modelo ACT, e usaremos esse conceito ao longo do livro. De fato, em breve, pedirei que você preencha um diagrama de pontos de escolha em branco, com base em como é a sua vida hoje, para que possa usá-lo como um roteiro para a jornada à frente. Mas, primeiro, vamos considerar rapidamente três estratégias para o sucesso enquanto você trabalha neste livro:

1. Trate tudo como um experimento

Ao longo destas páginas, pedirei que você brinque com muitas ferramentas, técnicas e estratégias diferentes que espero ser úteis. No entanto, nada funciona para todos. Tudo o que fizer será um experimento; nunca dá para saber ao certo o que acontecerá. Então, por favor, esteja aberto e seja curioso sobre cada experimento do livro e realmente avalie sua experiência. Se for útil, como pretendido, tudo bem. Mas se não for útil, por favor, modifique-o para atender aos seus propósitos ou largue-o e passe para a próxima parte do livro.

Em outras palavras, não leve nada à frente só porque eu digo que é útil; confie em sua própria experiência. Pegue o mínimo ou o máximo que quiser deste livro e deixe para trás o que não for certo para você.

2. Espere que sua mente interfira

Sempre que eu lhe pedir para fazer algo que o tire de sua zona de conforto, sua mente provavelmente protestará. É como se tivéssemos uma "máquina de razões" dentro da nossa cabeça e, assim que nos deparamos com algo desconfortável, ela começa a produzir todas as razões pelas quais não podemos fazer, não devemos fazer ou nem deveríamos tentar: "Isso não vai funcionar para mim", "Isso é bobagem", "Eu não posso fazer isso", "Não tenho tempo", "Estou sem energia", "Não estou com vontade", "Vou fazer isso mais tarde", "Estou muito ansioso", "Estou muito deprimido", "Não vale o incômodo"... e assim por diante.

Às vezes, as razões que nossa mente apresenta são baseadas em julgamentos severos: "Eu sou muito estúpido/fraco/preguiçoso para fazer isso", "Vou estragar tudo", "Não mereço uma vida melhor". Outras vezes, são baseadas na ansiedade: "E se der errado?", "E se outras pessoas ficarem chateadas?", "E se eu fizer papel de bobo?". Outras, em experiência: "Eu tentei isso antes e falhei". E às vezes são baseadas em nossos sentimentos: "Eu não estou com vontade", "Não vale o incômodo", "Não estou a fim".

Seja o que for que sua máquina de razões diga, lembre-se do que eu disse no capítulo anterior: isso é basicamente sua mente tentando protegê-lo de pensamentos e sentimentos desconfortáveis. Então, quando surgem esses motivos para pular um experimento, você terá um "ponto de escolha".

Opção um: permita que sua mente o domine e o convença a não fazer o exercício em questão.

Opção dois: permita que sua mente diga o que quiser, mas não acredite nisso; deixe-a tagarelar como um rádio tocando ao fundo, enquanto você continua o experimento.

(Se você leu muitos livros de autoajuda, pode se surpreender por eu não ter sugerido uma terceira opção: entrar em um debate com sua mente; começar a desafiar esses "pensamentos negativos"; afastá-los e substituí-los por "pensamentos positivos". Não fazemos isso na ACT porque, como exploraremos em capítulos posteriores, na maioria das vezes isso simplesmente não funciona.)

3. A prática é essencial

Uma nova cliente entrou na minha sala carregando a primeira edição deste livro. Ela se sentou no sofá, jogou-o na mesa de centro e protestou:

— Eu li seu livro! Não funcionou.

— Entendo — respondi, um pouco surpreso. — E enquanto estava lendo, você praticou todos os exercícios?

Ela olhou para mim, timidamente.

— Não.

— Bem, então, não estou realmente surpreso que não tenha funcionado.

Se queremos nos tornar competentes em qualquer habilidade nova — tocar violão, dirigir um carro, cozinhar comida japonesa —, nós precisamos praticar. Não podemos aprender novas habilidades simplesmente lendo livros sobre elas. Com certeza ler livros pode *nos dar ideias* sobre novas habilidades, nos ajudar a entender o que está envolvido e nos fornecer *insights* sobre como podemos desenvolvê-las; mas não nos dará as habilidades. Mesmo se lermos 10 mil livros sobre tocar violão, dirigir ou cozinhar, não desenvolveremos as habilidades para fazer tais coisas. Precisamos realmente pegar o violão e dedilhar; ou ficar atrás do volante e pegar a estrada; ou entrar naquela cozinha e chacoalhar as panelas e frigideiras. O mesmo vale para habilidades psicológicas, como as que abordamos neste livro. Só ler sobre *como* se desprender não lhe dará habilidades para isso; você precisa *realmente fazer* os experimentos e praticar os exercícios repetidamente.

Hora de completar um "ponto de escolha"

Muito bem, então agora é hora de completar um diagrama de pontos de escolha. Eu recomendo fortemente que você desenhe em uma folha de papel (é fácil: basta desenhar duas setas retas divergindo de um ponto central).

Depois de desenhá-lo, preencha o diagrama de pontos de escolha, guiado por minhas instruções abaixo. (Se você não puder escrever, pelo menos gaste alguns minutos imaginando o que escreveria se pudesse.) Há um exemplo de uma versão completa perto do final do capítulo, então, se ficar preso em algum ponto, pule adiante e use-o para se orientar.

Parte A: Quais são seus "anzóis"?

1. Na parte inferior do seu "ponto de escolha" escreva as quatro ou cinco situações mais difíceis com as quais você está lidando hoje (por exemplo: problemas no trabalho, problemas médicos, problemas no relacionamento, *bullying* ou rejeição, preconceito ou discriminação, problemas financeiros, falta de amigos, luto).

2. Abaixo disso, anote emoções difíceis que tendem a se repetir (por exemplo: tristeza, ansiedade, culpa, solidão, raiva) e/ou sensações difíceis (por exemplo: aperto no peito, nó no estômago, coração acelerado, sensação de dormência ou vazio).

3. Em seguida, anote todos os impulsos contra os quais você luta (por exemplo, desejo de fumar, beber, jogar ou gritar).

4. Por fim, anote pensamentos inúteis que tendem a ocorrer com frequência, especialmente autojulgamentos ("sou estúpido", "não consigo lidar", "sigo fazendo besteira", "sou um perdedor"), crenças ("preciso fazer as coisas perfeitamente", "devo sempre agradar as outras pessoas", "minha vida nunca vai melhorar") e previsões negativas ("eu vou falhar", "vou ficar doente", "vão me rejeitar"). Se relevante, inclua também lembranças dolorosas recorrentes.

Ao trabalhar com este livro, você aprenderá uma ampla gama de habilidades de desprendimento para tirar o impacto desses pensamentos e sentimentos difíceis para que eles não possam abalá-lo, prendê-lo ou derrubá-lo; aprenderá a deixá-los fluir através de você, sem levá-lo junto. Também saberá como agir de forma eficaz, guiado por seus valores, para melhorar essas situações difíceis (ou deixá-las, se for uma opção melhor).

Parte B: Quais são seus movimentos para trás?

Ao lado da seta para a esquerda, anote os movimentos para trás que você costuma fazer quando entra no modo ACATAR ou LUTAR (em resposta aos pensamentos e sentimentos que você escreveu na parte inferior). Movimentos para trás são principalmente coisas que você faz fisicamente (por exemplo, comer muita porcaria, gritar com seus entes queridos, assistir demais à TV, se esconder em seu quarto, beber excessivamente). No entanto, eles podem incluir coisas que você faz dentro de sua cabeça, como se preocupar, ficar obcecado e ruminar. (Tecnicamente, esses são conhecidos como "processos cognitivos").

Assim, um pensamento individual, como "vou falhar", ficaria na parte inferior do ponto de escolha; ele apenas "aparece" e não há nada que você possa fazer sobre isso. Mas se em resposta a esse pensamento você começa a se preocupar, ruminando ou ficando obcecado, então esses processos cognitivos ficam na seta esquerda.

Lembre-se de que os movimentos para trás são comportamentos que *você pessoalmente* considera inviáveis: que o afastam da vida que deseja construir, da pessoa que quer ser. É o seu ponto de vista pessoal que está mapeando, de mais ninguém.

Lembre-se também de que movimentos para trás são coisas que você *faz*, não coisas que você *sente*. Assim, emoções, sentimentos, sensações e impulsos não são movimentos para trás; eles sempre ficam na parte inferior do ponto de escolha, nunca na seta para trás. Movimentos para trás são coisas inviáveis que você faz *em resposta* a tudo que está na parte de baixo.

Parte C: Quais são seus movimentos para frente?

Não importa quão difícil seja sua vida, não importa o quanto você tenha sido fisgado por seus pensamentos e sentimentos, não importa quão extensos sejam seus movimentos para trás... uma coisa é certa: às vezes, você faz alguns movimentos para frente (como ler este livro). Então, ao lado da seta para a direita, comece escrevendo alguns desses movimentos que você já está fazendo (por exemplo, "lendo *A armadilha da felicidade*").

Depois disso, anote os movimentos para frente que você gostaria de começar a fazer (certifique-se de incluir "aprender habilidades de desprendimento"). Isso pode incluir objetivos que você deseja perseguir, ações que deseja realizar e valores pelos quais deseja viver. Nota: os movimentos para frente são sobre o que você *faz*, não como se *sente*. Portanto, você não escreveria "ficar relaxado" ou "ficar feliz" na seta direita; escreveria o que *faria diferente* caso se sentisse assim.

Se você tiver problemas com isso:

- Olhe para um movimento para trás e pergunte-se: "O que eu gostaria de fazer em vez disso?"

- Pense nos dois papéis que você escolheu no exercício acima. O que suas respostas sugerem que você gostaria de começar ou continuar a fazer nessas funções?

- Pense naqueles três fundamentos de saúde e bem-estar que mencionei no capítulo anterior: exercício, alimentação saudável e construção de relacionamentos fortes. O que você gostaria de começar a fazer ou continuar fazendo nessas áreas?

Se você achar fácil preencher a seta direita, ótimo. Mas se achar difícil ou impossível, tenha certeza de que é completamente normal. A maioria das pessoas inicialmente acha isso bastante desafiador e às vezes até causa ansiedade. Então, se sua seta para frente estiver vazia ou esparsa, isso não é um problema; simplesmente reconheça que, agora, neste momento, você não sabe muito bem o que pode fazer para dar sentido à vida. Isso mudará em breve! Nos capítulos posteriores, vou guiá-lo por meio de alguns exercícios que o ajudarão a preencher todas as lacunas.

Para trás

Beber demais

Zapear a TV por horas

Evitar socializar

Evitar exercício físico

Comer porcaria

Passar o fim de semana
inteiro na cama

Ser grosso com as pessoas

Evitar o melhor amigo

Comprar coisas de que não preciso

Preocupação exagerada

Passar muito tempo nas
redes sociais

Negligenciar o cachorro

Para frente

Ler **A armadilha da felicidade**

Aprender habilidades
de desprendimento

Praticar valores de autocuidado,
amor e perdão

Beber com moderação

Andar de bicicleta; ir à academia

Ver os amigos

Alimentação saudável

Fazer as pazes com o melhor amigo

Consultar um mentor de carreira

Guardar dinheiro

Ir para a natureza

Ler bons livros

Descobrir boas músicas novas

Brincar com o cachorro

FISGADO

DESPRENDIDO

Situações:
conflito com o melhor amigo, muito estresse no trabalho,
dívidas altas, falta de um parceiro, finais de semana longos e solitários

Sentimentos:
raiva, ansiedade, tristeza, solidão

Pensamentos:
"Eu sou chato, fraco, impossível de amar e estúpido. Não é de se espantar
que eu não tenha amigos. A vida é uma droga! Algum dia vou encontrar
um parceiro ou um bom emprego? Não tenho esperanças."

Exemplo de um diagrama de ponto de escolha completo.

Para onde seguir daqui?

Então, agora que você tem uma noção do que trata este livro, reserve um momento para avaliar o que sua mente está dizendo. Ela está entusiasmada ("Vamos arrebentar!"), cética ("Esse cara só diz bobagens"), ansiosa ("Isso parece trabalhoso!") ou duvidosa ("Não acho que isso vai funcionar para mim")? Ou só está quieta?

O que quer que sua mente esteja dizendo, simplesmente reconheça.

Se é algo que faz você querer persistir, essa é uma ótima notícia; às vezes nossa mente é útil e encorajadora, então apreciaremos isso quando acontecer.

Por outro lado, se está dizendo algo que faz você querer desistir, há um ponto de escolha para você: desistirá porque sua mente diz algo negativo? Ou permitirá que ela pense o que quiser, sabendo que está tentando protegê-lo do desconforto, e continuará com a leitura?

Espero que escolha a última opção, porque no próximo capítulo exploraremos um tópico de vital importância...

3
A ESPIRAL DO CONTROLE

Michelle está chorando.

— O que há de errado comigo? — pergunta-se ela. — Tenho um ótimo marido, ótimos filhos, um ótimo trabalho, uma linda casa. Estou em forma, saudável, bem de vida. Então, por que não estou feliz?

É uma boa pergunta. Michelle parece ter tudo o que quer na vida, então o que está dando errado? Na verdade, esse é um cenário comum no mundo ocidental e, mais adiante neste capítulo, exploraremos o porquê. Mas, primeiro, daremos uma olhada em outro mito popular sobre a felicidade.

Mito nº 3: É fácil controlar o que você pensa e sente

Muitos livros e cursos de autoajuda aderem totalmente a esse mito. Uma das afirmações mais populares que você encontrará é esta: se questionar repetidamente seus pensamentos negativos e, em vez deles, encher sua cabeça com pensamentos positivos, você será feliz, confiante e bem-sucedido. Quem dera se a vida fosse simples assim!

O fato é que temos muito menos controle sobre nossos pensamentos e sentimentos do que gostaríamos. Tenho certeza de que você não precisa que eu lhe diga isso. Aposto que já tentou inúmeras vezes pensar de forma mais positiva sobre as coisas, mas esses pensamentos negativos continuam voltando, não é? Como vimos no Capítulo 1, nossa mente evoluiu ao longo de 300 mil anos para pensar como pensa, então é improvável que alguns pensamentos positivos façam muita diferença! (Não que o pensamento positivo não tenha *nenhum* efeito; essas técnicas muitas vezes fazem com que nos sintamos melhor — pelo menos temporariamente. Mas não nos livram de pensamentos negativos a longo prazo.)

O mesmo vale para emoções desconfortáveis, como raiva, medo, tristeza, culpa e vergonha. Existem inúmeras estratégias psicológicas para "se livrar" de tais sentimentos. Mas, sem dúvida, você descobriu que, mesmo que possa fazê-los desaparecer por um tempo, eles acabam voltando. Então vão embora de novo. E voltam mais uma vez. E assim sucessivamente.

Acredito que você já gastou muito tempo e se esforçou bastante tentando ter sentimentos "bons" e pensamentos "positivos" em vez daqueles "ruins" ou "negativos" (eu também!) e descobriu que, desde que não esteja muito estressado ou se sua situação não for muito desafiadora, muitas vezes consegue. No entanto, tenho certeza de que você também descobriu que quanto mais estressado estiver, mais difícil será a situação e menos capacidade terá de controlar seus pensamentos e sentimentos. Em situações realmente difíceis, quando a vida o atinge com força, quando você está enfrentando grandes desafios ou saindo de sua zona de conforto para encarar seus medos — simplesmente não pode esperar se sentir feliz!

Infelizmente, esse mito está tão profundamente arraigado em nossa cultura que tendemos a nos sentir estúpidos, fracos ou incapazes quando nossas tentativas de controlar os pensamentos e sentimentos falham. Isso levanta a questão: dado que isso tão obviamente contradiz nossa experiência direta, como esse mito se estabeleceu, em primeiro lugar?

A ilusão do controle

A mente humana é maravilhosa. Ela nos permite fazer planos, inventar coisas novas, coordenar ações, analisar problemas, compartilhar conhecimentos, aprender com nossas experiências e imaginar o futuro. As roupas em seu corpo, a cadeira embaixo de você, o teto sobre sua cabeça, o livro em suas mãos — nada disso existiria se não fosse a engenhosidade da mente humana. Ela nos permite moldar o mundo ao nosso redor e adequá-lo aos nossos desejos para nos fornecer calor, abrigo, comida, água, proteção, saneamento e remédios. Não é de se surpreender que essa incrível capacidade de controlar nosso ambiente externo também nos dê grandes expectativas de controle em outras áreas.

No mundo material, as estratégias de controle geralmente funcionam bem. Se não gostamos de algo, descobrimos como evitar ou nos livrar disso, e então o fazemos. Um lobo à sua porta? Livre-se dele! Jogue pedras, lanças ou atire nele. Neve, chuva ou granizo? Bem, você não pode se livrar dessas coisas, mas pode evitá-las se escondendo em uma caverna ou construindo um abrigo. Solo seco e árido? Você pode corrigi-lo por irrigação e fertilização ou pode evitá-lo mudando-se para um solo fértil.

Mas quanto controle temos sobre nosso mundo interior: nossos pensamentos, memórias, emoções, impulsos e sensações? Podemos simplesmente evitar ou nos livrar dos que não gostamos? Bem, vejamos…

Aqui está um pequeno experimento. Enquanto você continua lendo este parágrafo, tente não pensar em sorvete. Não pense na cor ou na textura. Não pense em como é o gosto em um dia quente de verão. Não pense em como é bom quando derrete na sua boca.

Olhe para o chão e tente não pensar em sorvete por um minuto.

Como você se saiu?

Exatamente! Você não conseguia parar de pensar em sorvete[1].

Aqui está outro pequeno experimento. Lembre-se da última refeição que você comeu — quer tenha sido café da manhã, almoço ou jantar. Lembre-se dela o mais vividamente que puder; o que comeu, como foi cozido, qual o sabor. Pronto? Bom. Agora exclua. Apague totalmente essa memória para que ela nunca mais volte para você.

---

1   Um pequeno número de pessoas consegue suprimir brevemente os pensamentos em sorvete pensando em outra coisa. Isso não é bom! Uma enorme quantidade de pesquisas sobre supressão de pensamentos mostra que, em longo prazo, esse método não apenas falha como traz um efeito rebote, levando a aumentar em frequência e intensidade os pensamentos que se quer evitar. Nós exploraremos isso nos próximos capítulos.

Como você se saiu? (Se acha que conseguiu, verifique novamente; veja se ainda consegue se lembrar.)

Em seguida, tome consciência de sua perna esquerda e veja qual é a sensação dela. Consegue senti-la? Bom. Agora deixe-a dormente — tão dormente que poderíamos cortá-la com uma serra e você não sentiria nada.

Conseguiu?

Muito bem, agora aqui está um pequeno experimento mental. Suponha que eu seja um cientista maluco (se você me conhece, isso não é difícil), e que eu o sequestrei para um experimento maligno. Liguei-o ao "detector de mentiras" mais sensível do mundo (tecnicamente conhecido como polígrafo). Essa máquina mede sua frequência cardíaca, frequência respiratória, pressão arterial, ondas cerebrais e níveis de adrenalina. E se detectar mesmo o menor indício de medo ou ansiedade, uma luz vermelha piscará e um alarme alto soará.

Então, você está amarrado em uma cadeira, conectado a essa coisa, e eu coloco minha mão em uma grande alavanca vermelha presa a um enorme gerador elétrico. E com uma gargalhada louca, eu informo: "Nesta experiência que estou prestes a fazer, você não deve sentir nenhuma ansiedade, porque se sentir, vou puxar essa alavanca, que o eletrocutará com 1 milhão de volts!"

O que aconteceria?

Você estaria frito, não é? Mesmo se sua vida dependesse disso, não conseguiria parar de se sentir ansioso. De fato, mesmo o menor indício de ansiedade nessa situação seria um gatilho para uma ansiedade maciça.

Agora, um último experimento. Olhe para a estrela a seguir e veja se consegue parar de pensar por dois minutos inteiros. Isso é tudo o que você tem que fazer. Por dois minutos, evite que qualquer pensamento venha à sua mente — especialmente qualquer pensamento sobre a estrela ou a tarefa que acabei de pedir para fazer!

Espero que agora você esteja entendendo que pensamentos, sentimentos, sensações e memórias não são tão fáceis de controlar. Como eu disse, temos *algum* controle sobre elas, mas é muito menor do que queremos. Digo, vamos encarar: se essas coisas fossem tão fáceis de controlar, não viveríamos todos em felicidade perpétua?

Como aprendemos sobre controle emocional

Desde cedo, somos ensinados que devemos ser capazes de controlar como nos sentimos. Enquanto crescia, você provavelmente ouviu uma série de expressões como: "Não chore ou eu vou lhe dar motivo para chorar", "Não seja tão pessimista; olhe pelo lado positivo", "Homens não choram", "Pare de sentir pena de si mesmo", "Não precisa se assustar", "Pense positivo", "Não tenha medo", "Anime-se; talvez isso nunca aconteça", "Não adianta chorar pelo leite derramado", "A fila anda" e assim por diante.

Com palavras como essas, repetidas vezes os adultos ao nosso redor enviaram a mensagem de que deveríamos ser capazes de controlar nossos sentimentos. E certamente parecia que eles controlavam os deles. Mas o que estava acontecendo de fato? Provavelmente, muitos desses adultos não estavam lidando muito bem com seus próprios sentimentos dolorosos. Poderiam estar bebendo demais, tomando tranquilizantes, chorando até dormir todas as noites, tendo casos, jogando-se no trabalho ou sofrendo em silêncio enquanto lentamente desenvolviam úlceras estomacais. Independentemente de como lidavam com isso, eles provavelmente não compartilharam essas experiências com você.

E naquelas (espero) raras ocasiões em que você testemunhou a perda de controle deles, aposto que nunca disseram nada como: "Vê essas lágrimas rolando pelo meu rosto? Isso é porque estou sentindo tristeza. É uma emoção normal que todos sentimos às vezes, e vou lhe ensinar algumas habilidades psicológicas para que possa lidar com isso de maneira eficaz".

A ideia de que devemos ser capazes de controlar nossos sentimentos é fortemente reforçada em nossos anos escolares. Por exemplo, as crianças que choravam na sua escola provavelmente foram importunadas e chamadas de "bebês chorões" ou "maricas" — especialmente se fossem meninos. Então, à medida que você crescia, provavelmente ouviu frases (ou até mesmo as usou) como: "Supere logo!", "Isso acontece!", "Siga em frente!", "Acalme-se!", "Não seja um fracote!", "Pare com isso!", "Seja forte", "Deixe isso pra trás", "Aprenda a lidar com isso", "Aguente firme", "Melhor engolir essa", "Não tenha pena de si mesmo", "Não se preocupe com isso", "Relaxe", "Não pense nisso" e assim por diante.

Essas frases dão a entender que devemos ser capazes de ligar e desligar nossos sentimentos à vontade, como ao apertar um botão. Esse mito é convincente, porque muitas pessoas ao nosso redor *parecem* felizes por fora. *Aparentam* ter controle sobre seus pensamentos e sentimentos. Mas "parecer" é a palavra-chave aqui. O fato é que a maioria das pessoas não revela ou assume a luta pela qual passa com seus próprios pensamentos e sentimentos. Fazem "cara de valente" e "mantêm a pose". São como o proverbial palhaço chorando por dentro; a pintura facial colorida e as travessuras alegres são tudo o que vemos. Eu geralmente ouço meus clientes dizendo coisas como: "Se meus amigos/familiares/colegas pudessem me ouvir agora, nunca acreditariam. Todo mundo acha que eu sou tão forte/confiante/feliz…"

Penny, uma recepcionista de 30 anos, veio me ver seis meses após o nascimento de seu primeiro filho. Ela estava se sentindo cansada, ansiosa e cheia de dúvidas sobre suas habilidades maternais. Às vezes se sentia incompetente ou inadequada e só queria fugir de toda a responsabilidade. Outras vezes, sentia-se exausta e infeliz e se perguntava se ter um filho tinha sido um grande erro. Além disso, ela se sentia culpada por ter esses pensamentos!

Embora Penny participasse de reuniões regulares em grupos de mães, ela mantinha seus problemas em segredo. Todas as outras mães pareciam tão confiantes que ela temia que, se contasse como estava se sentindo, elas a desprezariam. Quando Penny finalmente criou coragem para compartilhar suas experiências com as outras mulheres, sua confissão quebrou uma conspiração de silêncio. Todas elas estavam se sentindo da mesma maneira em um grau ou outro, mas todas usavam a mesma máscara de bravura, escondendo seus verdadeiros sentimentos por medo de desaprovação ou rejeição. Houve uma enorme sensação de alívio e união quando essas mulheres se abriram e foram honestas umas com as outras.

À medida que crescemos, muitos de nós são ensinados a reprimir sentimentos dolorosos e escondê-los dos outros; acredita-se que ter tais sentimentos significa que somos fracos, tolos ou defeituosos. Como resultado, a maioria de nós reluta em contar aos nossos amigos e familiares quando estamos nos sentindo tristes, ansiosos ou não sabemos como lidar com algo — por medo de sermos julgados. Nosso silêncio sobre o que estamos realmente sentindo e a falsa fachada que colocamos para os outros simplesmente aumenta a poderosa ilusão de controle emocional.

Então, por que é tão importante dissipar esse mito? Para responder, vamos refletir...

Qual é o seu problema?

Presumivelmente, se você está lendo este livro, há espaço para sua vida melhorar. Talvez haja problemas em seu relacionamento, ou você esteja solitário, ou com o coração partido. Talvez odeie seu emprego ou o tenha perdido. Talvez sua saúde esteja se deteriorando. Talvez alguém que você ama tenha morrido, ou o tenha rejeitado, ou tenha se mudado para longe. Talvez você tenha baixa autoestima ou autoconfiança. Talvez tenha um vício, problemas financeiros ou dificuldades legais. Talvez esteja sofrendo de depressão, ansiedade, trauma ou *burnout*. Ou talvez apenas se sinta preso ou desiludido.

Seja qual for o problema, ele sem dúvida dá origem a pensamentos e sentimentos desagradáveis — e você provavelmente investiu muito tempo e esforço no modo LUTAR, tentando escapar deles ou apagá-los. Mas suponha que LUTAR contra seus pensamentos e sentimentos "ruins" esteja na verdade piorando sua vida? Na ACT, temos um ditado para isso: "A solução é o problema!".

Como uma solução se torna um problema?

O que você faz quando sente coceira? Você se coça, certo? E geralmente isso funciona tão bem que você nem pensa nisso: você se coça e a coceira desaparece. Problema resolvido.

Mas suponha que um dia você desenvolva um eczema. A pele coça muito, então naturalmente você a coça. No entanto, com essa condição, as células da pele ficam altamente sensíveis, então, quando você as coça, elas liberam substâncias químicas chamadas histaminas, que irritam muito. Essas substâncias inflamam ainda mais a pele. Então, depois de um tempo, a coceira retorna — mas com mais intensidade do que antes. E, claro, se você coçar de novo, acontece a mesma coisa: a curto prazo, há alívio; mas a longo prazo, fica ainda pior! Quanto mais você coça, pior o eczema, maior a coceira.

Coçar é uma boa solução para uma coceira passageira em uma pele normal e saudável. Mas para uma coceira persistente em uma pele com dermatite, coçar é prejudicial: a "solução" torna-se parte do problema. Isso é comumente conhecido como um "círculo vicioso". E no mundo das emoções humanas, os círculos viciosos são comuns. Aqui estão alguns exemplos:

- Joe teme a rejeição, então se sente muito ansioso em situações sociais. Ele não quer esses sentimentos de ansiedade, então evita socializar sempre que possível. Não aceita convites para festas e nem procura amizades. Ele mora sozinho e fica em casa todas as noites. Isso significa que, nas raras ocasiões em que ele socializa, sente-se mais ansioso do que nunca porque está sem prática. Além disso, viver sozinho, sem amigos ou vida social, só serve para fazê-lo se sentir rejeitado, que é exatamente o que ele teme!

- Maria também se sente ansiosa em situações sociais. Ela lida com isso bebendo muito. A curto prazo, o álcool reduz sua ansiedade. Mas, no dia seguinte, ela sente ressaca e cansaço, e muitas vezes se arrepende do dinheiro que gastou em álcool ou se preocupa com as coisas embaraçosas que fez enquanto estava embriagada. Claro, ela escapa da ansiedade por um tempo, mas o preço que paga são muitos outros sentimentos desagradáveis a longo prazo. E quando ela se encontra em uma situação social em que não pode beber, sua ansiedade é maior do que nunca, porque ela não pode contar com o álcool.

- Prisha está acima do peso e odeia isso, então come um pouco de chocolate para se animar. Por alguns momentos, ela se sente melhor. Mas, então, pensa em todas as calorias que acabou de consumir e como isso aumentará seu peso — e acaba se sentindo mais miserável do que nunca.

- Há muita tensão entre Alexei e sua esposa, Sylvana. Ela está com raiva de Alexei porque ele trabalha muitas horas e não passa tempo suficiente com ela. Alexei não gosta desses sentimentos de tensão em casa, então, para evitá-los, começa a trabalhar mais horas. Mas quanto mais horas ele trabalha, mais insatisfeita Sylvana fica, e a tensão em seu relacionamento aumenta constantemente.

Dá para ver que todos esses são exemplos de LUTA: esforçar-se para evitar, livrar-se ou escapar de pensamentos e sentimentos indesejados.

Abaixo, organizei algumas de nossas "estratégias de luta" mais comuns em duas categorias principais: combate e fuga. As estratégias de combate envolvem lutar ou tentar dominar seus pensamentos e sentimentos indesejados; estratégias de fuga envolvem escapar deles ou evitá-los.

Estratégias de combate

Supressão
Você tenta suprimir diretamente pensamentos e sentimentos indesejados. Manda para longe pensamentos indesejados ou empurra seus sentimentos "lá para o fundo".

Discussão
Você discute com seus próprios pensamentos. Por exemplo, se sua mente diz: "Você é um fracasso", pode argumentar: "Ah, não, não sou. Olhe para tudo o que conquistei com meu trabalho".

Assumir o controle
Você tenta assumir controle de seus pensamentos e sentimentos. Pode dizer a si mesmo coisas como: "Pare com isso!", "Fique calmo!" ou "Anime-se!", tenta se forçar a ficar feliz quando não está ou tenta substituir pensamentos negativos por positivos.

Autojulgar
Você usa um autojulgamento severo para tentar se sentir diferente à força. Você se xinga de "perdedor" ou "idiota" ou se critica e se culpa: "Não seja tão patético!".

Estratégias de fuga

Optar por não participar
Você opta por não participar de situações, eventos ou atividades que tendem a desencadear pensamentos ou sentimentos desconfortáveis. Por exemplo, aban-

dona um curso, evita ir a um evento social, procrastina uma tarefa importante ou evita um desafio para não ter que sentir ansiedade.

Distração
Você se distrai de seus pensamentos e sentimentos concentrando-se em outra coisa: fuma um cigarro, toma sorvete, faz compras ou joga no computador.

Substâncias
Você tenta evitar ou se livrar de pensamentos e sentimentos indesejados usando substâncias como drogas, álcool, açúcar, chocolate, *fast-food*, tabaco e assim por diante.

O problema das estratégias de luta
Qual é o problema de usar métodos como esses para tentar controlar nossos pensamentos e sentimentos? A resposta é nenhum, se:

- fazemos uso deles de forma sensata, apropriada, com moderação;
- recorremos a eles em situações em que podem funcionar de forma realista;
- usá-los não nos impede de nos comportar como o tipo de pessoa que queremos ser, fazendo coisas que importam para nós.

Portanto, se não estivermos muito angustiados ou chateados — se estivermos apenas lidando com o estresse cotidiano —, as tentativas deliberadas de controlar nossos pensamentos e sentimentos provavelmente não serão um problema. De fato, em algumas situações, a distração pode ser uma boa maneira de lidar com emoções desagradáveis. Se você acabou de brigar com um ente querido e está se sentindo magoado e com raiva, pode ser útil se distrair dando um passeio ou enterrando a cabeça em um livro até se acalmar. Da mesma forma, se estiver estressado e esgotado após um dia cansativo de trabalho, tomar uma taça de vinho para "descontrair" pode ser a melhor pedida.

No entanto, as estratégias de luta tornam-se problemáticas quando:

- fazemos uso excessivo delas;
- recorremos a elas em situações nas quais não podem funcionar;
- usá-las nos impede de fazer coisas que importam para nós.

Quando a luta é excessiva

Em graus variados, cada um de nós usa estratégias de luta para evitar pensamentos e sentimentos indesejados. E, com moderação, isso não é grande coisa. Por exemplo, quando estou particularmente ansioso, às vezes como chocolate. Essa é basicamente uma forma de distração: uma tentativa de evitar algum sentimento desagradável, concentrando-me em outra coisa. Mas como só faço isso com moderação, não é um grande problema na minha vida — mantenho um peso saudável e não tenho diabetes.

No entanto, aos meus 20 e poucos anos, a história era outra. Naquela época, eu era um médico recém-formado e achava meu trabalho incrivelmente estressante. Então me enchia de bolos, biscoitos e chocolates para tentar evitar minha ansiedade. Em um dia ruim, eu poderia comer cinco pacotes inteiros "Tim Tams" de chocolate (um biscoito australiano muito popular, nove em cada pacote!). Como resultado, fiquei seriamente acima do peso e desenvolvi pressão alta. (Não exatamente um ótimo modelo para meus pacientes!) Como eu a usava *excessivamente*, essa estratégia de luta teve sérias consequências.

Se você está preocupado com provas que estão próximas, pode tentar se distrair de sua ansiedade assistindo à televisão. E tudo bem se você estiver fazendo isso só de vez em quando. Mas se fizer demais, passará todas as noites assistindo à televisão e não estudará. Isso, por sua vez, criará mais ansiedade à medida que seus estudos se atrasam cada vez mais. Portanto, como método de controle da ansiedade, a distração simplesmente não funciona a longo prazo. E ainda há o óbvio: lidar com sua ansiedade dessa maneira impede que você faça a única coisa que seria genuinamente útil — estudar.

O mesmo vale para o álcool ou as drogas. Beber moderadamente ou tomar um calmante ocasional provavelmente não terá sérias consequências a longo prazo. Mas se usamos essas estratégias de luta em excesso, elas podem facilmente levar ao vício — o que geralmente causa muitas complicações, que por sua vez dão origem a sentimentos ainda mais dolorosos.

Usar estratégias de luta em situações em que elas não podem funcionar

Se amamos alguém profundamente e perdemos esse relacionamento — seja por morte, rejeição ou separação —, sentiremos toda uma gama de emoções dolorosas. O que sentimos varia enormemente de pessoa para pessoa e pode incluir muitas emoções diferentes, como raiva, tristeza, ansiedade, culpa, solidão, desespero ou medo. Tais sentimentos são reações normais a qualquer perda significativa, seja um ente querido, um trabalho ou um membro; esperamos senti-los como parte de um processo normal de luto.

Infelizmente, em vez de nos permitir sentir todas essas emoções perfeitamente normais, muitos de nós fazemos o que podemos para afastá-las. Podemos nos afundar no trabalho, beber muito, nos lançar em um novo relacionamento para esquecer a outra pessoa ou nos entorpecer com drogas. Mas não importa o quanto tentemos afastar esses sentimentos, eles ainda estão lá no fundo. E, mais cedo ou mais tarde, como um robô assassino humanoide, musculoso e viajante no tempo… *eles voltarão.*

É um pouco como segurar uma bola debaixo d'água. Enquanto você continuar a empurrá-la para baixo, ela permanecerá abaixo da superfície. Mas, eventualmente, seu braço se cansa e, quando você tira a pressão, a bola salta para fora da água.

Donna tinha 25 anos quando seu marido e filho morreram em um trágico acidente de carro. Naturalmente, ela sentiu uma explosão de tristeza, medo, solidão e desespero. Mas Donna não sabia como lidar efetivamente com esses sentimentos dolorosos, então recorreu ao álcool para afastá-los. Ficar bêbada aliviava temporariamente seu sofrimento, mas quando ficava sóbria, a dor voltava com força — e então ela bebia ainda mais para afastá-la novamente.

Quando Donna veio me ver, seis meses depois, ela estava tomando quase duas garrafas de vinho por dia, além de Diazepam e comprimidos para dormir. O maior fator em sua recuperação foi sua vontade de parar de fugir da dor. Ela só foi capaz de aceitar sua terrível perda quando aprendeu a se abrir e a dar espaço para seus sentimentos, a tirar o impacto deles e permitir que se manifestassem, permanecessem e partissem livremente em seu próprio tempo. Quando o fez, isso lhe permitiu ficar efetivamente de luto por seus entes queridos e canalizar sua energia para construir uma nova vida. (Mais adiante veremos como ela conseguiu fazer isso.)

Quando as estratégias de luta nos impedem de fazer o que importa

Que áreas da vida são mais importantes para você? Saúde? Trabalho? Família? Amigos? Religião? Esporte? Natureza? Não é surpresa que a vida seja mais valiosa e gratificante quando investimos ativamente nosso tempo e energia nos aspectos que são mais importantes ou significativos para nós. No entanto, muitas vezes nossas tentativas de evitar sentimentos desagradáveis atrapalham o que realmente nos é importante.

Por exemplo, suponha que você seja um ator profissional e ame seu trabalho. Então, um dia, de repente, você desenvolve um medo intenso do fracasso, justamente quando deve subir no palco. Você se recusa a continuar (um mal comumente conhecido como medo do palco). Recusar-se a subir no palco pode reduzir temporariamente seu medo, mas também o impede de fazer algo que lhe é muito importante.

Ou suponha que você acabou de se divorciar. Tristeza, medo e raiva são reações naturais, mas você não quer ter esses sentimentos desagradáveis. Então tenta melhorar seu humor comendo *fast-food*, ficando bêbado ou fumando sem parar. Mas o que isso faz com a sua saúde? Eu nunca conheci alguém que não se importasse com a saúde — e ainda assim muitos de nós usamos estratégias de controle de emoções que danificam ativamente nosso corpo.

Quanto controle realmente temos?

O grau de controle que temos sobre nossos pensamentos e sentimentos depende, em grande parte, de quão intensos eles são e em que situação estamos — quanto menos intensas as emoções e menos estressante a situação, mais controle temos.

Por exemplo, se estamos lidando com o estresse típico do dia a dia em um ambiente seguro e confortável, como nosso quarto, ou uma aula de ioga, ou no escritório de um *coach* ou terapeuta, uma técnica simples de relaxamento pode muitas vezes nos fazer sentir mais calma imediatamente.

No entanto, quanto mais intensos forem nossos pensamentos e sentimentos, e quanto mais estressante for o ambiente em que nos encontramos, menos eficazes serão nossas tentativas de controle. Apenas tente se sentir totalmente relaxado quando estiver indo para uma entrevista, discutindo com seu parceiro ou convidando alguém para um encontro, e logo entenderá o que eu quero dizer. Embora você possa *agir* com calma nessas situações, não *se sentirá* relaxado (independentemente do quanto pratique técnicas de relaxamento).

Também temos mais controle sobre nossos pensamentos e sentimentos quando as coisas que estamos evitando não são muito importantes. Por exemplo, se você está evitando limpar a garagem bagunçada ou o carro, provavelmente é bastante fácil se esquecer disso. Por quê? Porque no esquema maior, essas coisas simplesmente não são tão importantes. Se você não as fizer, o Sol ainda nascerá amanhã, você continuará respirando e nada de ruim acontecerá com seu trabalho, sua saúde ou seus familiares. Tudo o que acontecerá é que sua garagem ou o seu carro continuarão bagunçados.

Mas suponha que você, de repente, desenvolva uma grande verruga preta de aparência suspeita no braço e evite ir ao médico. Seria fácil afastar seus pensamentos disso? Claro, você pode ir ao cinema, assistir à televisão ou navegar na internet e, talvez, por um tempo, parar de pensar nisso. Mas, a longo prazo, inevitavelmente começará a pensar nesse problema, porque as consequências de evitar a ação são potencialmente graves.

Então, visto que muitas das coisas que evitamos não são tão importantes, e visto que muitos de nossos pensamentos e sentimentos negativos não são tão intensos, descobrimos que nossas estratégias de luta muitas vezes podem fazer com que nos sintamos melhor — pelo menos por um tempo. Infelizmente, porém, isso nos leva a acreditar que temos muito mais controle emocional do que realmente temos.

O que é "esquiva experiencial"?

Ninguém gosta de se sentir mal, então, naturalmente, todos tentamos evitar ou nos livrar de pensamentos e sentimentos desagradáveis. Os psicólogos chamam isso de "esquiva experiencial": a tentativa contínua de evitar ou se livrar de experiências internas indesejadas.

A esquiva experiencial é normal e, em níveis baixos, não é um problema. Mas um alto nível dela leva ao uso excessivo de estratégias de luta, que vêm com três grandes custos:

1. Quando usadas demais, essas estratégias consomem muito tempo e energia que poderiam ser investidos em atividades mais significativas e que melhoram a vida (movimentos para frente).

2. Podemos nos sentir desesperançados, frustrados ou inadequados porque, embora estejamos tentando muito nos livrar deles, esses pensamentos e sentimentos indesejados continuam voltando (geralmente com maior intensidade do que antes).

3. Quando usadas de forma excessiva ou inadequada, muitas estratégias de luta diminuem nossa qualidade de vida a longo prazo. (Em outras palavras, elas se tornam movimentos para trás.)

Esses resultados indesejados levam a sentimentos ainda mais desagradáveis, o que leva a ainda mais luta. É um círculo vicioso. E é mesmo "vicioso"; há uma grande quantidade de pesquisas mostrando que um alto nível de esquiva experiencial é um fator importante em depressão, transtornos de ansiedade, dependência, desempenho prejudicado, baixa autoestima, conflitos de relacionamento, distúrbios alimentares, desengajamento e desmotivação no trabalho, TOC, trauma, dores crônicas e muitos outros problemas psicológicos.

Vale a pena notar que, às vezes, as estratégias de luta são automáticas e inconscientes. Por exemplo, você pode ter ouvido falar do nervo vago, o segundo nervo mais longo do corpo depois da medula espinhal. Às vezes, quando sentimos uma dor intensa — física, emocional ou psicológica —, nosso nervo vago *literalmente* nos entorpece: de fato "corta" nossos sentimentos para nos poupar da dor. Esta não é uma escolha consciente; é simplesmente nosso sistema nervoso cuidando de nós. Infelizmente, isso dá origem a outros sentimentos desagradáveis, como dormência, vazio ou uma sensação de estar "morto por dentro": uma experiência bastante comum na depressão ou no trauma.

Em poucas palavras

Então, aqui está a "armadilha da felicidade" em poucas palavras: para aumentar nossa felicidade, nos esforçamos para evitar ou nos livrar de pensamentos e sentimentos indesejados — mas, paradoxalmente, quanto mais esforço colocamos nessa LUTA, mais pensamentos e sentimentos difíceis criamos.

É importante ter uma noção disso por si mesmo, confiar em sua própria experiência em vez de simplesmente acreditar no que lê. Então, por favor, complete o exercício a seguir. Ele tem três partes, e eu recomendo muito que você escreva suas respostas; no entanto, se você não puder ou não quiser escrever no momento, gaste pelo menos de dez a quinze minutos pensando seriamente sobre isso.

Parte 1: O que você já tentou?

Comece completando esta frase: As experiências internas (pensamentos, sentimentos, emoções, lembranças, impulsos, imagens, sensações) que eu mais quero evitar ou de que mais desejo me livrar são...

Em seguida, reserve alguns minutos para escrever uma lista de cada coisa que você já tentou fazer para evitar ou se livrar dessas experiências internas indesejadas. Tente se lembrar de todas as estratégias de luta que já usou (deliberadamente ou por falta de alternativa).

Nota: Por favor, faça isso sem julgamento — com curiosidade genuína! Não comece a julgar esses métodos como "bons" ou "ruins", "certos" ou "errados", "positivos" ou "negativos". Não queremos nos agarrar a julgamentos ou moralidade sobre o que devemos ou não fazer. O objetivo é simplesmente descobrir se esses métodos são "viáveis" — ou seja, eles funcionam *a longo prazo* para lhe dar a vida que você deseja? (E, obviamente, se algum desses métodos melhorar sua vida a longo prazo, eles contam como movimentos para frente, então, continue fazendo-os!)

Pense no maior número possível de exemplos, incluindo:

Distração

O que você faz para se distrair ou afastar sua mente de pensamentos e sentimentos dolorosos? (Por exemplo, ver filmes, TV, internet, livros, jogos de computador, exercícios, jardinagem, jogos de azar, comida, drogas, álcool etc.)

Optar por não participar

Quais atividades, pessoas, eventos, tarefas ou desafios importantes, significativos ou que melhoram a vida você evita, abandona ou procrastina? De quais foge ou se afasta? (Claro, se não são importantes, significativos ou que melhoram a vida, então desistir não é problema!)

Estratégias de pensamento

Como você tenta (conscientemente ou não) afastar sua dor? Assinale qualquer um dos itens a seguir que você já fez e acrescente qualquer outro que não esteja incluído:

- preocupação;
- fantasiar sobre um futuro melhor;
- imaginar cenários de fuga (por exemplo, deixar seu emprego ou seu parceiro) ou cenários de vingança;
- pensar consigo mesmo "Não é justo..." ou "Se ao menos...";
- culpar a si mesmo, aos outros ou ao mundo;
- falar lógica e racionalmente consigo mesmo;
- pensamento positivo e afirmações positivas;
- julgar ou criticar a si mesmo;
- brigar consigo mesmo;
- analisar a si mesmo ou aos outros (tentando descobrir "Por que eu/os outros sou/são assim?");
- analisar a situação, a vida ou o mundo (tentando descobrir por que isso aconteceu ou porque a vida/o mundo é assim);
- planejamento; estratégia; solução construtiva de problemas;
- fazer listas de tarefas;
- repetir ditados ou provérbios inspiradores;
- desafiar ou contestar pensamentos negativos;
- dizer a si mesmo "Isso também vai passar" ou "Isso talvez nunca aconteça".

Outras estratégias de pensamento:

_____

_____

Substâncias

Quais substâncias você coloca em seu corpo principalmente para evitar ou se livrar da dor: alimentos, bebidas, cigarros, drogas recreativas, remédios naturais ou fitoterápicos, chá, café, chocolate, aspirina, medicamentos de venda livre ou prescritos?

Alguma outra estratégia?

Que outras estratégias você usa às vezes para escapar, evitar ou se distrair de pensamentos e sentimentos indesejados? Por exemplo, você já experimentou a meditação, casos amorosos, agressividade, Tai Chi, massagem, exercícios, brigas, dança, música, tentativas de suicídio, automutilação, tolerar, aguentar, engolir e seguir em frente, orar, quebrar coisas, ficar na cama, ler livros de autoajuda, consultar um terapeuta, médico ou outro profissional de saúde, ficar com raiva da vida ou de outras pessoas?

Parte 2: Como isso funcionou a longo prazo?

Muitas dessas estratégias de luta proporcionam alívio de pensamentos e sentimentos dolorosos a curto prazo. Mas pense: elas o livram permanentemente desses pensamentos e sentimentos indesejados, para que nunca voltem?

Na maioria das vezes, com a maioria dessas estratégias, por quanto tempo sua dor desaparece antes de retornar?

Claramente, alguns desses métodos, se usados com moderação e sabedoria, melhorarão a vida a longo prazo — nesse caso, são movimentos para frente, e faz sentido dar continuidade a eles. No entanto, quando usamos demais ou confiamos demais nesses métodos — quando recorremos a eles de forma excessiva, rígida ou inadequada —, os custos a longo prazo são significativos. Portanto, considere: quando você os usou de forma *excessiva* ou *inadequada*, o que esses métodos lhe custaram em termos de saúde, dinheiro, perda de tempo, relacionamentos, oportunidades perdidas, trabalho, aumento da dor, cansaço, desperdício de energia, frustração, decepção etc.? Leve o tempo que precisar; pense bem nisso.

Parte 3: O que isso lhe custou?

Por fim, considere: quantos desses métodos proporcionam alívio da dor a curto prazo, mas o mantêm preso, pioram sua vida ou têm custos significativos a longo prazo? Na linha abaixo, coloque um X no lugar que melhor representa sua resposta:

nenhum_____ alguns_____ metade_____ a maioria_____ todos_____

(Quanto maior o seu nível de esquiva experiencial, maior será a probabilidade de que seu X esteja próximo da extremidade direita da linha.)

Por favor, complete todas as três partes do exercício acima antes de continuar lendo.

Se você fez o exercício completamente e foi realmente honesto consigo mesmo, provavelmente descobriu três coisas:

1. Você investiu muito tempo, esforço, energia (e dinheiro) em LUTA: tentando evitar ou se livrar de pensamentos e sentimentos indesejados.

2. Muitas dessas estratégias, às vezes, a curto prazo, proporcionam alívio de pensamentos e sentimentos indesejados — mas, *a longo prazo*, eles retornam.

3. Muitas dessas estratégias, quando *usadas de forma excessiva ou inadequada*, resultam em custos significativos em termos de desperdício de dinheiro, desperdício de tempo, desperdício de energia e efeitos negativos sobre sua saúde, vitalidade e relacionamentos. Em outras palavras, eles fizeram você se sentir melhor a curto prazo, mas, a longo prazo, diminuíram sua qualidade de vida.

Como você está se sentindo?
No que está pensando?

Pare por um momento e analise como você está se sentindo. Está curioso ou intrigado? Ou será que está um pouco atordoado, confuso ou perturbado? Talvez até ansioso, culpado ou com raiva? Se você está começando a ter sentimentos desconfortáveis... fique tranquilo, isso é normal! Esta é uma perspectiva totalmente nova, que desafia muitas crenças profundamente arraigadas. Reações fortes são comuns.

Observe também o que sua mente está dizendo agora. Está dizendo algo útil ou encorajador? Ou talvez esteja julgando e criticando você — chamando-o de tolo ou estúpido? Para muitos leitores, é provável que a resposta seja a última. Se for, fique tranquilo: você não é tolo ou estúpido (mesmo que sua mente discorde de mim). Essas estratégias que usou são universais; cada pessoa no planeta as usa para evitar ou se livrar da dor. Todos tentamos nos distrair; todos desistimos de coisas que são difíceis; todos tentamos pensar em uma saída para nossa dor; e todos colocamos substâncias de uma forma ou de outra em nossos corpos. De fato, nossos amigos, familiares e profissionais de saúde muitas vezes nos encorajam ativamente a fazer essas coisas!

O ponto é... por mais que tentemos evitar ou nos livrar desses pensamentos e sentimentos... a longo prazo, eles continuam voltando! E, infelizmente, muitas vezes, o que fazemos para obter alívio a curto prazo torna nossa vida pior a longo prazo. É um círculo vicioso, no qual, às vezes, todos nós ficamos presos.

Não tão rápido!

— Espere um momento — ouço-o dizer. — Por que você não falou sobre coisas como doar para a caridade, trabalhar diligentemente ou cuidar de seus amigos? Dar aos outros não deveria fazer as pessoas felizes?

Boa observação. Não são apenas as coisas que você faz que importam; é também a sua motivação para fazê-las. Se você está doando para a caridade principalmente para se livrar dos pensamentos de que é egoísta, ou se está se jogando no trabalho principalmente para evitar sentimentos de inadequação, ou cuidando de seus amigos principalmente para combater o medo da rejeição, então é provável que você não obtenha muita satisfação com essas atividades. Por que não? Porque quando sua motivação primária é evitar pensamentos e sentimentos desagradáveis, isso drena a alegria e a vitalidade do que você está fazendo. Por exemplo, lembre-se da última vez que comeu algo rico e saboroso para se livrar de sentimentos de estresse, tédio ou ansiedade. Acredito que não foi tão satisfatório. No entanto, você já comeu essa mesma comida, não para se livrar de sentimentos ruins, mas pura e simplesmente para apreciar seu sabor? Aposto que achou isso muito mais gratificante.

Grandes conselhos sobre como melhorar nossa vida chegam até nós de todas as direções: encontre um emprego significativo, faça esse ótimo treino, saia para a natureza, tenha um *hobby*, junte-se a um clube, contribua para a caridade, aprenda novas habilidades, divirta-se com seus amigos e assim por diante. E todas essas atividades *podem* ser profundamente satisfatórias *se* as fizermos porque são genuinamente importantes e significativas para nós. Mas se as fizermos principalmente para escapar de pensamentos e sentimentos desagradáveis, é provável que não sejam tão gratificantes. Por que não? Porque é difícil gostar do que você está fazendo enquanto tenta escapar de algo que considera ameaçador.

Então, quando faz coisas porque elas são realmente significativas para você — porque, no fundo do seu coração, elas realmente importam —, então *não* as classificamos como estratégias de luta. Nós as chamamos de "ações guiadas por valores" (explicarei esse termo no Capítulo 10) e esperamos que elas *melhorem* sua vida a longo prazo.

Mas se essas mesmas ações são motivadas principalmente pela esquiva experiencial — se seu objetivo principal é evitar ou se livrar de pensamentos e sentimentos indesejados —, então nós as chamamos de estratégias de luta (e seria bem surpreendente se você as considerasse satisfatórias).

Lembra da Michelle, que parece ter tudo o que quer na vida e ainda assim não está feliz? A vida de Michelle é conduzida por evitar sentimentos de inadequação e indignidade. Ela é atormentada por pensamentos como: "Não sou alguém amável", "Por que sou tão inadequada?" e "Ninguém gosta de mim", juntamente a todos os sentimentos de vergonha e ansiedade que os acompanham.

Michelle trabalha duro para se livrar desses pensamentos e sentimentos. Ela se esforça para se destacar em seu trabalho, frequentemente trabalhando até tarde para ajudar os outros; adora seu marido e filhos e atende a todos os seus caprichos; tenta agradar a todos em sua vida, sempre colocando as necessidades deles na frente das suas. Ela tem medo de dizer "não" a qualquer um para não ofendê-los e passa grande parte do dia "agradando as pessoas".

Michelle aprendeu esse comportamento na primeira infância. Crescendo com pais abusivos e dominadores, aprendeu desde cedo a fazer todo o possível para mantê-los satisfeitos ou as consequências seriam terríveis. Quando criança, agradar as pessoas a protegia. Mas como ela continua a fazer isso em sua vida adulta, os danos resultantes são enormes. E ela consegue se livrar desses pensamentos e sentimentos perturbadores? Você adivinhou. Ao se colocar continuamente em último lugar e trabalhar tão duro para ganhar a aprovação dos outros, ela apenas reforça sua ideia de não ser merecedora. Ela está suficiente e verdadeiramente presa na armadilha da felicidade.

Como podemos escapar da armadilha da felicidade?

Aumentar o autoconhecimento é o primeiro passo. Portanto, observe todas as pequenas coisas que você faz todos os dias para evitar ou se livrar de pensamentos e sentimentos desagradáveis — e acompanhe cuidadosamente as consequências. O ideal é escrever um diário ou passar alguns minutos por dia refletindo sobre o assunto. Isso é importante, porque quanto mais rápido reconhecermos que estamos presos na armadilha, mais rápido poderemos sair dela.

Isso significa que temos apenas de suportar sentimentos difíceis e nos resignar a uma vida miserável de sofrimento? De jeito nenhum! Esse seria um exemplo do modo ACATAR, no qual permitimos que nossos pensamentos e sentimentos comandem toda a nossa atenção e ditem o que fazemos. Na Parte 2 deste livro, você aprenderá maneiras novas e mais eficazes de lidar com pensamentos e sentimentos indesejados que são radicalmente diferentes de LUTAR e ACATAR. Mas antes de entrarmos nisso, há mais uma peça do quebra-cabeça que precisamos explorar...

4

ABANDONANDO A LUTA

Você já viu a um daqueles filmes antigos de faroeste nos quais o bandido cai em uma poça de areia movediça e quanto mais ele luta, mais rápido a areia o suga para baixo? Se nunca tiver visto, não se preocupe; são filmes terríveis. A questão é que se você cair na areia movediça, lutar é a pior coisa que pode fazer. O que deve fazer é relaxar, esticar-se, ficar parado e flutuar na superfície. (Então você assobia para que seu cavalo superinteligente venha lhe resgatar!) Fisicamente, isso exige pouco esforço. Mas, psicologicamente, é muito desafiador, porque cada instinto do seu corpo lhe diz para… LUTAR!

O mesmo acontece quando pensamentos e sentimentos difíceis surgem dentro de nós: nosso instinto imediato é lutar. Pegamos todas as estratégias de luta que exploramos no capítulo anterior e as usamos para combater ou fugir de nossa experiência interior. Mas, infelizmente, assim como na areia movediça, lutar só piora as coisas.

Então qual é a alternativa?

Bem, há uma maneira radicalmente diferente de responder a pensamentos e sentimentos dolorosos que é muito mais eficaz do que lutar — mas é tão contraintuitiva que pode ser difícil de aceitar. Para ajudá-lo a compreender, eu o encorajo a fazer um experimento simples de três partes. (E garanto que você aproveitará muito mais se o fizer de verdade, em vez de apenas ler sobre ele. Mas se não puder ou não quiser fazer, pelo menos o imagine vividamente.)

Parte A

Onde quer que você esteja agora, imagine que, na sua frente, está tudo o que importa para você. Isso inclui tanto os aspectos divertidos e agradáveis da vida — filmes favoritos, livros, música, esportes, jogos, comida, bebidas, pessoas, lugares, animais de estimação e todas as atividades que você gosta de fazer — quanto os aspectos difíceis e desagradáveis da vida — todos os desafios e problemas que está enfrentando.

Ao mesmo tempo, imagine que o livro em suas mãos contém os pensamentos, as imagens, as memórias, os sentimentos, as emoções, as sensações e os impulsos difíceis contra os quais você tende a lutar.

Parte B

(Atenção: Se você tiver problemas no pescoço, ombros ou braços, por favor, não faça esta parte do exercício; apenas imagine-a vividamente.)

Quando chegar ao fim deste parágrafo, segure o livro firmemente com as duas mãos, então mantenha-o o mais longe possível de você. (Se estiver lendo este livro por um dispositivo, pode afastá-lo ou então use qualquer livro ou mesmo uma folha de papel no lugar.)

Uma vez que o esteja segurando firmemente com as duas mãos, estique os braços completamente (sem dobrar os cotovelos) e estenda-os o máximo possível, de modo a segurar o livro com o braço estendido. (Isso deve ser trabalhoso; se não for, você precisa estender mais, empurrar com mais força.) Em seguida, mantenha essa posição por, pelo menos, um minuto — empurrando com força, mantendo o livro o mais longe possível de você. Ao fazer isso, observe com curiosidade o que sente com a experiência; note especialmente que tipos de pensamentos e sentimentos surgem.

Então, como foi? Desconfortável, cansativo, desgastante? (A maioria das pessoas acha que apenas um minuto fazendo esse exercício é irritante, cansativo e uma fonte de grande desconforto.)[1]

Agora, imagine fazer esse exercício o dia todo, por horas a fio; quão exaustivo seria? Imagine tentar digitar em um computador, jogar videogame, ler um livro, dirigir um carro, cozinhar o jantar, comer uma refeição deliciosa, fazer amor, jogar tênis, deitar-se na praia e tomar sol… ao mesmo tempo que faz o exercício. O quanto isso o distrairia do que está fazendo? O quanto reduziria o seu prazer ou satisfação? Quão difícil seria fazer bem essas atividades? Quanto você perderia?

Lutar contra nossos pensamentos e sentimentos é assim: investimos enormes quantidades de tempo e energia tentando afastá-los. É cansativo, desgastante e perturbador. E visto que muito da nossa atenção está investida nessa luta interna, é bem difícil estar presente, focar ou nos envolver no que estamos fazendo; e quase impossível responder com eficácia aos muitos desafios da vida.

Agora, vamos tentar fazer algo radicalmente diferente.

Parte C

Novamente, finja que este livro contém todos os seus pensamentos e sentimentos difíceis e indesejados. E, novamente, quando chegar ao final do parágrafo, empurre-o para longe de você, o mais forte que puder, por um minuto. Então, pare de empurrar e, imediatamente, coloque o livro em seu colo. E realmente preste atenção: que diferença faz quando você para de lutar contra essas coisas? Deixe o livro repousar suavemente em seu colo… estique os braços… respire lenta e suavemente… e, com uma atitude de curiosidade, abra seus olhos, apure os ouvidos e note o que você pode ver e ouvir ao seu redor.

Então, o que você descobriu? Como foi parar de empurrar, largar o livro e colocá-lo no colo? Foi menos perturbador? Menos cansativo? Menos doloroso? Houve uma sensação de alívio? Uma sensação de liberdade? Foi mais fácil reparar no mundo ao seu redor? Mais fácil mover seus braços e mãos e agir?

---

1   Ocasionalmente tenho um cliente atlético superforte que diz: "Foi fácil. Eu poderia fazer isso o dia todo". Então, convido-o a continuar se esforçando o máximo que pode por mais dois minutos. Depois, eu pergunto: "Então, sinceramente, você gostaria de continuar fazendo isso pelos próximos quarenta minutos da nossa sessão?". Até os mais atléticos dizem "não", pois reconhecem ser algo que cansa e distrai.

Essa maneira de responder a pensamentos e sentimentos indesejados é exatamente o oposto de lutar. Abrimos espaço para nossos pensamentos e sentimentos; permitimos que eles se manifestem, permaneçam e saiam em seu próprio tempo. Não os deixamos nos dominar nem dedicamos nossa preciosa energia e atenção em brigar ou tentar fugir deles. Isso nos libera para investir tempo e energia em movimentos para frente. Também torna mais fácil concentrar toda a nossa atenção no que estamos fazendo, o que nos dá dois grandes benefícios. Quando estamos focados, nós:

a) fazemos as coisas muito melhor.

b) obtemos mais prazer e satisfação em atividades potencialmente prazerosas.

Assim como flutuar na areia movediça, isso não ocorre naturalmente. Mas o estudo é claro: quando respondemos aos nossos pensamentos e sentimentos dessa maneira, os sintomas diminuem. Os níveis de ansiedade caem; os níveis de estresse ficam mais baixos; os sintomas de depressão diminuem; mesmo a dor física diminui em condições como a síndrome da dor crônica.

Há também um terceiro benefício, que muitas pessoas acham surpreendente. Nossos pensamentos e sentimentos difíceis geralmente contêm informações úteis; entre outros usos, eles podem nos alertar para problemas que precisam ser resolvidos, nos dar *feedback* importante sobre a vida e nos ajudar a reconhecer quando as coisas que estamos fazendo não estão funcionando. Não conseguimos usar efetivamente tais informações valiosas enquanto estamos ocupados lutando contra essas experiências internas, mas, assim que abandonarmos a luta, conseguimos. (Se parece que estou falando grego ou "psicologês" agora, não há necessidade de alarme; exploraremos esse conceito profundamente nos capítulos posteriores.)

Apesar desses 3 mil estudos publicados sobre a eficácia da ACT, às vezes as pessoas são muito céticas quanto a abandonar a luta. Por exemplo, Karl era um empresário de 32 anos com altos níveis de ansiedade. Ele sempre se preocupava com ficar doente, perder o emprego ou ser abandonado pela esposa e tinha muitos pensamentos de autojulgamento sobre não ter valor, não ser amável e ser inadequado. Além disso, era propenso ao "perfeccionismo doentio" (esforçando-se constantemente para fazer as coisas com perfeição, a ponto de criar níveis enormes de estresse e ansiedade). Por exemplo, no trabalho, uma tarefa simples como escrever um e-mail informal poderia levar uma eternidade para Karl, porque ele teria que reescrevê-lo quatro, cinco, seis ou sete vezes, até ficar "perfeito". Muitas vezes, procrastinava tarefas importantes por medo de não conseguir fazê-las com destreza; e quando finalmente as fazia, sua constante obsessão sobre a necessidade de um resultado perfeito sugava a alegria de cada projeto.

Quando fiz o exercício acima com Karl pela primeira vez, usando um velho livro de bolso, ele disse:

— Não posso simplesmente fazer isso? — E arremessou o livro ao outro lado da sala.

— Sim — respondi. — Com certeza. Você tem muitas estratégias de luta que permitem que você faça exatamente isso: drogas, álcool, distração, procrastinação e assim por diante. Mas quanto tempo isso dura até o sentimento voltar? E quanto está custando para você continuar usando essas estratégias?

Karl parecia prestes a chorar. Levantei-me e peguei o livro.

— Então, jogar este livro para longe tem o mesmo efeito de segurá-lo à distância de um braço: você está lutando com ele, tentando afastá-lo de você. Estamos falando de fazer algo radicalmente diferente. Estamos falando sobre fazer isso — disse eu, pousando o livro gentilmente no meu colo.

Karl parecia duvidoso.

— Você não entende — afirmou ele. — Minha ansiedade é debilitante. É insuportável.

— Sim — confirmei. — Neste momento, sua ansiedade *é* debilitante. Claro que você não suporta se sentir assim. — Peguei o livro, agarrei-o com força com as duas mãos e segurei-o com o braço estendido. — Enquanto esta for sua principal maneira de responder à ansiedade, isso será sempre debilitante e insuportável. Então, você gostaria de mudar isso? Gostaria de aprender um novo jeito de responder à ansiedade? Um modo de drenar seu poder, para que ela *não seja* insuportável e debilitante?

Eu coloquei o livro de volta no meu colo.

Karl assentiu.

— Ótimo — disse eu. — Claro, fazer isso com um livro é fácil. Vamos tentar com alguns pensamentos e sentimentos reais.

PARTE 2

COMO LIDAR COM PENSAMENTOS E SENTIMENTOS DIFÍCEIS?

5

COMO LANÇAR ÂNCORA

Você já vivenciou uma "tempestade emocional"? Pensamentos angustiantes girando em sua mente como folhas lançadas em um vendaval? Emoções dolorosas surgindo em seu corpo como um rio que transborda? As "tempestades emocionais" variam muito quanto à intensidade, à frequência com que acontecem e ao que as desencadeia. Elas podem incluir qualquer combinação de pensamentos e sentimentos imaginável: raiva, ansiedade, tristeza, solidão, culpa, vergonha, preocupações, julgamentos, memórias traumáticas, imagens aterrorizantes, sensações dolorosas, desejos intensos — você escolhe. Mas qualquer que seja a natureza de uma tempestade emocional, uma coisa é certa: ela prontamente nos varre.

Existem duas maneiras principais de respondermos às tempestades emocionais: ACATAR ou LUTAR. No modo ACATAR, a tempestade nos controla; no modo LUTAR, fazemos o que podemos para que ela desapareça. Muitas vezes, nós ACATAMOS e LUTAMOS simultaneamente. Em outras palavras, somos fisgados por completo, o que torna quase impossível lidar de modo eficaz com qualquer problema ou dificuldade que tenha desencadeado a tempestade.

Agora, vamos discutir as tempestades reais por um momento. Imagine que você tem um barco e, assim que se aproxima do porto, ouve no rádio que há uma forte tempestade se aproximando. Você gostaria de ancorar naquele porto com rapidez e segurança — porque, se não o fizer, a tempestade varrerá seu barco para o oceano. É claro que lançar âncora não o livrará da tempestade — mas manterá o barco firme até que ela passe. E, em breve, você fará algo semelhante: aprenderá a "lançar âncora" quando tempestades emocionais surgirem dentro de você. Mas, primeiro, falaremos sobre a importância de…

Perceber e nomear

Muitas das habilidades de desprendimento neste livro envolvem um processo chamado "perceber e nomear": observar seus pensamentos e sentimentos com curiosidade e nomeá-los sem julgamentos (por exemplo, "Isso é ansiedade" ou "Estou me sentindo ansioso"). Como, para a maioria de nós, isso não ocorre naturalmente e, a princípio, pode parecer uma coisa estranha de se fazer, é importante entender o objetivo.

Quando percebemos e nomeamos nossos pensamentos e sentimentos difíceis, reduzimos seu efeito em nosso comportamento. Como assim? Bem, o simples ato de perceber e colocar em palavras o que estamos pensando e sentindo ativa parte do "córtex pré-frontal" (a parte do seu cérebro diretamente atrás da testa), e isso, por sua vez, modera outras partes do cérebro que estão instigando essas tempestades emocionais dentro de você.

Basicamente, quanto menos conscientes estivermos de nossos pensamentos e sentimentos, menos controle teremos sobre nossas ações — sobre o que dizemos e fazemos. Lembra de quando você era criança e seu professor saía da sala de aula? O que acontecia? O caos se instalava, certo? Bem, o mesmo princípio se aplica ao nosso mundo interior. Nossa consciência é como o professor, e nossos pensamentos e sentimentos são como as crianças. Se não estamos conscientes deles, eles aprontam, criam estragos, correm soltos. Quanto menos conscientes estivermos, mais eles controlam nossas ações e mais fácil é nos levarem a movimentos para trás.

No entanto, quando o professor retorna à sala de aula, as crianças imediatamente se acalmam. E algo semelhante acontece quando damos atenção aos nossos pensamentos e sentimentos; quando os notamos e os nomeamos, eles perdem muito de sua capacidade de nos enganar. Eles ainda estão lá, mas nós não ACATAMOS ou LUTAMOS mais.

Muitas vezes é útil nomear nossos pensamentos e sentimentos com termos como "Estou percebendo" ou "Há". Por exemplo, você pode dizer a si mesmo: "Estou percebendo a ansiedade", "Noto que me sinto entorpecido", "Há um aperto no meu peito", "Estou percebendo que minha mente está preocupada", "Essa é uma memória dolorosa", "Aqui está a vontade de fumar".

Quando começamos a fazer isso, muitas vezes parece estranho ou desconfortável, mas geralmente nos ajuda a nos desprender, pelo menos um pouco. Na linguagem cotidiana, se digo "eu sou nervoso", parece que *sou* esse sentimento; mas quando digo: "Percebo o nervosismo", ou "Aqui há um sentimento de nervosismo", isso me ajuda a "recuar" um pouco e ver o sentimento como uma emoção passando por mim.

Da mesma forma, se digo "sou um perdedor", parece que *sou* esse pensamento; mas quando digo: "Percebo que, neste momento, penso que sou um perdedor", isso me dá um pouco de distância para que eu possa reconhecê-lo como um pensamento que passa, e não a essência de quem eu sou.

Então, espero que você esteja disposto a experimentar perceber e nomear (mesmo que sua máquina de razões se esforce para dissuadi-lo) — e sinta-se à vontade para inventar seus próprios métodos.

Uma fórmula simples

Então, pronto para tentar lançar âncora? Lembre-se: essa não é uma maneira de evitar ou de se livrar desses pensamentos e sentimentos tempestuosos (assim como uma âncora real não controla o clima). É um modo de se manter firme para que a tempestade não o leve embora.

Existem centenas de maneiras de se ancorar quando as tempestades emocionais aparecem, mas todas seguem uma fórmula simples de três etapas. Espero que você brinque com essa fórmula e crie seus próprios exercícios, que pode fazer a qualquer hora, em qualquer lugar, pelo tempo que desejar. Você pode se lembrar dela com a sigla "RCE":

R: reconhecer seus pensamentos e sentimentos;

C: conectar-se com seu corpo;

E: envolver-se no que está fazendo.

Faremos este exercício agora e explicarei as etapas à medida que você as executa. Antes de começar, reserve alguns momentos para refletir sobre algo que é difícil em sua vida hoje e veja se pode explorar alguma ansiedade, tristeza, culpa, raiva, solidão ou outros pensamentos e sentimentos difíceis — para ter algum material com o qual trabalhar. (Se você não conseguir fazer isso, esse não é um grande problema; pode praticar o exercício independentemente de como se sente — calmo, relaxado ou alegre, entediado, deprimido ou entorpecido. Mas os resultados serão mais óbvios se você estiver se sentindo um pouco angustiado.)

R: Reconhecer seus pensamentos e sentimentos

As crianças pequenas são naturalmente curiosas sobre o mundo; elas podem olhar fascinadas para um pássaro, uma flor ou uma lagarta que os adultos ao seu redor mal notam. Aproveite esse senso infantil de curiosidade para perceber o que está acontecendo em seu mundo interior. Reconheça o que aparece dentro de si: pensamentos, sentimentos (incluindo torpor), memórias, sensações, impulsos.

(Nota: algumas pessoas acham mais fácil perceber pensamentos do que sentimentos; outras acham o oposto. Comece observando o que for mais fácil para você, depois aborde a parte mais difícil. E se só conseguir notar um ou outro, tudo bem por enquanto; conforme for avançando no livro, isso mudará.)

Dedique cerca de dez a vinte segundos para perceber quais pensamentos estão surgindo em sua cabeça e cerca de dez a trinta segundos para examinar seu corpo da cabeça aos pés e perceber quais sensações estão presentes. Ao fazer isso, use um termo como "estou percebendo" ou "aqui está", para nomear o que você notar. Por exemplo: "Aqui está um sentimento de raiva", "Estou percebendo pensamentos sobre ser inútil".

O objetivo aqui é reconhecer seus pensamentos e sentimentos sem ACATÁ-los e sem LUTAR contra eles. Lembra-se de como você parou de empurrar aquele livro e o colocou no colo (no capítulo anterior)? Bem, este é o primeiro pequeno passo desse processo. (É apenas o *primeiro* e apenas um *pequeno* passo; há muitos mais a seguir, então, por favor, seja paciente.)

O intuito é simplesmente reconhecer que aqui e agora, neste momento, esses pensamentos e sentimentos estão presentes. (Nem ACATÁ-los, nem LUTAR contra eles). Observe-os e nomeie-os. Só isso. Por favor, faça isso agora por, pelo menos, de vinte a trinta segundos (esse é o mínimo; demore muito mais, se preferir) antes de continuar lendo.

C: Conectar-se com seu corpo

Agora, continue reconhecendo seus pensamentos e sentimentos e, ao mesmo tempo, conecte-se com seu corpo físico. Encontre sua própria maneira de fazer isso, pois todos diferem em termos do que é mais útil. Seguem algumas sugestões para experimentar, mas, por favor, modifique-as livremente ou crie alternativas que melhor se adaptem a você:

- Devagar e gentilmente empurre seus pés no chão.

- Devagar e gentilmente endireite as costas e a coluna.

- Devagar e gentilmente pressione uma mão contra a outra, tocando apenas na ponta dos dedos.

- Devagar e gentilmente alongue os braços, estique o pescoço ou gire os ombros.

Se houver limites para o que você pode fazer com seu corpo por causa de uma condição física — ou se houver partes do seu corpo nas quais você não deseja se concentrar — modifique este exercício para atender às suas necessidades. Você pode preferir os seguintes:

- Devagar e gentilmente inspire e expire.

- Em câmera ultralenta, sempre com suavidade, ajuste sua posição na cadeira ou na cama para deixá-la mais confortável, realmente percebendo quais músculos você usa.

- Devagar e gentilmente levante as sobrancelhas o mais alto que puder, depois abaixe-as.

Use a sua criatividade; qualquer coisa que você possa fazer que o ajude a sintonizar alguma parte do seu corpo, desde bater os dedos das mãos até mexer os dos pés, é bom. Você pode:

- Empurrar as palmas das mãos com força uma contra a outra e sentir os músculos do pescoço, braços e ombros se contraírem.

- Pressionar as mãos nos braços da cadeira ou massagear com firmeza a nuca e o couro cabeludo.

- Lentamente olhar ao redor da sala e observar como está usando seu pescoço, cabeça e olhos.

- Alongar-se lentamente (ou fazer um movimento de ioga).

- Girar os polegares, colocar as mãos em concha, dar um abraço em si mesmo, deslizar as mãos sobre os joelhos... ou centenas de outras possibilidades.

- Se estiver perto de outras pessoas e não quiser que elas saibam o que você está fazendo, simplesmente endireite a coluna e empurre os pés no chão.

Lembre-se: você não está tentando se livrar desses pensamentos e sentimentos difíceis. (Âncoras não fazem as tempestades passarem.) Também não está tentando se distrair.

A ideia é continuar reconhecendo seus pensamentos e sentimentos e, ao mesmo tempo, perceber e mover ativamente seu corpo. O objetivo é dar a você mais controle sobre suas ações físicas — sobre o que faz com seus braços, mãos, pernas, pés, rosto e boca — para que possa agir de forma mais eficaz enquanto a tempestade emocional continua.

Por favor, faça isso agora, antes de continuar lendo: reconheça seus pensamentos e sentimentos e conecte-se com seu corpo por, pelo menos, de dez a vinte segundos (novamente, isso é o mínimo; leve o tempo que quiser).

E: Envolver-se no que está fazendo

Continue a reconhecer seus pensamentos e sentimentos e conecte-se com seu corpo... e enquanto faz isso, perceba onde você está e o que está acontecendo... em seguida, foque sua atenção na atividade que está fazendo.

Novamente, a ideia é ser criativo e encontrar seus próprios métodos, mas aqui estão algumas sugestões para praticar:

- Olhe ao redor da sala e perceba cinco coisas que você pode ver.

- Perceba três ou quatro coisas que pode ouvir.

- Perceba cheiros, gostos ou sensações em seu nariz ou boca.

- Perceba o que está fazendo.

Por favor, faça isso agora, levando de dez a vinte segundos (no mínimo) para perceber o mundo ao seu redor, e então traga toda a sua atenção de volta para a atividade atual de ler este livro.

Muito bem. Agora, por favor, execute as etapas do RCE novamente: reconheça seus pensamentos e sentimentos, conecte-se com seu corpo, envolva-se no que você está fazendo. Leve pelo menos de dez a quinze segundos em cada passo, ou mais, se preferir.

Você está indo muito bem. Agora, execute o RCE pela terceira vez. Novamente, leve de dez a quinze segundos (ou mais) em cada passo.

E agora, pela quarta e última vez, leve de dez a quinze segundos (ou mais) em cada passo. Termine o exercício dando total atenção à atividade que está fazendo (que, neste caso, é ler um livro).

Então, o que aconteceu com você? Espero que tenha experimentado pelo menos alguns dos seguintes:

- Embora seus pensamentos e sentimentos provavelmente não tenham mudado muito, você conseguiu se separar um pouco deles; "recuar" e notá-los, em vez de ser arrastado por eles. Sentiu-se menos pressionado, incomodado ou impactado por eles.

- Foi capaz de sentir e mover seu corpo com mais facilidade; uma maior sensação de controle sobre suas ações físicas.

- Sentiu-se mais presente, acordado ou atento.

- Esteve mais consciente sobre onde estava, o que fazia, pensava e sentia.

- Sentiu que se desvencilhou de seus pensamentos.

Se nada disso aconteceu, ou se você teve dificuldades, consulte a seção de solução de problemas no final deste capítulo. (E se seus pensamentos e sentimentos difíceis diminuíram ou desapareceram — bem, isso é um bônus, não o objetivo, como discutiremos em breve.)

Não está funcionando!

— Isso não está funcionando! — disse Karl, quando eu o conduzi pelo exercício anterior.

— O que você quer dizer com "não está funcionando"? — perguntei.

— Não me sinto melhor — explicou ele. — Os sentimentos não estão desaparecendo.

— Sim. Esse não é o objetivo — respondi.

Comentários como o de Karl são incrivelmente comuns quando essa abordagem é nova para as pessoas. Mesmo depois de listar todas as estratégias de luta e perceber os custos que exercem sobre a saúde e o bem-estar. Mesmo depois de aprender sobre "abandonar a luta" — e como isso reduz o impacto de pensamentos e sentimentos difíceis, sem tentar evitá-los ou se livrar deles. E mesmo sabendo que âncoras não controlam tempestades.

Sim, mesmo depois de tudo isso, para muitas pessoas, essa nova maneira de responder aos pensamentos e sentimentos ainda demora um pouco para ser absorvida. Então, se você é uma delas… isso é completamente normal. Quando essa abordagem era nova para mim, também demorei um pouco para entendê-la. Isso é de se esperar; essa é uma maneira radicalmente diferente de reagir.

Como Karl, a maioria das pessoas inicialmente entende mal o objetivo de lançar âncora e tenta usar isso como mais uma estratégia de luta. Mas essa é uma receita para o fracasso e para a decepção; a técnica não é um artifício para controlar seus sentimentos. Os objetivos são:

- obter mais controle sobre nossas ações físicas para que possamos agir de forma mais eficaz quando pensamentos e sentimentos difíceis surgirem;

- reduzir a influência de nossos pensamentos e sentimentos; quando estamos em piloto automático, eles nos controlam como uma marionete (modo ACATAR); mas quando estamos conscientes deles — reconhecendo-os com curiosidade —, eles perdem muito do controle sobre nós;

- interromper a preocupação, ruminação, obsessão ou qualquer outra forma de nos perdermos dentro de nossa cabeça;

- interromper nossos movimentos para trás (ou seja, comportamentos problemáticos instantâneos que nos afastam da vida que queremos construir);

- ajudar a focar (e reorientar) nossa atenção na tarefa ou atividade que estamos fazendo — especialmente se estivermos desengajados, em piloto automático ou sendo afastados por nossos pensamentos e sentimentos (é por isso que o exercício termina com a instrução de dar total atenção ao que você está fazendo).

Há outros benefícios também, que abordaremos mais adiante neste livro, mas primeiro preciso destacar algo muito importante...

Distração não é o objetivo

A palavra "distração" vem do latim *distrahere*, que significa "afastar-se". As técnicas de distração são estratégias de luta, nas quais o principal objetivo é *desviar a atenção* de pensamentos e sentimentos indesejados. Ao lançar âncora, fazemos exatamente o oposto: *percebemos* ativamente os pensamentos, sentimentos, emoções, sensações, impulsos e lembranças que estão presentes. Tentar se distrair — fugir dessas experiências internas indesejadas, ignorá-las, fingir que não estão lá — é simplesmente outra forma de lutar contra elas. (Quando você parou de empurrar o livro e o deixou em seu colo, não tentou ignorá-lo ou fingir que não estava lá.)

A distração não é "errada" ou "ruim" — mas, ei, você já sabe fazer isso. Todos nós temos zilhões de maneiras de nos distrair, e sabemos que, na melhor das hipóteses, muitas vezes elas não funcionam ou dão alívio a curto prazo. Portanto, nosso objetivo aqui é fazer algo totalmente diferente: sair dessa luta contra pensamentos e sentimentos e permitir que eles sejam como são; deixá-los "descansar em nosso colo"; e permitir que se manifestem, permaneçam e saiam em seu próprio tempo.

Se você está sofrendo muito — sentindo imensa tristeza, ansiedade extrema, ou solidão intensa —, é improvável que sua dor desapareça quando lançar âncora. No entanto, muitas vezes ela perderá rapidamente parte de seu impacto; seu poder será drenado para que não possa dominá-lo tão facilmente. E se mantiver a prática por vários minutos — geralmente três ou quatro são suficientes, mas às vezes é necessário mais tempo —, é bem possível que experimente uma sensação de calma, mesmo que a tempestade continue furiosa dentro de si.

Por outro lado, se sua dor não for extrema — por exemplo, se estiver sentindo tristeza, ansiedade ou estresse leves ou moderados —, então, quando lançar âncora, a dor muitas vezes diminuirá e às vezes até desaparecerá completamente. Quando isso acontecer, aprecie e aproveite, naturalmente, mas lembre-se sempre: trata-se de um "bônus", não do objetivo principal. Se pegar qualquer técnica que abordamos neste livro e tentar usá-la para evitar, escapar, se livrar ou se distrair de pensamentos e sentimentos dolorosos... logo se sentirá desapontado ou frustrado. Sua mente então protestará: "Não está funcionando!".

Misturando tudo

Incentivo-o a criar suas próprias maneiras de lançar âncora. Existem centenas de modos de usar a fórmula RCE. E lembre-se de que você não precisa seguir a sequência dada:

Reconhecer ⟶ Conectar ⟶ Envolver

Algumas pessoas acham que funciona melhor primeiro conectar-se com seu corpo, depois reconhecer o que está acontecendo por dentro e então se envolver no que estão fazendo. Outros preferem:

Conectar ⟶ Envolver ⟶ Reconhecer

A sequência não importa, contanto que você inclua *todas as três fases* (não pule o reconhecimento, ou ele se tornará uma distração) e que as repita várias vezes. Também pode experimentar diferentes métodos de nomeação; algumas pessoas gostam de usar apenas uma ou duas palavras: "Ansiedade", "Preocupação", "Tristeza", "Autojulgamento"; outras preferem frases mais longas, como "Estou percebendo uma sensação de…" ou "Estou tendo pensamentos sobre…".

Então, agora… por favor, "lance âncora" novamente por dois ou três minutos. Complete o RCE pelo menos duas ou três vezes e veja o que acontece.

E depois?

Você talvez esteja se perguntando: "Depois de lançar âncora, o que faço?" (Mesmo que não esteja, vou lhe dizer.) Lembra do conceito de ponto de escolha, no Capítulo 2? Movimentos para frente são coisas que você faz que estão de acordo com o tipo de pessoa que quer ser, que o levam à vida que quer construir; e os movimentos para trás são o oposto. Então, se estiver fazendo uma tarefa ou atividade que é um movimento para frente, continue fazendo-a. E, ao fazê-la, dedique toda a sua atenção. Por quê? Por dois bons motivos.

Primeiro, se queremos fazer algo bem-feito, o que é mais necessário? Não são habilidades, conhecimento, experiência ou talento, embora todas essas coisas ajudem. O que mais precisamos é da capacidade de manter nossa atenção na tarefa. Não importa o quão habilidoso, conhecedor, experiente ou talentoso você seja: se não conseguir se concentrar no que está fazendo, não o fará bem. Isso é o que os atletas de excelência querem dizer quando, após um desempenho inesperadamente ruim, falam: "Minha cabeça não estava no jogo". Mas isso não se aplica apenas aos esportistas. Vale para todos nós, não importa o que estejamos fazendo: seja dirigindo um carro, cozinhando o jantar, fazendo amor, jogando futebol, estudando, malhando, supervisionando as crianças, lendo um livro ou trabalhando. Se estivermos desengajados, desfocados, distraídos, em piloto automático ou simplesmente "seguindo a rotina", não faremos essas coisas bem[1].

A segunda boa razão para dar toda a nossa atenção à atividade que estamos fazendo é poder tirar o máximo proveito dela. Basicamente, quanto menos atenção dermos ao que estamos fazendo, menos satisfação ou prazer teremos ao fazê-lo (por razões que exploraremos mais tarde).

Portanto, se, depois de ancorar, você estiver fazendo um movimento para frente, dê toda sua atenção à atividade. Mas se estiver fazendo um movimento para trás... então pare essa atividade e mude para uma nova que seja um movimento para frente. (Claro que é muito mais fácil dizer do que fazer — especialmente se, neste momento, você não consegue nem pensar em movimentos para frente. Mas fique tranquilo, quando chegar ao final deste livro, terá bastante desses movimentos na manga, e se praticar suas novas habilidades, será capaz de fazer esses tipos de troca na hora.)

Quando e onde?

Quanto mais praticarmos o lançamento da âncora, melhor. O ideal é praticar o máximo possível quando nosso emocional está mais ameno, para garantir que estejamos bem preparados para lidar com as tempestades. Portanto, execute as etapas do RCE repetidamente ao longo do dia sempre que sentir estresse, ansiedade, irritação, preocupação, tristeza ou aborrecimento leves ou moderados. Então, à medida que suas habilidades melhorarem, teste-as em condições mais adversas. Pode demorar um pouco, mas com a prática contínua, você descobrirá que pode ancorar mesmo nas tempestades mais difíceis. (Mas precisa praticar; apenas ler sobre isso não ajudará.)

Pratique também sempre que estiver sem foco, distraído ou em piloto automático para ajudá-lo a se reorientar e se envolver. E quando estiver se sentindo

---

1 Claro, há exceções a essa regra. Por exemplo, se você quer ficar bêbado ou cair no sofá em frente à TV, não precisa de toda a sua atenção para fazê-los bem. Mas para a maioria das atividades mais complexas, a regra geralmente se aplica.

lento, esgotado, letárgico ou como se "não estivesse a fim de fazer nada" — para ajudá-lo a acordar, se energizar e recuperar o controle sobre suas ações[2].

O melhor desses exercícios é que eles são incrivelmente fáceis de encaixar na sua rotina diária; você pode fazê-los a qualquer hora, em qualquer lugar, quantas vezes quiser: uma versão de trinta segundos enquanto está parado em um sinal vermelho; ou uma versão de um minuto, logo ao sair da cama; uma versão de dois minutos enquanto espera em uma fila; ou uma versão de três minutos durante a sua pausa para o almoço. Pode até fazê-los deitado na cama. Quanto mais fizer, melhor. Se conseguir dez minutos por dia, ótimo. Vinte é ainda melhor. Mas mesmo apenas um minuto é melhor do que nada.

É particularmente útil ancorar:

- quando qualquer tipo de tempestade emocional se manifesta;

- quando você quer parar a preocupação, a obsessão ou a ruminação;

- quando quer interromper qualquer tipo de comportamento autodestrutivo;

- quando é difícil se concentrar ou se envolver no que está fazendo;

- quando sente que está lento, letárgico ou "se desligando";

- quando continuamente "se perde" em pensamentos e sentimentos;

- sempre que seu corpo começar a "travar" ou "congelar" (uma ocorrência comum em questões relacionadas a trauma);

- quando surgem memórias angustiantes ou traumáticas;

- quando surgem fortes desejos ou impulsos viciantes;

- sempre que quiser sair do modo ACATAR ou LUTAR.

Essa é apenas uma das muitas habilidades de desprendimento que abordaremos neste livro. Você pode não notar muitos benefícios no início ou pode notar uma diferença dramática rapidamente; pode também estar entre esses extremos. Mas se praticar regularmente e com frequência, mesmo que por apenas alguns minutos por dia, com o tempo, a recompensa será enorme.

---

2 Todas as sugestões deste livro precisam ser adaptadas às situações únicas da sua própria vida. Então, por exemplo, se a sua letargia é devida à privação de sono ou a condições de saúde, pode ser melhor, talvez, ir se deitar.

Solução de problemas

Se você não teve problemas para lançar âncora, pule esta seção e vá para o próximo capítulo.

Não funcionou

Quando as pessoas dizem isso, quase sempre estão tentando usar essa habilidade como uma estratégia de luta: para se distrair ou se livrar de pensamentos e sentimentos indesejados. Já abordamos ambas as questões neste capítulo.

Não notei nenhuma diferença

Normalmente, isso só acontece quando você não foi fisgado por seus pensamentos e sentimentos, para início de conversa; se não foi, não terá a experiência de se desprender. Se esse for o caso, tente fazer o exercício novamente, mas primeiro explore alguns pensamentos e sentimentos difíceis, refletindo sobre algum grande problema ou desafio em sua vida. A outra possibilidade é que às vezes há tanta coisa acontecendo na primeira vez (lendo todas as instruções etc.) que você acaba não se envolvendo de verdade no exercício; então, repito, por favor, tente outra vez.

Lembre-se também de que, às vezes, a diferença é apenas sutil: você se sente apenas um pouco mais alerta ou consciente ou mais conectado com seu corpo e no controle de suas ações.

Meus sentimentos se intensificaram

Felizmente, esse problema é raro. Geralmente acontece quando você evita seus sentimentos por um longo tempo — cortando-os, afastando-os, ignorando-os. Então, agora que parou de fazer isso, há um efeito rebote. É como se essa emoção (que geralmente é a ansiedade) agora estivesse pulando para cima e para baixo animadamente, dizendo: "Ei! Já estava na hora de você me dar um pouco de atenção! Por que tem me ignorado por tanto tempo? Olhe para mim! Olhe para mim! Eu estou aqui! Olha o que posso fazer!".

Com a prática regular, constantemente reconhecendo seus sentimentos em vez de afastá-los, isso vai parar. Se acontecer novamente, o truque é continuar lançando âncora por mais alguns minutos. Faça mais três ou quatro rodadas de RCE, levando pelo menos um minuto por rodada — e começará a experimentar os resultados descritos anteriormente neste capítulo.

Tenho que nomear os pensamentos e sentimentos quando os reconheço?

Não, você não precisa. (Na verdade, não precisa fazer nada do que eu sugiro. É sempre uma escolha pessoal.) Quando observamos nossos pensamentos e sentimentos com curiosidade, sem realmente nomeá-los, isso é útil por si só. Mas quando os *nomeamos*, damos um suporte extra a qualquer habilidade de desprendimento.

Não consigo nomear o que estou sentindo

Algumas pessoas têm grande dificuldade para nomear suas emoções. Esta é uma habilidade que você pode aprender, mas, por enquanto, pode simplesmente usar termos gerais como "estresse", "desconforto", "machucado" ou "dor".

É difícil perceber o que estou sentindo

Se acha difícil sintonizar seus sentimentos ou só sente uma sensação de letargia, apenas reconheça: "Estou notando letargia" ou "Estou notando uma falta de sensações no meu corpo". Nos capítulos posteriores, você aprenderá novas habilidades que remediarão isso.

É difícil perceber meus pensamentos

Se não consegue perceber ou parece não ter nenhum pensamento, apenas perceba seus sentimentos.

Não consigo perceber tantas coisas ao mesmo tempo

Se você se sente sobrecarregado tentando perceber muitas coisas, vá mais devagar e estreite seu foco. Na etapa R, apenas reconheça um sentimento em seu corpo; ou apenas perceba seus pensamentos em vez de seus sentimentos. Na etapa C, apenas mova-se e perceba uma parte do seu corpo. Na etapa E, perceba apenas uma ou duas coisas que pode ver ou ouvir.

Com o tempo, amplie gradualmente seu foco para perceber mais coisas ao mesmo tempo.

Tornei-me mais consciente da dor física

Às vezes, as pessoas tomam consciência de dores no pescoço, nas costas, de tensão muscular ou outras dores físicas no corpo enquanto fazem a prática. Uma opção é incorporar isso à etapa C, alongando ou massageando essas áreas como forma de se conectar com seu corpo. Outra opção é incorporar ao passo R, reconhecendo esse desconforto sem lutar: "Aqui está a dor nas costas", "Estou notando dor no pescoço". Melhor ainda, faça as duas coisas.

6
HISTÓRIAS SEM FIM

Suponha que você tenha uma máquina de ler mentes que lhe permita sintonizar diretamente meu cérebro. Se usasse essa máquina para ouvir minha mente sempre que ela estivesse realmente acabando comigo, em dias difíceis, ouviria todos os autojulgamentos do parágrafo a seguir. (Nem todos no mesmo dia, claro; você teria que sintonizar por vários meses.) Então, ao lê-los, reflita: sua mente lhe diz coisas semelhantes?

Muito bem, lá vai. Minha mente costuma me dizer: *Estou gordo; estou velho; sou estúpido; sou uma farsa; sou incompetente; não conquistei o suficiente; não sou tão inteligente quanto os outros; sou um hipócrita; sou estranho; não me encaixo; se você soubesse como sou exatamente, não gostaria de mim; sou sem graça; não sou atraente; sou um péssimo pai; sou um péssimo parceiro; sou muito egoísta; sou muito desorganizado; sou desajeitado.*

Aí está. Agora, observe por um momento o que sua mente está dizendo. É algo como: "Uau! A mente do Russ se parece com a minha!"? Ou é mais como: "O que há de errado com esse cara? Ele não deveria ser um guru de autoajuda?". No momento em que escrevo esta segunda edição, tenho 54 anos, e, olhando para a lista com meus autojulgamentos, posso ver que tive a maioria deles durante toda a minha vida adulta e vários desde a infância. Porém, o que é diferente agora é que, na maioria das vezes, quando esses pensamentos aparecem, são apenas respingos. Eles, quase sempre, têm pouco ou nenhum impacto; e mesmo quando têm, geralmente consigo me desprender rapidamente. (Notou que eu disse "na maioria das vezes" e "quase sempre" nessas duas últimas frases? Você nunca será perfeito nessas coisas; sempre há espaço para melhorias.)

O fato é que pensamentos negativos são normais. Dou palestras e faço treinamentos em todo o mundo (tanto para profissionais da saúde quanto para leigos), com públicos que variam de cinquenta a mais de 2 mil pessoas. E compartilho com elas todos os pensamentos que acabei de compartilhar com você. Então, eu digo: "Por favor, levante as mãos se às vezes sua mente diz coisas assim para você — não precisam ser *exatamente* iguais, mas semelhantes." Cada vez que faço isso, quase todos os braços se erguem. Então digo a eles: "Mantenham seus braços erguidos e olhem ao redor da sala. Observe como não é só você. Nossa mente faz a mesma coisa. Isso faz parte de ser humano."

Como explicado no Capítulo 1, todos temos muitos pensamentos negativos. De fato, pesquisas mostram que cerca de 80% de nossos pensamentos têm algum grau de negatividade. Então, se sua mente é muito negativa, bem-vindo ao clube.

A grande contadora de histórias

Agora, antes de prosseguirmos, é melhor esclarecermos o que realmente são os pensamentos. Eles são basicamente palavras. Quando as palavras são escritas, nós as chamamos de "texto". Quando são ditas em voz alta, nós as chamamos de "fala". E quando estão dentro da nossa cabeça, nós as chamamos de "pensamentos".

Além dessas "palavras dentro da cabeça", também temos "figuras dentro da cabeça" na forma de "imagens" ou "memórias". E nossos pensamentos, imagens e lembranças são coletivamente conhecidos como "cognições". Falaremos sobre imagens e memórias em capítulos posteriores; neste, exploraremos os pensamentos.

Nós, humanos, confiamos muito nessas "palavras dentro da cabeça". Nossos pensamentos falam sobre nossa vida e como vivê-la. Contam como somos e como devemos ser, o que fazer e o que evitar. No entanto, não são nada mais, nada menos que palavras — e é por isso que, na ACT, muitas vezes nos referimos aos pensamentos como "histórias". Às vezes são histórias verdadeiras (chamadas de "fatos") e às vezes são falsas. Mas a maioria dos nossos pensamentos não é nem verdadeira nem falsa. São, em maioria, histórias sobre como vemos a vida (chamadas de opiniões, atitudes, julgamentos, ideais, crenças, teorias, moral, pontos de vista, suposições etc.) ou sobre o que queremos fazer com ela (chamadas de planos, estratégias, objetivos, desejos, anseios, valores etc.).

E o quanto nossa mente adora contar histórias? Ela nunca para, não é? (Nem mesmo quando você está dormindo). Está constantemente comparando, julgando, avaliando, criticando, planejando, analisando, lembrando, prevendo e imaginando. É como a maior contadora de histórias do mundo: nunca perde as palavras e é brilhante em prender nossa atenção.

Mas a maneira como a ACT nos ajuda a lidar com esses pensamentos é diferente de muitos outros modelos psicológicos. Nosso principal interesse em qualquer pensamento não é se ele é verdadeiro ou falso, positivo ou negativo. O que nos interessa, antes de tudo, é: esse pensamento tem alguma utilidade? Se deixarmos que ele nos guie, ajudará a construir a vida que queremos viver?

"Mas, espere um minuto!", ouço-o dizer. "Os pensamentos negativos não são prejudiciais ou ruins para nós?" A resposta é: não! (Isso não é um erro de digitação; a resposta é definitivamente "não".) Os pensamentos negativos nunca são, por si só, prejudiciais ou ruins para você. "Mas como?", ouço-o perguntar. "Eles não causam estresse, depressão e ansiedade?" A resposta é: não, não causam.

Agora, pare por um momento e observe o que sua mente tem a dizer sobre isso. É possível que discorde. Por quê? Porque você provavelmente já leu ou ouviu muitas vezes que pensamentos negativos são anormais e nocivos. E se você aceitou esses mitos extremamente populares, terá uma surpresa.

Métodos populares para lidar com "pensamentos negativos"

Muitas abordagens psicológicas consideram os pensamentos negativos como um grande problema e os apontam como causa de depressão, ansiedade, baixa autoestima e assim por diante. Então, fazem você trabalhar duro, tentando eliminá-los. Tais abordagens geralmente o aconselham a LUTAR contra seus pensamentos, como a seguir:

- Livre-se de pensamentos negativos repetindo a si mesmo pensamentos melhores e mais positivos.

- Distraia-se desses pensamentos.

- Afaste os pensamentos.

- Discuta com os pensamentos; tente provar que não são verdade.

- Reescreva seus pensamentos, tornando-os mais positivos.

Mas você não já experimentou métodos como esses? Quase todo mundo já! E a realidade é que, mesmo que deem alívio a curto prazo, não acabam permanentemente com histórias negativas; como zumbis em um filme de terror, esses pensamentos negativos continuam voltando. Isso acontece porque…

Não há um botão "deletar" no cérebro

Aqui temos um experimento rápido. As três frases abaixo estão incompletas. Ao lê-las, não tente adivinhar ou descobrir quais palavras estão faltando; apenas leia cada frase lentamente e, ao chegar ao final, observe a palavra que sua mente gera automaticamente para completá-la.

- O sapo não lava o…

- Fui morar em uma…

- A grama do vizinho é sempre mais…

Se você cresceu no Brasil, tendo a língua portuguesa como primeiro idioma, sua mente automaticamente completou essas frases com "pé", "casinha" e "verde". (Se não entender essas referências, por favor, lembre-se de três ditos populares de sua cultura e continue lendo.)

Agora, suponha que eu lhe diga: "Apague essas frases da sua memória. Elimine-as completamente para que nunca mais apareçam em sua cabeça sob nenhuma circunstância." Conseguiria fazer isso? (Se acha que sim, tente.) Essas palavras estão "lá dentro" para ficar.

O mesmo serve para todos aqueles pensamentos difíceis que aparecem na sua cabeça há anos e anos. Não dá para simplesmente se livrar deles. Não existe um botão "deletar" no cérebro.

Você pode ter ouvido falar de neuroplasticidade ou plasticidade cerebral: a capacidade do cérebro de se "reprogramar", de mudar a si mesmo ajustando seus caminhos neurais (conexões entre os neurônios no cérebro). Mas o cérebro não muda por subtração, arrancando caminhos neurais. Ele muda por adição

— estabelecendo novos caminhos neurais *por cima* dos antigos. Portanto, não podemos simplesmente excluir esses pensamentos indesejados. Mas *podemos* estabelecer novos caminhos neurais, que nos permitam responder de maneira diferente — para que, quando esses pensamentos inevitavelmente reaparecerem, possamos reconhecê-los e permitir que se manifestem, permaneçam e saiam livremente, sem ficarmos presos a eles.

Uma abordagem diferente

Nesta abordagem, a nossa visão sobre os pensamentos negativos é diferente da maioria dos outros modelos psicológicos. Pensamentos negativos não são um problema por si só. Só se tornam problemáticos quando reagimos a eles no modo ACATAR.

No modo ACATAR, damos atenção total aos nossos pensamentos, tratamo-los como comandos que *devemos* acatar ou os consideramos *verdade absoluta*. O termo técnico para responder aos nossos pensamentos dessa maneira é "fusão".

Dizer que fomos "fisgados" por (ou "fundidos a") nossos pensamentos significa basicamente que eles nos dominam. Ou dominam nossa consciência (por exemplo, estamos preocupados, obcecados ou perdidos em pensamentos) a tal ponto que é difícil nos concentrarmos em qualquer outra coisa, ou dominam nossas ações físicas, levando-nos a padrões autodestrutivos de comportamento (movimentos para trás). Para entender melhor, tente o experimento de três passos a seguir. (É semelhante àquele em que você empurrou o livro, mas há algumas diferenças significativas.)

O experimento das "mãos como pensamentos"

Parte A

Imagine que, na sua frente, está tudo o que importa: os aspectos divertidos e agradáveis da vida — como seus filmes, músicas, jogos, comidas, pessoas, lugares e eventos favoritos — e os aspectos difíceis e desagradáveis — todos os desafios, problemas e aborrecimentos com os quais você precisa lidar. Agora, junte as mãos, com as palmas para cima, como se fossem as páginas de um livro aberto, e imagine que são compostas de todos os seus pensamentos, imagens e memórias.

Parte B

Quando chegar ao final deste parágrafo, levante as mãos até o rosto, até cobrir os olhos. Olhe ao seu redor e perceba como é sua visão do mundo, enquanto você espia por essas lacunas entre os dedos. Faça isso por quinze segundos, antes de continuar lendo.

Assim é estar preso por seus pensamentos. Quando aquelas mãos cobriam seus olhos:

- O quanto você estava perdendo?
- Quão isolado e desconectado estava de todas as coisas importantes que existem?
- Quão difícil seria focar as coisas?
- Imagine se a tarefa que você precisa fazer ou a pessoa que ama estivessem bem na sua frente; quão difícil teria sido dar-lhes toda a sua atenção?
- Quão difícil teria sido agir, fazer as coisas que fazem sua vida funcionar? Quão difícil seria dirigir um carro, cozinhar o jantar ou digitar em um computador?

Imagine andar assim *o dia todo*; quão mais difícil seria sua vida? Quando somos fisgados por nossos pensamentos, fica difícil nos concentrarmos ou nos envolvermos no que estamos fazendo; fica difícil apreciar as partes agradáveis da vida; e se torna quase impossível responder com eficácia aos problemas e desafios que enfrentamos.

Parte C

Novamente, imagine que suas mãos são seus pensamentos e ao seu redor está tudo o que realmente importa para você. Ao chegar ao final deste parágrafo, levante novamente as mãos até o rosto, cobrindo os olhos, e olhe para o mundo ao seu redor. Faça isso por cinco segundos e, em seguida, abaixe lentamente as mãos até o colo, observando como sua visão do mundo muda. Deixe suas mãos descansarem ali e, com genuína curiosidade, olhe ao seu redor e perceba o que pode ver e ouvir.

Com as mãos no colo, quão mais fácil é se concentrar e se envolver no mundo ao seu redor, dar toda a atenção à tarefa que precisa fazer ou à pessoa com quem está? É isso o que acontece quando nos desprendemos dos pensamentos. (Tecnicamente, na ACT isso é conhecido como "desfusão".)

E, perceba, suas mãos ainda estão lá; você não as cortou e as jogou fora. Então, se houver algo útil que possa fazer com elas, como dirigir um carro, cozinhar o jantar ou abraçar a pessoa que você ama, estará livre para fazê-lo. Mas se não houver nada de útil que possa fazer com elas, basta deixá-las lá. Isso vale para nossos pensamentos. Se pudermos fazer bom uso deles, faremos. Mesmo os pensamentos negativos mais dolorosos e angustiantes muitas vezes têm pelo menos algumas informações úteis, como exploraremos em breve. Mas se não há nada útil que possam nos trazer, apenas os deixamos lá.

— Mas eu não quero deixá-los lá — disse Michelle, depois de fazer o exercício. — Quero me livrar deles.

(Você deve se lembrar de Michelle do Capítulo 3: ela sempre tinha pensamentos como "Não tenho jeito", "Sou uma péssima mãe" e "Ninguém gosta de mim".)

— Claro que quer — respondi. — Quem não gostaria de se livrar de todos os pensamentos negativos? E você não tem se esforçado por anos para fazer isso? Veja todas as estratégias de luta que usou: afirmações positivas, pensamento positivo, oração, meditação, distração, terapia, leitura de autoajuda, contestar seus pensamentos, comer chocolate, beber, evitar as pessoas, lugares e atividades que desencadeiam esses pensamentos... e isso é apenas a superfície. Você lutou longa e duramente contra esses pensamentos! E a maioria dessas coisas lhe dá alívio a curto prazo. Mas, a longo prazo, o que acontece?

Michele suspirou.

— Eles voltam.

— Então, você está pronta para tentar algo radicalmente diferente? — Eu coloquei minhas mãos em frente aos olhos. — Em vez de fazer isso, você gostaria de aprender a fazer isso? — E baixei as mãos para o meu colo.

— Sim — respondeu ela. — Mas, primeiro, pode me explicar algo? Por que nossa mente diz essas coisas?

Sua mente é como um amigo que ajuda até demais

Você já teve um desses amigos muito prestativos, que se esforça tanto para ajudá-lo que na verdade se torna um incômodo? Embora tenha boas intenções, acaba sempre atrapalhando ou dificultando as coisas? Bem, você pode ficar surpreso (e talvez satisfeito) ao saber que quando sua mente lhe diz todas essas coisas inúteis... na verdade está tentando ajudar.

Para entender melhor, daremos uma olhada em algumas categorias comuns de pensamento que repetidamente tendem a nos fisgar e, em cada caso, você verá que sua mente está tentando ajudá-lo a obter as coisas que deseja ou que quer evitar.

Passado e futuro

Nossa mente continuamente nos joga para o futuro: preocupando-se, criando cenários catastróficos, prevendo o pior. Por quê? Bem, sua mente o está preparando, deixando-o pronto para agir. Está dizendo: "Cuidado. Você pode se machucar. Proteja-se."

A mente com frequência também nos puxa para o passado: ruminando, remoendo eventos passados dolorosos, culpando a nós mesmos (ou aos outros) por coisas que nós (ou eles) fizemos (ou não fizemos). Esta é a sua mente tentando ajudá-lo a aprender com os eventos passados. Está dizendo: "Coisas ruins aconteceram. Você precisa aprender com isso para estar preparado e saber o que fazer caso algo semelhante aconteça de novo."

Julgamentos

Nossa mente é uma fábrica de julgamentos que nunca cessa a produção: "Isso é bom", "Isso é ruim", "Ele é feio", "Ela é linda", "Você não pode confiar nessas pessoas", "A vida é uma merda", "Eu estou certo, você está errado!", "Esses sentimentos são horríveis" e assim por diante. Tais julgamentos são tentativas de sua mente de mapear o mundo para você: apontar o que é "seguro" e "bom" e destacar o que é "inseguro" e "ruim".

E é claro que todos nós julgamos muito a nós mesmos. Autojulgamento e autocrítica rigorosos são nossa mente tentando nos "colocar em forma", nos ajudar a mudar de comportamento. A mente imagina que se nos pressionar o bastante, se batermos em nós mesmos o suficiente, então "tomaremos jeito" ou "faremos a coisa certa".

Razões

Anteriormente, vimos que nossa mente é como uma "máquina de razões". Assim que pensamos em fazer algo desconfortável, desafiador ou que gera ansiedade, surgem todas as razões pelas quais não podemos, não devemos ou nem deveríamos tentar fazê-lo: "Eu não tenho tempo/energia/confiança", "Estou muito ansioso/estressado/deprimido" e assim por diante. Isso pode assumir a forma de preocupação ("Algo ruim pode acontecer"), desesperança ("Não vai funcionar"), falta de sentido ("Não adianta"), perfeccionismo ("Não vale a pena se não posso fazer perfeitamente") ou autojulgamento ("Sou muito estúpido/fraco/preguiçoso para fazer isso").

Todas essas razões servem ao mesmo duplo propósito: sua mente está tentando poupá-lo de pensamentos e sentimentos desconfortáveis ou de experimentar coisas novas para você não se machucar.

Regras

Nossa mente adora estabelecer regras estritas sobre o que podemos, não podemos, devemos ou não devemos fazer: "Não posso fazer isso!", "Tenho de fazer aquilo!", "Não devo fazer assim!".

Essa é a sua mente lhe dando diretrizes para a vida: faça isso e ficará bem; faça aquilo e terá problemas. O objetivo, mais uma vez: ajudá-lo a obter o que deseja e evitar o que não deseja.

Eu poderia passar o dia todo dando exemplos semelhantes, mas você provavelmente morreria de tédio. A mensagem é: por trás de quase qualquer pensamento ou processo de pensamento inútil, o objetivo de nossa mente é nos proteger, nos ajudar a satisfazer nossas necessidades, evitar a dor ou nos alertar para coisas importantes que exigem nossa atenção.

Como podemos saber se fomos fisgados?

Quando estamos presos aos pensamentos, parece que:

- eles são comandos que devemos obedecer ou regras que devemos seguir;
- nossos pensamentos são muito importantes; temos que dar a eles toda a nossa atenção;

- eles são sábios; precisamos seguir seus conselhos;

- nossos pensamentos são a verdade; acreditamos neles completamente.

Espero que você esteja começando a ver que os pensamentos negativos, por si só, não são problemáticos; eles não causam diretamente estresse, depressão, ansiedade etc. É somente quando respondemos a eles no modo ACATAR que os problemas ocorrem. Como mencionei, o termo técnico para tais respostas é "fusão"; no entanto, na linguagem cotidiana temos muitas palavras e expressões diferentes que se referem a esse processo psicológico. Falamos de estarmos "perdidos", "presos", "enredados", "envolvidos", "assombrados", "arrebatados", "impelidos", "intimidados" ou "consumidos" por nossos pensamentos. Ou nos referimos ao seu impacto com expressões como "retido", "levado para baixo", "afogado", "inundado", "afundando", "mergulhado", "cego por", "preso", "esmagado", "preocupado" ou "obcecado". Esses termos metafóricos ilustram muitos dos efeitos colaterais comuns de ser fisgado por tais pensamentos, especialmente o esvaziamento de nossa energia e atenção. Mas quando nos desprendemos de nossos pensamentos, eles perdem o poder.

Às vezes, as pessoas me perguntam: "Então você está dizendo que *nunca* devemos ficar absortos em nossos pensamentos?" E eu respondo:

NÃÃÃÃÃÃÃO!

(Bem, eu não respondo exatamente assim.) Para responder a essas perguntas, sempre volto ao princípio básico de viabilidade da ACT: isso está funcionando para ajudá-lo a construir o tipo de vida que você deseja?

Há muitas ocasiões em que é útil e enriquecedor ficar absorto em nossos pensamentos: quando estamos fazendo planos, resolvendo problemas, sendo criativos, ensaiando mentalmente uma apresentação, memorizando algo importante ou sonhando acordado em uma rede durante as férias de verão. Não é necessário se desprender então. Mas quando estamos presos em nossos pensamentos de uma forma que nos afasta da vida que queremos... é hora de nos desprendermos. Então, daremos uma olhada no meu método favorito de todos os tempos para se desprender dos pensamentos.

"Estou pensando que..."

Quando Michelle era fisgada por seus pensamentos, eles dominavam completamente sua consciência; ela se sentia horrível e era difícil se concentrar em qualquer outra coisa. Mas ela descobriu que, muitas vezes, podia se desprender com a simples técnica a seguir. Por favor, leia as instruções e, em seguida, experimente-a.

Primeiro, lembre-se de um pensamento perturbador de autojulgamento no modelo "Eu (não) sou (algo)". Por exemplo: "Eu não sou bom o suficiente" ou "Eu sou incompetente". Escolha um pensamento que se repete muitas vezes e o fisga de alguma forma: lhe derruba, prende, leva-o a movimentos para trás, domina sua consciência etc. (Se não conseguir pensar em um autojulgamento, use uma preocupação recorrente em vez disso. Por exemplo: "Tudo vai dar terrivelmente errado".)

Agora, concentre-se nesse pensamento e, por dez segundos, acredite nele o máximo que puder.

Em seguida, pegue esse pensamento e, antes dele, insira a frase: *"Estou pensando que..."*. Volte ao que estava pensando novamente, mas, dessa vez, com a frase anexada. Silenciosamente, diga a si mesmo: *"Estou pensando que sou (algo)."* Observe o que acontece.

Repita outra vez, mas agora com uma frase um pouco maior: *"Percebo que estou pensando que..."*. Em silêncio, diga a si mesmo: *"Percebo que estou pensando que sou (algo)."* Repare no que acontece.

Conseguiu? Lembre-se: você não pode aprender a andar de bicicleta apenas lendo sobre isso — realmente precisa subir na bicicleta e pedalar. Da mesma forma, não tirará muito proveito deste livro se apenas ler os exercícios; precisa realmente fazê-los. Então, se pulou o exercício, por favor, volte e faça-o agora.

E aí, o que aconteceu? Provavelmente descobriu que acrescentar essas frases instantaneamente lhe deu alguma distância do pensamento real; como se você "se afastasse" dele. (Caso não tenha notado nenhuma diferença, tente novamente com outro pensamento.)

Você pode usar essa técnica com qualquer pensamento difícil que tende a prendê-lo. Por exemplo, se sua mente diz: "A vida é uma droga!", então reconheça: "*Estou pensando que* a vida é uma droga!" Se preferir, use o termo "*Estou percebendo*". Então, quando sua mente disser: "Eu vou falhar!", você reconhecerá: "*Percebo o pensamento de que* vou falhar!" Outra opção é "*Minha mente está me dizendo*". Por exemplo: "*Minha mente está me dizendo que* sou uma pessoa ruim." Usar essas frases significa que é menos provável que você apanhe de seus pensamentos ou seja levado por eles. Em vez disso, pode "dar um passo para trás" e enxergá-los como são: palavras que estão passando pela sua cabeça.

Também podemos ficar presos a pensamentos positivos, o que prontamente dá origem a problemas como narcisismo, arrogância, excesso de confiança, otimismo ilusório ou preconceito e discriminação. Por exemplo, você já teve um parente ou colega de trabalho com crenças como: "Posso fazer isso melhor do que qualquer outra pessoa; você precisa fazer do meu jeito para conseguir os melhores resultados", "Eu já sei tudo sobre isso; não há nada de novo que você possa me dizer" ou "Eu sou superior a você"? Esses pensamentos são "positivos" no sentido de que dizem às pessoas coisas positivas sobre si mesmas; mas quando elas ficam presas a essas ideias... cara, isso cria problemas!

Quando nos desprendemos (ou, em termos técnicos, fazemos a "desfusão") reconhecemos que:

- nossos pensamentos são sons, palavras, histórias ou "partes da linguagem";

- nossos pensamentos não são ordens que precisamos obedecer; não temos de fazer o que nos dizem;

- nossos pensamentos podem ou não ser importantes; damos-lhes toda a nossa atenção apenas se for útil fazê-lo;

- nossos pensamentos podem ou não ser sábios; não seguimos automaticamente seus conselhos;

- nossos pensamentos podem ou não ser verdadeiros; não acreditamos automaticamente neles.

Bem, acho que é teoria suficiente para um capítulo. Que tal algo mais prático?

Técnicas de desconexão em abundância!

Existem zilhões de diferentes técnicas de desconexão, e algumas podem parecer um pouco enigmáticas no início. Portanto, pense nelas como rodinhas de uma bicicleta: uma vez que aprende a andar de bicicleta, você não precisa mais delas. E, ao experimentá-las neste capítulo e no próximo, lembre-se de tratar cada uma como um experimento, com abertura e curiosidade.

Espero que esses experimentos sejam úteis (ou eu não os sugeriria), mas como disse, nada funciona para todos. Qualquer técnica pode ter um efeito poderoso, moderado ou leve. (E às vezes até mesmo nenhum efeito.) E, em raras ocasiões, uma técnica pode ter efeito oposto ao pretendido, então você acaba mais preso do que antes. Isso é muito improvável, mas, se acontecer, é claro que essa técnica não é adequada para você, então largue-a e passe para outra.

Vamos começar

Lembre-se, à medida que usa essas técnicas de desprendimento, de que o objetivo não é *se livrar* de um pensamento, mas simplesmente vê-lo pelo que é: uma sequência de palavras, e deixá-lo se manifestar, permanecer e ir embora por conta própria; nem lutando contra ele, nem sendo dominado por ele.

A próxima técnica exige suas habilidades musicais. Mas não se preocupe, ninguém o ouvirá, exceto você.

Nº 1: Pensamentos musicais

Traga à mente um autojulgamento negativo que facilmente o fisga, por exemplo: "Eu sou um idiota." Mantenha esse pensamento em sua mente e realmente acredite nele o máximo que puder por cerca de dez segundos. Observe como isso o afeta.

Agora pegue esse pensamento e cantarole-o silenciosamente para si mesmo, no ritmo de "Parabéns para você". Observe o que acontece.

Volte então ao pensamento em sua forma original. Mais uma vez, acredite nele por dez segundos. Observe como isso o afeta.

Depois disso, cantarole silenciosamente o pensamento ao som de "Bate o sino pequenino" (ou qualquer outra música de sua escolha). Observe o que acontece.

Como alternativa, existem alguns aplicativos gratuitos que podem adicionar música à sua voz. (Meu favorito é o Auto Rap.) Basicamente, você grava algo e o aplicativo adiciona uma faixa de acompanhamento musical. Então, a ideia é que você fale seu pensamento em voz alta no aplicativo e depois o reproduza como uma música divertida.

Então o que aconteceu? Provavelmente descobriu que, depois de colocá-lo em forma musical, seu pensamento não o prende tanto. E observe que você não desafiou o pensamento; não tentou se livrar dele, não debateu se é verdadeiro ou falso ou tentou afastá-lo e substituí-lo por um pensamento positivo. Ao pegar o pensamento e musicalizá-lo, você enxergou sua "verdadeira natureza"; percebeu que, como a letra de uma música, não é nada mais, nada menos do que uma sequência de palavras.

Nº 2: Dê um nome à história

Outra maneira simples de se desprender é identificar as histórias favoritas de sua mente e nomeá-las: a história do "Perdedor!" ou as histórias sobre "Minha vida é uma droga!" e "Não consigo!". Muitas vezes, haverá várias variações sobre um tema. Por exemplo, a história do "Ninguém gosta de mim" pode aparecer como "Eu sou chato"; a história do "Eu sou indesejável", como "Eu sou gordo"; e a história de "Eu sou inadequado", como "Eu sou estúpido". Quando suas histórias aparecerem, reconheça-as pelo nome. Por exemplo, pode dizer a si mesmo: "Ah, sim. Eu reconheço essa. Aquela velha historinha do 'Eu sou um fracasso'." Ou "A-ha! Aí vem a história do 'Não consigo lidar com…'."

Uma vez que reconheceu a história, pronto… apenas deixe estar. Você não precisa desafiá-la, afastá-la nem precisa dar a ela muita atenção. Simplesmente deixe-a ir e vir quando quiser, enquanto canaliza sua energia em algo significativo.

Nº 3: Nomeie o processo

Uma variante do método anterior, nomear o processo é especialmente útil quando você tem muitos pensamentos diferentes aparecendo rapidamente. Em vez de perceber e nomear pensamentos específicos, você percebe e nomeia o próprio processo de pensamento. Silenciosamente diz a si mesmo: "Estou percebendo obsessão" ou "Lá vai minha mente ruminando". Ou pode preferir descartar frases como "Estou percebendo" e simplesmente nomeá-lo com uma expressão: "Preocupação", "Viajando na maionese" ou mesmo apenas "Pensando". Pode usar uma ou várias palavras: "Remoendo o passado", "Preocupando-se com a rejeição", "Culpando-me" e assim por diante.

Essa técnica geralmente é útil para interromper processos cognitivos como preocupação, ruminação e obsessão. O passo 1 é nomear o processo (por exemplo: "Aqui está a preocupação"). Às vezes isso é o suficiente para desprendê-lo. Mas se não for, o passo 2 é lançar âncora, que o impede de se afogar em seus próprios pensamentos e o ajuda a se concentrar no que está fazendo.

A prática é essencial

Então, de volta à Michelle. Ela foi capaz de identificar dois temas principais que repetidamente a fisgavam: as histórias de "Eu sou inútil" e "Eu não sou amável". Reconhecer seus pensamentos por esses nomes logo a ajudou a se desprender. Mas a técnica favorita de Michelle foi a dos Pensamentos Musicais. Sempre que ela se pegava acreditando que era patética ou uma mãe ruim, transformava as palavras em música e, instantaneamente, elas perdiam todo o seu poder.

Mas ela não se limitou a "Parabéns para você". Experimentou uma grande variedade de músicas, de Beethoven aos Beatles. Depois de uma semana praticando essa técnica várias vezes ao longo do dia, descobriu que estava levando esses pensamentos muito menos a sério (mesmo sem a música). Não os eliminou, mas eles a incomodaram muito menos.

Agora, sem dúvida, você está cheio de todos os tipos de perguntas, então, por favor, seja paciente. Nos próximos três capítulos abordaremos como nos desprender de pensamentos (e memórias e imagens) com muito mais detalhes e solucionaremos quaisquer dificuldades que você possa ter. Enquanto isso, por favor, pratique pelo menos um ou dois dos métodos que abordamos até agora: Estou pensando que…; Minha mente está me dizendo…; Pensamentos Musicais; Dê um nome à história; e Nomeie o processo.

Além disso, lembre-se com frequência:

- esses pensamentos difíceis são normais; todos os têm;
- a sua mente não quer lhe fazer mal; pelo contrário, ela está se esforçando até demais para lhe ajudar.

Use essas técnicas regularmente com pensamentos difíceis sempre que puder (pelo menos dez vezes por dia, mas, quanto mais, melhor). Quando se sentir estressado, ansioso, deprimido, agitado ou chateado ou estiver desengajado, distraído ou sem foco, pergunte-se: "Que história minha mente está me contando agora?" Ao identificá-la, desprenda-se.

E sua opção quando outros métodos falharem: lance âncora.

É importante não criar grandes expectativas neste momento. Às vezes é fácil se desprender; outras vezes, parece quase impossível. Então, brinque com esses métodos e observe o que acontece — mas não espere uma transformação instantânea.

E se tudo isso parecer muito difícil, reconheça: "Estou pensando que é muito difícil!" Não há problema em ter pensamentos como "É muito difícil", "Isso é estúpido" ou "Não vai funcionar". Veja esses pensamentos como eles são: uma sequência de palavras. E deixe-os ser.

"Tudo bem", você pode dizer. "Mas e se os pensamentos forem verdadeiros?"

Boa pergunta...

7
FORA DO ANZOL

— Mas é verdade! — retrucou Marco. — Eu realmente sou gordo! — Ele levantou a camisa. — Olhe para isso — disse ele, batendo na barriga. Marco estava, de fato, bem acima do peso. Como muitos de nós, ele usava a alimentação como estratégia de luta. Muitas vezes, sentia-se triste, solitário, ansioso, envergonhado, indigno e inadequado; e quando comia suas comidas favoritas (chocolate, batata frita, pizza, amendoim, hambúrgueres e sorvete) isso o ajudava, por um tempo, a escapar daqueles pensamentos e sentimentos indesejados. Mas é claro que, a longo prazo, essa estratégia estava fazendo com que ele se sentisse ainda pior.

Então eu disse a Marco:

— O que importa aqui não é se seus pensamentos são verdadeiros ou não, mas se eles são úteis.

Ele pareceu um pouco surpreso.

— Deixe-me explicar — prossegui. — Suponha que eu tenha uma varinha mágica de verdade aqui. E, quando eu a sacudo, a mágica acontece. Todos os seus pensamentos e sentimentos difíceis, de repente, perdem o impacto. Não fedem nem cheiram; não o impedem mais de fazer as coisas que você realmente quer fazer. Se isso acontecesse, como passaria a tratar seu corpo?

— Bem, para começar, eu não comeria tanta besteira.

— O que comeria?

— Coisas mais saudáveis, eu acho. E em menor quantidade.

— Certo. O que mais faria de diferente? Se pudesse tratar seu corpo do jeito que realmente quer tratá-lo, no fundo do seu coração?

— Bem, eu definitivamente me exercitaria mais.

— Certo. Então parece que você apontou um valor realmente importante. Vou chamá-lo de "autocuidado". E se estivesse realmente vivendo por esse valor de autocuidado, faria coisas diferentes: comeria de forma mais saudável, se exercitaria mais. Certo?

— Sim.

— Muito bem. Então, no momento, quando sua mente começa golpeá-lo, a chamá-lo de gordo, preguiçoso, nojento e assim por diante, você é fisgado imediatamente, certo?

— Sim.

— E então o que acontece?

— Fico deprimido.

— E depois?

— Eu como porcaria.

— Certo. Em outras palavras, ficar preso a esses pensamentos não o ajuda a viver seu valor de autocuidado.

— Não.

— Então o importante não é se seus pensamentos são verdadeiros ou não. O ponto é: deixar que o controlem não será útil para sua vida. Então, gostaria de aprender a se desprender deles para ser mais fácil começar a fazer esses movimentos para frente, como comer bem e se exercitar mais?

— Sim — disse ele.

Utilidade *versus* verdade

Verdadeiros ou não, nossos pensamentos nada mais são do que palavras. Se essas palavras estão nos dizendo algo útil, algo que pode nos ajudar, então vale a pena prestar atenção nelas. Mas, se não, por que se incomodar?

Suponha que eu esteja cometendo erros graves no trabalho, e minha mente me diga: "Você é incompetente!" Essa é a minha mente tentando me ajudar: apontando um problema que precisa ser resolvido. Mas, tirando isso, não ajuda em mais nada. Não me diz o que posso fazer para melhorar a situação; está apenas me desmoralizando. Colocar-me para baixo é inútil. Em vez disso, o que preciso fazer é agir: corrigir os erros que estou cometendo, aprimorar minhas habilidades ou pedir ajuda.

Você pode perder muito tempo tentando decidir se seus pensamentos são realmente verdadeiros; repetidas vezes, sua mente tentará arrastá-lo para esse debate. Mas, embora isso seja importante de vez em quando, na maioria das vezes é irrelevante — e desperdiça muita energia.

A abordagem mais útil é perguntar: "Esse pensamento é útil? Se eu deixar que me guie, ele me levará para a vida que eu desejo ou para longe dela?" Se o pensamento for útil, então faça bom uso dele; permita que ele o guie. Mas se não estiver oferecendo nada de valor, desprenda-se.

"Mas", ouço-o perguntar, "e se esse pensamento negativo realmente for útil? E se dizer a mim mesmo que estou gordo for algo que me motiva a me exercitar?" Bem observado. Pensamentos duros, intolerantes e autocríticos às vezes *podem* nos motivar, mas os custos de confiar nessa forma de motivação são enormes. Embora, algumas vezes, os pensamentos autocríticos nos levem à ação, em muitas outras têm o efeito oposto: nós nos sentimos culpados, estressados, deprimidos, frustrados ou ansiosos; e acabamos desmoralizados ou desmotivados.

Isso é o que acontece com o "perfeccionismo doentio". Você fica preso à regra do "tenho que fazer bem-feito e alcançar ótimos resultados". Contanto que esteja seguindo a regra com sucesso, trabalhando duro, obtendo bons resultados, sua mente permanece (um pouco) satisfeita. Mas se você "relaxar", ela lhe julga impiedosamente, xingando-o de todas as formas. Isso o força de volta à ação, e você começa a trabalhar duro novamente — mas a que custo? Normalmente, o resultado a longo prazo é estresse, esgotamento ou exaustão.

Nos capítulos posteriores, veremos maneiras muito mais saudáveis de encontrar motivação; métodos que melhorarão sua vida em vez de drená--la. Por enquanto, basta dizer que pensamentos que o criticam, insultam, julgam, rebaixam ou culpam, provavelmente diminuirão sua motivação a longo prazo em vez de aumentá-la. Assim, quando pensamentos perturbadores surgirem em sua cabeça, pode ser útil fazer a si mesmo uma ou mais das seguintes perguntas:

- Esse é um pensamento antigo? Já o ouvi antes? É útil ouvi-lo novamente?

- Se eu deixar esse pensamento guiar minhas ações, isso me ajudará a melhorar minha vida?

- O que eu ganharia acreditando nesse pensamento?

E se estiver se perguntando como saber se um pensamento é útil ou não, pergunte-se: *Se eu usar esse pensamento como guia...*

- Ele me ajudará a ser o tipo de pessoa que quero ser?

- Ele me ajudará a fazer as coisas que realmente quero fazer?

- Ele me ajudará, a longo prazo, a construir uma vida melhor?

Se a resposta a qualquer uma dessas perguntas for sim, então o pensamento provavelmente é útil. (E se não, provavelmente é *inútil*.)

Pensamentos e crenças

Como sabemos em quais pensamentos acreditar? Essa resposta tem três partes. Primeiro, tome cuidado para não se apegar a qualquer crença com muita força. Todos nós temos crenças, mas quanto mais firme nos apegamos a elas, mais inflexíveis nos tornamos através de atitudes e comportamentos. Se você já tentou discutir com alguém que tem certeza de que está certo, sabe como isso é inútil — a pessoa nunca aceitará qualquer ponto de vista além do próprio. Descrevemos quem é assim como inflexível, rígido, tacanho, cego ou limitado.

Além disso, se você refletir sobre sua própria experiência, reconhecerá que suas crenças mudam com o tempo; isto é, as crenças que um dia fizeram muito sentido, hoje podem parecer risíveis. Por exemplo, em algum momento da sua vida você provavelmente acreditou em, pelo menos, algumas dessas coisas: dragões, duendes, fadas, vampiros, bruxas, magos, magia, Papai Noel,

Coelhinho da Páscoa e Fada do Dente. E quase todo mundo muda algumas de suas crenças sobre religião, política, dinheiro, família ou saúde em algum momento, à medida que amadurece. Então, é claro, tenha suas crenças — mas não se limite a elas. Lembre-se de que todas as crenças são pensamentos (ou seja, palavras dentro de sua cabeça), sejam elas "verdadeiras" ou não.

Segundo, se esse pensamento o ajuda a criar uma vida valiosa, plena e significativa, então faz sentido usá-lo como orientação e motivação. E, ao mesmo tempo, lembre-se de que ele ainda é, em sua essência, uma história: uma sequência de palavras, um segmento da linguagem humana. Então, com certeza, deixe-o guiá-lo; mas não se agarre muito a ele.

Terceiro, preste muita atenção ao que está *realmente acontecendo*, em vez de apenas acreditar automaticamente no que sua mente diz. Por exemplo, você pode ter ouvido falar da "síndrome do impostor", que ocorre quando alguém faz seu trabalho com competência, mas acredita que é apenas um impostor, que na verdade não sabe o que está fazendo. O impostor se considera uma fraude, acha que está blefando em tudo, sempre à beira de ser "descoberto".

As pessoas com síndrome do impostor não prestam atenção suficiente à sua experiência direta; ao fato evidente e observável de que estão fazendo seu trabalho de forma eficaz. Em vez disso, prestam atenção a uma mente hipercrítica que diz: "Você não sabe o que está fazendo. Mais cedo ou mais tarde, todos verão que você é uma farsa." Um exemplo de destaque é o astro do rock fenomenalmente bem-sucedido Robbie Williams, que muitas vezes é torturado por pensamentos de que não sabe cantar.

Nos meus primeiros anos como médico, eu mesmo tive um caso grave de síndrome do impostor. Se um dos meus pacientes dissesse: "Obrigado. Você é um médico maravilhoso!" Eu costumava pensar: "Sim, certo. Você não diria isso se me conhecesse de verdade." Eu nunca conseguia aceitar tais elogios, porque, embora na verdade fizesse bem o meu trabalho, minha mente estava sempre me dizendo que eu era inútil, e eu acreditava nisso.

Sempre que cometia um erro, por mais trivial que fosse, duas palavras automaticamente reluziam na minha cabeça: "Sou incompetente." Na época, eu costumava ficar bem incomodado, acreditando que aquela era mesmo a verdade. Então começava a duvidar de mim mesmo e a me estressar com todas as decisões que havia tomado. Eu tinha diagnosticado mal aquela dor de estômago? Será que prescrevera o antibiótico errado? Tinha deixado algo sério passar?

Às vezes eu discutia com o pensamento. Ressaltava que todos cometem erros, inclusive médicos, e que nenhum dos erros que cometi foi grave e que, em geral, fazia meu trabalho muito bem. Outras vezes, listava todas as coisas que fazia bem e me lembrava de todos os comentários positivos que recebia de meus pacientes e colegas de trabalho. Ou repetia afirmações positivas sobre minhas habilidades. Mas nada disso eliminava o pensamento negativo ou o impedia de me incomodar.

Hoje em dia, a história do "sou incompetente" ainda aparece quando cometo um erro, mas a diferença é que agora raramente me incomoda. Sei que essas palavras são apenas um reflexo, como a forma como seus olhos se fecham sempre que você espirra. Então, em vez de ruminar sobre como sou incompetente, simplesmente corrijo o erro e sigo com minha vida.

O fato é que não escolhemos a maioria dos pensamentos em nossa cabeça. Com certeza, *às vezes* escolhemos *alguns* deles — mas a maioria simplesmente "aparece" por conta própria. Temos muitos milhares de pensamentos inúteis ou vãos todos os dias. E não importa quão duros, cruéis, tolos, vingativos, críticos, assustadores ou completamente estranhos esses pensamentos possam ser, não somos capazes de impedir que apareçam.

Mas só porque eles aparecem não significa que temos que ACATÁ-los. Podemos tratá-los como aqueles anúncios que aparecem quando navegamos nas redes sociais ou na internet. Não dá para impedir que os anúncios apareçam, mas não precisamos clicar neles ou comprar o que estão vendendo. Ou podemos tratar os pensamentos como se fossem e-mails de spam na caixa de entrada; ao perceber que são lixo, não precisamos abri-los e lê-los. (Infelizmente, ao contrário do spam, não podemos simplesmente excluir nossos pensamentos indesejados; mas acredito que você entendeu.)

No meu caso, a história do "sou incompetente" estava lá muito antes de me tornar médico. Em muitos aspectos diferentes da minha vida, desde aprender a dançar até usar um computador, qualquer erro que eu cometia desencadeava o mesmo pensamento: "Sou incompetente." Nem sempre, é claro, são essas as palavras. Muitas vezes são: "Idiota!", "Você é inútil!" ou "Você não consegue fazer nada certo?". Mas esses pensamentos não são um problema desde que eu os veja pelo que realmente são: um pouco da minha antiga programação que surgiu na minha cabeça.

Basicamente, quanto mais nos sintonizarmos à nossa experiência direta de vida (em vez de aos comentários da nossa mente), mais fácil será fazer coisas que nos levem à vida que queremos. (É por isso que, no final de qualquer exercício de lançar âncora, damos total atenção ao que estamos fazendo; e nos capítulos posteriores, trabalharemos o desenvolvimento dessa habilidade.)

Então, sem mais, brincaremos com outros três métodos para nos desprender dos pensamentos.

Nº 4: Agradecendo à sua mente

Esta é uma das maneiras mais simples de se desprender. Quando sua mente começa a ruminar sobre antigas histórias inúteis, então, com senso de humor e diversão... você a agradece. Silenciosamente diz a si mesmo: "Obrigado, Mente! Que informativo!", ou "Obrigado por compartilhar isso!", ou "É mesmo? Que fascinante!", ou simplesmente "Obrigado, mente!". Quando uso este método, ele soa assim na minha cabeça:

> **Minha mente:** Você é tão patético!
>
> **Russ:** Obrigado, Mente.
>
> **Minha mente:** Você pode até usar essa técnica de desprendimento, mas continua patético!
>
> **Russ:** Obrigado, Mente. Obrigado por compartilhar isso.
>
> **Minha mente:** Você se acha tão inteligente com essa técnica, mas na verdade é apenas um perdedor.
>
> **Russ:** Obrigado, Mente. Eu aprecio o *feedback*. Sei que você quer conversar, mas, desculpe, eu tenho outras coisas para fazer.

É importante que não façamos isso de forma sarcástica ou agressiva, porque isso pode facilmente nos colocar em conflito com nossos pensamentos (da mesma forma que o sarcasmo e a agressão nos colocam em conflito com outras pessoas). Queremos fazer isso de forma lúdica, com carinho, leveza e humor. (Para ver um vídeo bem-humorado em inglês demonstrando esse método, acesse o YouTube e digite: Russ Harris Thanking Your Mind.)

Há muitas maneiras de modificar essa técnica. Por exemplo, você pode combiná-la com Nomeie a História: "Ah, sim, lá vem a história do 'Eu sou

um fracasso'. Obrigado, Mente!" Ou pode reconhecer as boas intenções de sua mente: "Obrigado, Mente. Sei que você está tentando ajudar, mas tudo bem. Eu cuido disso." (E se não gostar da parte de "agradecer", pode simplesmente reconhecer: "Ah, aí está você, Mente, tentando ajudar.")

Nº 5: Brincando com o Texto

Se você é bom em visualização, pode fazer este exercício usando sua imaginação. Mas se acha difícil visualizar (como eu), então faça-o em seu computador ou celular: digite seu pensamento em uma apresentação de PowerPoint ou Keynote ou em um dos muitos aplicativos de celular para esboçar, desenhar ou pintar.

Encontre um pensamento que muitas vezes o prende. Transforme-o em uma frase curta (menos de dez palavras) e, por cerca de dez segundos, tente realmente deixar que ele o fisgue. Aceite-o. Envolva-se nele. Fique o mais preso possível.

Agora, imagine esse pensamento como um texto em preto na tela do computador (ou digite-o, de verdade, no seu dispositivo).

Agora, sem alterar nenhuma das palavras, brinque com a formatação. Primeiro, espaçando as palavras, com grandes buracos entre elas:

Eu   sou   inútil.

Em seguida, junte as palavras, sem espaços entre elas:

Eusouinútil.

Agora, coloque as palavras de volta do jeito que estavam (com a formatação normal e o texto em preto) e, desta vez, brinque com cores diferentes e observe o que acontece. (Por exemplo, você pode achar que o vermelho cintilante tende a fisgá-lo, mas o rosa claro o ajuda a se desprender.) Tente pelo menos três cores diferentes.

Agora, brinque com a fonte. Veja-a em itálico, depois em serifas elegantes.

Eu sou inútil.

Em seguida, em uma daquelas fontes lúdicas e grandes que você vê nas capas dos livros infantis.

EU SOU INÚTIL.

Agora, volte para o texto preto simples e, dessa vez, anime as palavras: faça-as pular para cima e para baixo, quicar ou girar.

Depois, volte para o texto preto simples e, dessa vez, imagine uma bola de karaokê saltando de palavra em palavra. (E se você quiser, ao mesmo tempo, ouça ela cantada ao ritmo de "Parabéns para você".)

O que aconteceu? Você teve uma sensação de distanciamento do pensamento? Ele perdeu parte do impacto?

Nº 6: A técnica das vozes bobas

Essa técnica é particularmente boa com autojulgamentos duros e recorrentes. Encontre um pensamento autocrítico que muitas vezes lhe prende e acredite nele o máximo que puder, por cerca de dez segundos. Deixe-o fisgá-lo o máximo possível.

Agora, escolha um personagem de desenho animado com uma voz engraçada, como Mickey Mouse, Pernalonga, Shrek, Bob Esponja ou Homer Simpson. Agora, repita silenciosamente esse autojulgamento, mas, dessa vez, "ouça-o" na voz do personagem. Observe o que acontece quando você faz isso.

Depois, retorne ao pensamento em sua forma original e, novamente, deixe-o fisgá-lo por dez segundos. (Você pode achar que é um pouco mais difícil fazer isso agora).

Em seguida, escolha um personagem de um filme ou programa de televisão. Considere personagens de fantasia como Darth Vader, Yoda, Gollum ou alguém de sua comédia favorita ou personalidades com vozes distintas, como Arnold

Schwarzenegger, Chris Rock, Ellen DeGeneres e Jada Pinkett Smith . Mais uma vez, repita o pensamento e "ouça-o" nessa nova voz. Observe o que acontece.

Agora, tente isso mais uma vez, usando qualquer tipo de voz que você acha que pode ajudá-lo a se desprender: um político, um comentarista esportivo, um jornalista, um líder mundial ou alguém com um sotaque que se destaca. Observe o que acontece.

Como alternativa ao exemplo acima, você pode baixar um aplicativo que modifique a voz. Existem muitos gratuitos e todos funcionam da mesma maneira. Você grava a sua voz, e o aplicativo a modifica; por exemplo, pode fazê-la parecer a voz de um robô, de um fantasma ou de um esquilo. A ideia é que você diga seu pensamento em voz alta no aplicativo e depois o reproduza em várias vozes diferentes.

Então, como foi? A essa altura, suponho que esteja muito menos preso a esse pensamento. (Na verdade, embora não seja o objetivo, muitas pessoas se veem sorrindo ou rindo enquanto fazem este exercício.) E observe que você não LUTOU contra o pensamento: não tentou mudá-lo, livrar-se dele, discutir com ele, afastá-lo, debater se é verdadeiro ou falso, substituí-lo por um pensamento mais positivo ou distrair-se. Em vez disso, viu-o como é: linguagem. Ao pegar esse segmento da linguagem e ouvi-lo em uma voz diferente, você percebe que ele se trata de uma sequência de palavras — nada mais, nada menos —, e assim, ele perde seu impacto.

Algumas pessoas não gostam da técnica das vozes bobas porque sentem que estão banalizando algo sério. Se esta técnica (ou qualquer outra) lhe parecer assim, por favor, não a use. Desprender-se não se trata de banalizar problemas genuínos da nossa vida, mas de nos libertar da opressão da nossa mente; liberando nosso tempo, energia e atenção para que possamos investi--los em atividades com significado (em vez de ficarmos inutilmente presos a nossos pensamentos).

Jana, que sofria de depressão crônica, achou esse método extremamente útil. Ela cresceu com uma mãe verbalmente abusiva que constantemente a criticava e insultava. Os insultos que uma vez vieram de sua mãe haviam se transformado em pensamentos negativos recorrentes: "Você é gorda", "Você é feia", "Você é burra", "Você nunca será nada... ninguém gosta de você". Quando esses pensamentos vinham à sua mente durante nossas sessões, Jana muitas vezes começava a chorar. Ela gastou muitos anos (e milhares de dólares) em terapia, tentando se livrar desses pensamentos, sem sucesso.

Jana era uma ávida fã da trupe de comédia britânica Monty Python, e o personagem que ela escolheu era de seu filme mais famoso: *A Vida de Brian*. No filme, a mãe de Brian, interpretada pelo ator Terry Jones, está sempre criticando-o com uma voz ridiculamente aguda e estridente. Quando Jana "ouviu" seus pensamentos na voz dessa velha estridente, não conseguiu levá-los a sério. Os pensamentos não desapareceram de imediato, mas rapidamente perderam muito de seu poder sobre ela, o que a ajudou a aliviar sua depressão.

Quando os pensamentos são verdadeiros e sérios

O que fazer quando um pensamento é verdadeiro e sério? Amina, uma de minhas clientes, sofria de cardiomiopatia grave (doença cardíaca), e esperava desesperadamente por um transplante de coração, sem o qual logo estaria morta. Ela me disse que não conseguia se concentrar em nada; passava o dia todo perdida em uma espessa névoa de pensamentos ansiosos. Eram todos pensamentos *verdadeiros e sérios* sobre sua condição cardíaca, as chances de encontrar um doador, os riscos da cirurgia, as chances de morrer, a importância de escrever um testamento e assim por diante. O problema era que, enquanto permanecia presa a esses pensamentos, ela deixava de aproveitar a vida; não conseguia estar presente com seus familiares nem se concentrar nos filmes, livros e músicas que amava. Então escutei com compaixão, validei todos os seus medos perfeitamente naturais e a ensinei a lançar âncora. Conversamos sobre "nomear a história", e ela escolheu chamá-la de história do "tempo se esgotando".

Ela concordou que praticaria perceber e nomear a história do tempo se esgotando sempre que aparecesse durante o dia, e alternaria isso com agradecer à mente: "Obrigada, Mente. Sei que você está tentando me ajudar a lidar com minha doença e aproveitar ao máximo o tempo que me resta. Está tudo bem, eu resolvo." E caso isso não ajudasse, ela deveria lançar âncora e retomar o foco.

Em sua próxima sessão, apenas uma semana depois, ela já conseguia se desprender muito melhor de todos esses pensamentos. Ainda *acreditava* 100% neles. Claro que sim; eram verdade! No entanto, agora era capaz de percebê-los, nomeá-los e deixá-los se manifestar, permanecer e ir livremente, sem ser fisgada por eles. (Nem todo mundo responde tão bem a essa técnica, é claro.

Então, se você descobrir que, apesar de muita prática, continua ficando preso, precisará de métodos adicionais, como os do Capítulo 18.)

Curiosamente, quando nos desprendemos de nossos pensamentos, a credibilidade deles geralmente diminui. Mas esse não é o objetivo. Não estamos interessados em saber se o pensamento é verdadeiro ou falso. Nossos principais interesses são: esse pensamento oferece algo útil? Pode ajudá-lo a tirar o máximo proveito da vida? Se deixar esse pensamento guiá-lo, ele o levará para a vida que deseja?

Crie suas próprias técnicas de desprendimento

As técnicas que abordamos até agora são como aquelas boias infláveis de braço que as crianças usam na piscina: uma vez que você aprende a nadar, não precisa mais delas. Logo poderá se desprender sem precisar de tais métodos artificiais. (No entanto, daqui para frente, ainda haverá momentos em que será útil pegá-los em seu kit de ferramentas psicológicas.) Até lá, enquanto ainda precisar das "boias infláveis", por que não se divertir inventando suas próprias técnicas?

Tudo o que precisa fazer é colocar seu pensamento em um novo contexto, no qual você possa "vê-lo", "ouvi-lo" ou ambos. Pode visualizar seu pensamento pintado em grafite numa parede, impresso em um pôster, estampado no peito de um super-herói de quadrinhos, esculpido na lateral de uma árvore, puxado por um avião em um banner ou tatuado no braço de uma estrela de cinema. Ou imagine-o como uma mensagem de texto, um e-mail de spam ou um anúncio *pop-up*. Pode também pintá-lo, desenhá-lo ou esculpi-lo. Talvez imaginá-lo dançando, saltando, girando; ou descendo em uma tela de TV, como os créditos de um filme. Pode "ouvir" seu pensamento sendo transmitido de um rádio, comunicado por um robô ou cantado por uma estrela do rock. Deixe sua criatividade fluir livremente.

Quatro coisas para se lembrar

Ao praticar o desprendimento, é importante manter essas quatro coisas em mente.

1. O objetivo não é se livrar de pensamentos desagradáveis, mas sim vê-los pelo que são — simplesmente palavras — e parar de lutar contra eles. Às vezes, eles desaparecem rapidamente; outras, não.

2. Muitas vezes, ao se desprender de um pensamento problemático, você se sente melhor. Mas esse é um subproduto benéfico, não o objetivo principal. O objetivo principal do desprendimento é libertá--lo da tirania de sua mente, para que você possa investir seu tempo, energia e atenção em coisas mais importantes. Quando o desprendimento fizer você se sentir melhor, aproveite, é óbvio. Mas, por favor, não *espere* isso.

3. Lembre-se de que você é humano, então muitas vezes se esquecerá de usar essas novas habilidades. E tudo bem. No momento em que perceber que foi fisgado — mesmo se já estiver acontecendo há horas —, pode usar instantaneamente uma dessas técnicas.

4. Nenhuma técnica é infalível. Pode haver momentos em que você tentará usar esses métodos, mas constatará que eles oferecem pouca ou nenhuma ajuda. Se assim for, volte a lançar âncora. Aplique a fórmula RCE: reconheça seus pensamentos e sentimentos, conecte-se com seu corpo e envolva-se no que está fazendo.

Colocando em prática

Neste capítulo e no anterior, abordamos "Estou tendo o pensamento de que…", "Minha mente está me dizendo…", "Nomeie a história", "Dê nome ao processo", "Pensamentos musicais", "Agradecendo à sua mente", "Brincando com o texto" e "Vozes bobas", além de como criar suas próprias técnicas. Então escolha seus métodos preferidos (se for difícil decidir, escolha na sorte) e use-os sempre que puder, todos os dias. E se um método não funcionar, tente outro. Eu costumo recomendar a seguinte sequência (mas, por favor, altere-a conforme necessário; experimente e encontre o que funciona para você):

a) O primeiro passo é simplesmente notar e nomear o que o está fisgando (por exemplo, nomeie a história, dê nome ao processo, agradeça à sua mente, ou use uma frase como "Estou percebendo…").

b) Se ainda estiver preso, use uma técnica lúdica (cantarolar pensamentos, fazer vozes bobas, brincar com texto).

c) Se continuar fisgado depois disso, lance âncora.

E agora, algumas palavras de cautela. Daqui em diante, em quase todos os capítulos, você aprenderá novas habilidades e, se tentar fazer todas elas, ao máximo, todos os dias, com certeza ficará sobrecarregado. Então, por favor, seja flexível; adapte tudo ao seu estilo de vida. Por exemplo, você pode praticar uma técnica específica em um dia da semana e uma técnica diferente em outro. O ideal é reservar pelo menos de cinco a dez minutos por dia para se concentrar no desenvolvimento de novas habilidades; mas se isso não condizer com a sua realidade, tente a cada dois ou três (ou quatro ou cinco) dias. E alterne as habilidades em que você trabalha dia a dia, semana a semana ou mês a mês.

Lembre-se também de que muitas dessas habilidades podem ser incorporadas à sua rotina diária sem a necessidade de ter um tempo extra para isso. Você não precisa "parar sua vida" para as pôr em prática; em vez disso, deixe que se tornem parte da sua vida.

Um alerta final: essa não é uma abordagem de "solução rápida". À medida que aplica suas novas habilidades, você experimentará mudanças profundas, mas isso requer paciência e persistência. Portanto, vá devagar, não se apresse e simplesmente observe o que acontece à medida que incorpora essas práticas à vida cotidiana.

Solução de problemas

O(s) pensamento(s) não foi(foram) embora!

Desprender-se não é se livrar dos pensamentos. Trata-se de vê-los pelo que realmente são e fazer as pazes com eles; permitir que existam em seu mundo sem lutar contra eles. Às vezes, vão passar rapidamente. Em outras, ficarão por um tempo. Às vezes, vão embora — e, depois, voltam quando você menos espera.

Não me senti melhor!

Se você usar essas técnicas para tentar controlar suas emoções, ficará desapontado. Não é o propósito delas. (Se isso não fizer sentido para você, por favor, volte para o capítulo anterior e refaça o experimento "mãos como pensamentos".) É verdade que se desprender muitas vezes reduz sentimentos desagradáveis, mas isso é um bônus, não o objetivo.

Fiquei ainda mais preso!

Isso geralmente significa que a técnica que escolheu não é uma boa opção para você. Nesse caso, tente outra. Às vezes é necessário tentar algumas para encontrar a que funciona melhor para você. E se tudo mais falhar, lance âncora.

Mas eu não gosto desses pensamentos! Quero que eles desapareçam!

Você não precisa gostar de seus pensamentos para abandonar a luta. Tudo bem querer se livrar deles. Na verdade, isso é o esperado. Mas querer se livrar de algo é bem diferente de lutar ativamente contra isso. Por exemplo, suponha que você tenha um carro antigo que não deseja mais, mas não terá a oportunidade de vendê-lo por, pelo menos, mais um mês. Você pode *querer* se livrar do carro; e pode, ao mesmo tempo, reconhecer que ainda o possui e permitir que ele permaneça em sua garagem sem lutar contra isso. Não precisa tentar destruir o carro, sentir-se infeliz ou ficar bêbado todas as noites por ainda ter aquele carro velho.

Então, se estiver lutando contra um pensamento (como todos nós fazemos às vezes), apenas o perceba. Finja que você é um cientista curioso observando a si mesmo e note todas as diferentes maneiras que você usa para LUTAR.

8

IMAGENS ASSUSTADORAS, MEMÓRIAS DOLOROSAS

Roxy estremeceu. Seu rosto estava pálido e abatido, seus olhos, marejados.

— Qual é o diagnóstico? — perguntei.

— Esclerose múltipla — sussurrou ela.

Roxy era uma advogada de 32 anos dedicada à sua profissão. Um dia, no trabalho, ela notou fraqueza e dormência na perna esquerda e, em poucos dias, foi diagnosticada com esclerose múltipla ou EM. A EM é uma doença na qual os nervos do corpo se degeneram, gerando vários sintomas físicos. Na melhor das hipóteses, o sujeito pode ter um episódio fugaz de distúrbio neurológico do qual se recupera totalmente, para nunca mais ser incomodado. Na pior, a esclerose múltipla piora dia após dia e o sistema nervoso se deteriora progressivamente, até que as funções físicas do corpo fiquem gravemente incapacitadas. Os médicos não têm como prever como a doença afetará o paciente.

Não é surpreendente Roxy ter ficado muito assustada com esse diagnóstico. Ficava se imaginando em uma cadeira de rodas, seu corpo terrivelmente deformado, sua boca torcida e babando. Toda vez que essa imagem aparecia em sua cabeça, ela ficava aterrorizada. Tentou dizer a si mesma tudo que o bom senso costuma pregar: "Não se preocupe... provavelmente nunca vai acontecer com você"; "Suas chances são excelentes... deixe para lidar com isso quando e se chegar a hora", "Por que se preocupar com algo que pode nunca acontecer?". Amigos, familiares e médicos também tentaram tranquilizá-la com conselhos semelhantes. Mas isso acabou com as imagens assustadoras? Nem um pouco.

Roxy descobriu que, às vezes, conseguia se distrair ou tirar a imagem da cabeça, mas não por muito tempo, e, quando voltava, parecia incomodá-la ainda mais. Essa estratégia de luta comumente usada, mas ineficaz, é conhecida como "supressão de pensamento", que significa afastar ativamente palavras ou imagens angustiantes da cabeça. Por exemplo, cada vez que uma cognição indesejada aparece, você pode dizer a si mesmo: "Não, não pense nisso!", ou "Pare!", ou pode esticar um elástico e deixá-lo bater contra seu pulso, ou tentar mentalmente empurrar a ideia para longe.

Infelizmente, embora a supressão de pensamentos seja natural para todos nós, a pesquisa sobre isso é muito clara: no curto prazo, faz com que pensamentos, memórias ou imagens angustiantes desapareçam; mas, a longo prazo, há um efeito rebote, e elas voltam com maior frequência e intensidade do que antes.

Podemos observar exemplos dramáticos relacionados a isso em distúrbios relacionados a traumas. Memórias horríveis de eventos traumáticos (por exemplo, estupro, violência, abuso sexual) aparecem repetidamente acompanhadas de emoções dolorosas. Muitas pessoas descobrem que podem, a curto prazo, afastar essas lembranças por meio de vários métodos: distração, drogas, álcool e todas as maneiras de sempre. Mas, a longo prazo, elas retornam com força total.

Traumas à parte, a maioria de nós tem a tendência de ser fisgado por imagens assustadoras do futuro ou memórias dolorosas do passado. (Na verdade, podemos armazenar memórias com os cinco sentidos — visão, audição, olfato, paladar e tato — mas, neste capítulo, focaremos os elementos visuais.) Com que frequência você "se viu" falhando, sendo rejeitado, recebendo a notícia de uma doença, morrendo, fazendo algo ruim ou se metendo em algum tipo de problema? E quanto tempo passou remoendo ou revivendo eventos dolorosos do passado? Se você for como eu, a resposta é: "muito".

(Nota: cerca de 10% da população acha difícil, ou mesmo impossível, visualizar ou "pensar em imagens". Se você é um deles [como eu], pode não se identificar muito com este capítulo, mas, por favor, leia-o, para que possa entender e apoiar seus entes queridos quando eles forem fisgados por imagens mentais. E lembre-se também, ao longo do livro, que sempre que eu usar a palavra "imaginar", você não precisa "ver" imagens mentais; pode imaginar com palavras, conceitos e ideias.)

A mente cria essas cognições porque está se esforçando para mantê-lo seguro: "Você precisa estar preparado para isso", "Não deixe isso acontecer", "Proteja-se", "Fique seguro", "Olhe o que aconteceu no passado; não deixe que isso aconteça de novo". A mente opera seguindo a regra "Segurança em primeiro lugar!" e nunca abandonará seu trabalho número um: cuidar de você. Isso significa que imagens e memórias desagradáveis ou enervantes aparecerão repetidamente — especialmente quando enfrentamos desafios significativos; e podemos desperdiçar muito tempo e energia preciosos se respondermos a elas no modo ACATAR ou LUTAR. Além disso, às vezes, quando somos presos por essas cognições, elas se tornam tão assustadoras que podem nos levar a desistir de coisas que gostaríamos de fazer.

Por exemplo, muitas pessoas evitam viagens aéreas, falar em público ou socializar porque estão presas a imagens mentais de coisas que não dão certo. Da mesma forma, lembranças dolorosas de ter sido ferido ou abusado em relacionamentos anteriores podem fazer você ter medo de entrar em novos relacionamentos saudáveis.

Quando somos fisgados por imagens ou memórias:

- damos a elas nossa total atenção (por isso é difícil manter o foco em qualquer outra coisa);

- reagimos a elas como se os eventos que retratam estivessem acontecendo aqui e agora;

- nós as tratamos como ameaças que precisamos evitar ou afastar.

Por outro lado, quando nos desprendemos de imagens e memórias:

- reconhecemos sua verdadeira natureza: vemos que são figuras em nossa mente;

- damos-lhes toda a nossa atenção apenas quando estão oferecendo algo útil;

- percebemos que, não importa quão desagradáveis sejam, essas imagens e lembranças não são ameaças; elas podem desencadear emoções desagradáveis, mas, na verdade, não podem nos prejudicar.

É claro que essas cognições problemáticas são acompanhadas por emoções, impulsos e sensações desagradáveis, e nos capítulos seguintes, veremos como lidar com esses sentimentos. Por enquanto, exploraremos...

Primeiros passos para se desprender de imagens e memórias

Você já conhece algumas maneiras de se desprender de "palavras dentro da sua cabeça". Desprender-se de imagens e memórias é semelhante. Muitas vezes, basta notar e nomear: "Estou vendo a imagem de...", "Estou percebendo uma lembrança de...", "Estou imaginando o futuro", "Estou revivendo o passado".

No entanto, para imagens aterrorizantes ou memórias realmente horríveis, sua melhor aposta é ancorar. Após várias rodadas de RCE (Reconhecer a imagem ou memória e os sentimentos que a acompanham; Conectar-se com seu corpo; Envolver-se no que está fazendo), você provavelmente se desprenderá.

Indo além

Vejamos agora algumas técnicas que podem nos ajudar a ver essas cognições pelo que realmente são: imagens mentais que não podem nos prejudicar. Uma vez que reconhecermos isso, podemos deixá-las livres para se manifestar, permanecer e ir em seu próprio tempo, sem LUTA: sem combatê-las ou julgá-las, sem tentar evitá-las.

Um aviso: as técnicas lúdicas nesta seção geralmente são úteis para memórias dolorosas, como vezes em que você falhou ou errou, foi rejeitado ou humilhado ou fez algo de que se arrepende. Mas não são apropriadas para memórias verdadeiramente horríveis. Então, se você se sente angustiado por memórias traumáticas, por favor, *não* use os métodos a seguir; atenha-se a observar, nomear e lançar âncora.

E, novamente, um lembrete para fazer esses exercícios como experimentos, com curiosidade genuína quanto ao que acontecerá. Se você não conseguir fazer determinada técnica, ou se ela não funcionar, reconheça sua decepção e passe para uma diferente. Para cada experimento, primeiro leia as instruções e depois lembre-se de uma imagem ou memória problemática. E se for uma imagem em movimento, condense-a em um "videoclipe" de dez segundos. Em seguida, coloque o livro de lado e tente o método (pulando qualquer técnica que pareça inadequada).

Tela da televisão

Invoque uma imagem ou memória difícil e observe como ela o está afetando.

Agora, imagine que há uma pequena tela de TV do outro lado da sala. Coloque sua imagem na tela e brinque com ela: vire-a de cabeça para baixo; vire-a de lado; gire-a sem parar; esti-i-i-ique-a para os lados.

Se for um "videoclipe" em movimento, reproduza-o em câmera lenta. Em seguida, reproduza-o de trás para frente em câmera lenta. Depois, assista a ele em velocidade dupla; depois, inverta-o em velocidade dupla.

Diminua a cor, para que fique tudo em preto e branco.

Aumente a cor e o brilho, até que fique ridiculamente fluorescente e escandaloso.

A ideia não é se livrar dessa imagem/memória, mas vê-la como é: uma figura inofensiva. Você pode precisar fazer isso por dez segundos ou por um minuto. Se permanecer fisgado depois disso, tente o próximo método.

Legendas

Mantenha essa cognição na tela da televisão e adicione uma legenda. Por exemplo, uma imagem sua falhando pode ter a legenda: "A história do fracasso." Se preferir, você pode fazer uma legenda bem-humorada, como "Xi! Fiz isso de novo!" (desde que não pareça banalizar a situação). Se ainda estiver preso após trinta segundos, tente…

Adicionar uma trilha sonora

Mantendo esse pensamento na tela, adicione uma trilha sonora de sua escolha. Experimente algumas trilhas diferentes: jazz, hip-hop, clássico, rock ou seu tema de filme favorito. E se a imagem ainda prender você depois disso, tente…

Mudar de local

Imagine essa cognição em uma variedade de locais diferentes. Fique em cada cenário por vinte segundos antes de mudar para um novo.

Imagine-a na camiseta de um corredor ou de uma estrela do rock.

Visualize-a pintada em uma tela ou em um banner, voando atrás de um avião.

Veja-a como um adesivo de para-choque, uma foto de revista ou uma tatuagem nas costas de alguém.

Imagine-a como um *pop-up* na tela do computador ou como um pôster no quarto de um adolescente.

Visualize-a como a imagem em um selo postal ou um desenho em uma história em quadrinhos.

Use sua imaginação; o céu é o limite. E se você ainda estiver preso depois de tudo isso, sugiro que pratique alguns ou todos os exercícios acima todos os dias, por pelo menos cinco minutos. Primeiro, precisamos nos concentrar nessas imagens para praticar o desprendimento. Mas o objetivo final é ser capaz de deixá-las irem e virem sem dar a elas muita atenção — como ter a televisão ligada em segundo plano, sem realmente assisti-la.

Pedi à Roxy que praticasse isso diariamente, e em uma semana, aquela imagem de si mesma em uma cadeira de rodas não a incomodava mais. Ainda aparecia de vez em quando, mas já não a assustava, e ela conseguia deixá-la ir e vir livremente enquanto se concentrava em coisas mais importantes. Paradoxalmente, quanto menos tentava afastar a imagem, com menos frequência ela aparecia. Essa não era a intenção, mas é algo que geralmente acontece como um bom efeito colateral.

Exposição

No jargão da psicologia, o termo técnico para o que você acabou de fazer é "exposição". (Na linguagem cotidiana, usamos termos como "enfrentar seus medos" ou "sair da sua zona de conforto".) Exposição significa entrar deliberadamente em contato com coisas difíceis para que você possa aprender maneiras mais eficazes de responder a elas. Essas coisas difíceis podem estar no mundo externo (pessoas, lugares, situações, atividades, eventos) ou no mundo interno (pensamentos, emoções, memórias etc.).

A exposição é a intervenção mais poderosa em todo o campo da psicologia; nada tem maiores efeitos sobre o comportamento humano. E quase tudo neste livro, pelo menos até certo ponto, envolve exposição. Por exemplo, todas as técnicas de desconexão que abordamos até agora, desde lançar âncora até nomear a história e agradecer à sua mente, envolvem contato deliberado com coisas difíceis dentro de você (ou seja, seus pensamentos e sentimentos indesejados), para que possa aprender a responder de formas mais eficazes.

Voltando ao conceito de neuroplasticidade: a exposição permite que você crie novos caminhos neurais em cima dos antigos. Assim, quando seus antigos caminhos neurais são ativados e esses pensamentos e sentimentos difíceis reaparecem, os novos caminhos neurais são ativados em resposta: seu novo aprendizado entra em ação e você se desprende.

Agora é hora de bancar o "disco arranhado". Ao praticar essas técnicas, as imagens/memórias desagradáveis costumam desaparecer ou diminuir de frequência, e você geralmente se sente muito melhor. Mas esses resultados são um "bônus", não o objetivo principal. Aprecie-os quando eles acontecerem, mas não faça deles sua intenção principal, senão você logo ficará desapontado. (Desculpe se isso for repetitivo, mas muitas pessoas têm bastante dificuldade para absorver essas ideias.) O objetivo de se desprender é estar livre para fazer movimentos para frente e se concentrar no que importa. (E se isso não fizer sentido, por favor, volte e repita o experimento "mãos como pensamentos" do Capítulo 6.)

Se você usar as técnicas como pretendido, elas o ajudarão a se manter livre da armadilha da felicidade. E também o ajudarão a apreciar...

9
O ESPETÁCULO DA VIDA

A vida é como um espetáculo. E nesse palco estão todos os seus pensamentos e sentimentos e tudo o que você pode ver, ouvir, tocar, provar e cheirar. Esse espetáculo muda continuamente, de momento a momento. Às vezes, o que aparece no palco é absolutamente maravilhoso; outras, é completamente terrível. E há uma parte de você que pode dar um passo para trás e assistir a esse show; ampliar qualquer parte dele, absorver os detalhes ou reduzir o *zoom* e analisar o quadro geral. Essa parte de você está sempre lá, sempre observando.

Na linguagem cotidiana, não temos uma boa palavra para essa parte sua. Eu gosto de chamá-la de "o eu perceptivo". E há outra parte de você que gosto de chamar de "eu pensante": essa é a parte que pensa, planeja, julga, compara, cria, imagina, visualiza, analisa, lembra, sonha acordado e fantasia. Sempre que uso o termo "mente" neste livro, estou me referindo ao "eu pensante", não ao "eu perceptivo". É importante lembrar disso, porque na linguagem cotidiana a palavra "mente" geralmente se refere tanto ao "eu pensante" *quanto* ao "eu perceptivo", sem distinção entre eles.

O "eu perceptivo" é fundamentalmente diferente do "eu pensante". Para começar, o "eu perceptivo" não pensa, ele só percebe. (Algumas pessoas o chamam de "eu silencioso" ou "testemunha silenciosa", porque nunca fala; ou "eu observador", porque observa silenciosamente.) Essa parte de você é responsável pelo foco, pela atenção e consciência. Percebe seus pensamentos, mas não pode criá-los. O "eu pensante" pensa sobre sua experiência — a descreve, comenta, analisa, compara ou julga —, enquanto o "eu perceptivo" nota sua experiência diretamente.

Por exemplo, se você estiver jogando beisebol, críquete ou tênis e estiver realmente focado, toda a sua atenção estará voltada para aquela bola vindo em sua direção. Esse é o seu eu perceptivo atuando. Você não está "pensando" na bola; está observando-a.

Agora suponha que pensamentos comecem a surgir de tal maneira: "Espero que minha pegada esteja correta", "É melhor eu acertar isso", "Uau, essa bola está se movendo rápido!". Esse é seu eu pensante atuando. E, claro, tais pensamentos muitas vezes podem ser uma distração. Se você prestar muita atenção a eles, não estará mais focado na bola, e seu desempenho será prejudicado. (Com que frequência você se concentra em uma tarefa apenas para se distrair com um pensamento como: "Espero não estragar tudo!"?)

O "eu pensante" e o "eu perceptivo"

Feche os olhos por cerca de um minuto e simplesmente preste atenção no que sua mente faz. Fique atento a quaisquer pensamentos ou imagens, como se fosse um fotógrafo da vida selvagem esperando um animal exótico emergir da vegetação rasteira. Se nenhum pensamento ou imagem aparecer, continue atento; mais cedo ou mais tarde eles se mostrarão — eu garanto. (Sua mente dirá: "Não estou tendo nenhum pensamento", "Não consigo fazer isso" ou "Não está funcionando" — e, claro, esses *são* pensamentos.)

Com os olhos fechados, você verá tudo preto, um espaço vazio. Assim, quando pensamentos ou imagens surgirem, perceba onde eles estão localizados nesse espaço: à sua frente, acima de você, atrás de você, ao seu lado ou dentro de você.

Eles estão se movendo ou estão parados?

Se estão se movendo, a que velocidade e em que direção?

Alternativamente, se você tende a "ouvir" seus pensamentos, um pouco como uma voz dentro de sua cabeça, perceba: onde essa voz está localizada?

Está na parte superior ou inferior, na frente ou atrás de sua cabeça?

É alta ou baixa, fala rápido ou devagar?

Depois de fazer esse experimento por cerca de um minuto, abra os olhos novamente. Isso é tudo. Então, por favor, leia estas instruções mais uma vez; em seguida, coloque o livro de lado por um momento e dê uma chance a esse experimento.

Com sorte, você conseguiu experimentar dois processos distintos, mas sobrepostos. O "eu pensante" estava gerando pensamentos ou imagens (e geralmente também fazendo um comentário sobre o experimento: "Estou fazendo certo?", "O que devo notar?"). O "eu perceptivo" estava percebendo quaisquer pensamentos e imagens que apareciam (incluindo qualquer comentário).

Em todos aqueles exercícios de "perceber e nomear", seu "eu perceptivo" nota a cognição e seu "eu pensante" a nomeia. Essa distinção entre pensar e perceber é importante, então, por favor, faça o experimento acima mais uma vez. Feche os olhos por cerca de um minuto, observe quais pensamentos ou imagens aparecem (incluindo qualquer comentário) e onde parecem estar localizados.

Espero que esse experimento o tenha ajudado a "se separar" um pouco de suas cognições: pensamentos e imagens apareciam, depois desapareciam de novo, e você conseguia percebê-los indo e vindo. Em outras palavras, seu "eu pensante" produziu algumas cognições e seu "eu perceptivo" as notou indo e vindo.

Nosso "eu pensante" é um pouco como uma estação de rádio, tocando constantemente em segundo plano. Na maioria das vezes é a Rádio Autojulgamento & Melancolia AM, transmitindo histórias negativas 24 horas por dia. Ela nos lembra da dor do passado, nos alerta sobre perigos no futuro e está sempre nos atualizando sobre tudo que há de errado conosco, com os outros, com a vida, com o universo e tudo mais. Às vezes, transmite algo útil ou alegre, mas nem de longe com tanta frequência quanto as coisas negativas. Então, se estamos constantemente sintonizados a essa rádio, ouvindo atentamente e acreditando em tudo o que escutamos, temos uma receita infalível para o estresse e o sofrimento.

Infelizmente, não há como desligar essa rádio. Nem mesmo os mestres *zen* conseguem essa façanha. Às vezes, a rádio para por conta própria por um curto período. Mas não podemos *fazê-la* parar deliberadamente (a menos que causemos um curto-circuito com drogas, álcool ou uma cirurgia no cérebro). Na verdade, de modo geral, quanto mais tentamos fazer essa rádio parar, mais alto ela toca.

Mas há uma abordagem alternativa. Já aconteceu de ter uma música tocando em sua mente... e você estava tão concentrado no que fazia que quase não a percebeu? Podia ouvir a música, mas mal prestava atenção. Bem, é isso que pretendemos fazer com nossas cognições. Sabendo que são basicamente "palavras e imagens dentro da nossa cabeça", podemos tratá-las como ruído de fundo — deixá-las se manifestarem, permanecerem e partirem em seu próprio tempo, sem dar muita atenção a elas. Quando um pensamento inútil surge, em vez de nos concentrarmos nele, reconhecemos sua presença, permitimos que esteja lá e voltamos nossa atenção para o que estamos fazendo. Em outras palavras:

Se o "eu pensante" estiver transmitindo algo inútil, nós o trataremos como música de fundo e focaremos nossa atenção no que estamos fazendo aqui e agora.

Se o "eu pensante" estiver transmitindo algo válido ou útil, então sintonizaremos, prestaremos atenção e usaremos a informação.

Rádio Autojulgamento & Melancolia AM *versus* Radio Felicidade & Motivação FM

O que estou sugerindo aqui é muito diferente do pensamento positivo, que é como trazer um segundo rádio para a sala, sintonizando-o em uma frequência diferente (como Rádio Felicidade & Motivação FM ou Rádio Lógica & Razão) e tocá-lo ao lado do primeiro rádio, na esperança de abafá-lo. É muito difícil se concentrar no que está fazendo quando se tem dois rádios diferentes tocando duas estações distintas em segundo plano.

Observe também que, quando deixamos a música tocar em segundo plano sem dar muita atenção, isso é muito diferente de tentar ativamente *ignorá-la*. Você já ouviu música tocando e tentou ignorá-la? Ou uma voz alta em um restaurante? Ou um alarme disparando na sua rua? O que aconteceu? Quanto mais você tentava *ignorar* ou não ouvir, mais isso lhe incomodava, certo?

A capacidade de deixar os pensamentos irem e virem em segundo plano enquanto mantém sua atenção no que está fazendo é útil. Suponha que você esteja em uma situação social e sua mente diga: "Sou tão chato! Não tenho nada a dizer. Gostaria de poder ir para casa!" É difícil ter uma boa conversa se você está focando esses pensamentos. Da mesma forma, suponha que esteja aprendendo a dirigir e seu "eu pensante" diga: "Não consigo fazer isso. É tão difícil. Vou bater!" É difícil dirigir bem se você estiver focado nesses pensamentos e não na estrada. Portanto, a técnica a seguir ensinará como deixar seus pensamentos "passarem" enquanto mantém a atenção no que está fazendo. Primeiro, leia as instruções e, depois, experimente.

Dez respirações lentas

Neste experimento, é absolutamente essencial manter a respiração o mais le-e--e-enta e suave possível. Se você respirar muito rápido, muito profundamente ou com muita força, poderá sentir tontura, formigamento ou ansiedade. (Essas reações são muito raras, mas se algo assim acontecer com você, certifique-se de desacelera-a-a-ar ainda mais sua respiração, inspirando o mais superficial e *suavemente* possível; não respire fundo ou isso piorará sua tontura. E se não resolver o problema, esqueça esta técnica e siga os conselhos na seção sobre métodos alternativos, no final deste capítulo.)

- Encontre uma posição confortável e feche os olhos ou fixe-os em um ponto à sua frente.

- Respire lenta e suavemente dez vezes.

- Para cada respiração, primeiro expire completamente, esvaziando os pulmões. Faça isso em uma contagem de três segundos ou mais, se possível.

- Então, quando seus pulmões estiverem vazios, inspire suavemente.

- Quando sentir que seus pulmões estão confortavelmente cheios, prenda a respiração por mais três segundos.

- Mais uma vez, expire lentamente (contando pelo menos três segundos).

- Concentre-se no subir e descer da sua caixa torácica e no ar entrando e saindo dos pulmões.

- Observe as sensações à medida que o ar entra: seu peito subindo, seus ombros se erguendo, seus pulmões se expandindo.

- Observe o que sente quando o ar sai: seu peito descendo, seus ombros caindo, a respiração saindo de suas narinas.

- Concentre-se em esvaziar completamente os pulmões. Empurre suavemente até o último suspiro de ar, sentindo-os esvaziarem.

- Em seguida, faça uma pausa de três segundos antes de inspirar novamente.

- Ao inspirar, lenta e suavemente, observe como sua barriga se move e seu peito se expande.

- Ao fazer isso, deixe seus pensamentos e imagens mentais irem e virem ao fundo, como se fossem carros passando na frente de sua casa. (Você não sai correndo e tenta parar o trânsito; deixa ele vir, ficar e ir em seu próprio tempo.)

- Quando uma nova cognição aparecer, reconheça brevemente sua presença, como se estivesse acenando para um motorista que passa. Pode achar útil dizer silenciosamente para si mesmo: "Pensamentos."

- Ao fazer isso, mantenha sua atenção na respiração, seguindo o ar enquanto ele entra e sai de seus pulmões.

- De vez em quando, um pensamento o fisgará e o afastará do exercício, fazendo com que perca a noção do que está fazendo. No momento em que perceber isso, reconheça. Diga silenciosamente para si mesmo: "Fui fisgado", e reconheça o pensamento que o prendeu. Em seguida, reconcentre-se com calma em sua respiração.

Por favor, leia as instruções mais uma vez, depois coloque o livro de lado e experimente.

Como foi? A maioria das pessoas é fisgada várias vezes. Isso é muito normal; acontece com todos nós, repetidamente, todos os dias. Em um momento estamos focados, no seguinte nossa mente nos prende e leva nossa atenção para outro lugar. Então, se você praticar esse exercício regularmente, aprenderá três habilidades importantes:

1. Como deixar seus pensamentos irem e virem livremente, sem os ACATAR ou LUTAR contra eles. (É desnecessário dizer que você não está tentando "eliminar seus pensamentos" ou "esvaziar sua mente". Seu objetivo é deixá-los se manifestar, permanecer e partir em seu próprio tempo, segundo a escolha deles.)

2. Como se concentrar em uma tarefa ou atividade e reconhecer quando sua atenção se desviou.

3. Como se desprender gentilmente dos pensamentos que o "desviam da tarefa" e reorientar sua atenção para o que está fazendo.

Assim como lançar âncora, podemos praticar essa técnica a qualquer hora, em qualquer lugar, e quanto mais, melhor. Encorajo-o a praticá-la com frequência ao longo do dia: enquanto está parado no semáforo, esperando na fila, esperando no telefone, esperando para um compromisso, durante os intervalos comerciais na TV e até na cama. Basicamente, experimente sempre que tiver um momento de sobra. (E se não tiver tempo para as dez respirações completas, mesmo três ou quatro podem ser úteis.)

E lembre-se: quando estiver fazendo isso, que não importa quantas vezes você é fisgado. Cada vez que percebe e se desprende, está desenvolvendo uma habilidade valiosa.

Além disso, como de costume, deixe de lado quaisquer expectativas. Faça-o como um experimento genuíno e observe que efeito ele exerce. Muitas pessoas o acham relaxante ou calmante, mas — sim, você adivinhou — esse não é o objetivo principal; é apenas um bônus. Em outras ocasiões, é provável que seja entediante, frustrante ou pode até mesmo gerar ansiedade. Então, naturalmente, aprecie essa sensação de relaxamento ou calmaria quando ocorrer, mas, por favor, não faça disso o objetivo.

Aceita um desafio?

Você está pronto para um desafio? Algo que o ajudará muito a desenvolver as habilidades acima? Veja a seguir o que ele envolve.

Além de todos os exercícios super-rápidos acima, reserve cinco minutos duas vezes ao dia para praticar o foco na respiração. Por exemplo, você pode fazer cinco minutos logo pela manhã e cinco minutos durante a hora do almoço.

Alternativas para o foco na respiração

Algumas pessoas não gostam de nenhum tipo de exercício que envolva focar a atenção na respiração, seja porque os deixam tontos, com vertigem ou ansiosos ou porque acham muito chato. Se você se enquadra nisso, não se preocupe; existem muitas outras opções.

Lembre-se: os objetivos desta prática são:

a) treinar nossa capacidade de focar a atenção e perceber rapidamente quando ela vaguear;

b) tratar nossos pensamentos como uma música tocando ao fundo, permitindo que se manifestem, permaneçam e partam livremente.

E fazemos isso por dois motivos principais:

1. obtemos muito mais satisfação das coisas que fazemos quando damos a elas toda a nossa atenção; e

2. lidamos com qualquer desafio ou executamos qualquer tarefa complexa muito melhor quando estamos focados (ao contrário de distraídos, desengajados, dispersos, perdidos em nossos pensamentos).

A boa notícia é que podemos desenvolver essas habilidades com praticamente qualquer tarefa ou atividade. Aqui estão três sugestões por enquanto (abordaremos mais adiante):

1. Concentrando-se na caminhada

Faça uma caminhada de cinco minutos e, com toda a curiosidade que puder, observe de verdade as coisas ao seu redor. Note o que você pode ver e ouvir, tocar, provar e cheirar.

Preste atenção como se fosse uma criança curiosa que nunca fez nada assim antes.

Ao fazer isso, deixe sua mente falar como uma rádio tocando ao fundo, mas não tente ignorá-la ou silenciá-la.

Continue observando o mundo ao seu redor enquanto caminha.

De tempos em tempos, sua mente conseguirá fisgá-lo e você se distrairá do exercício. No momento em que perceber que isso aconteceu, reconheça o pensamento que o prendeu e volte a se concentrar na caminhada.

2. Concentrando-se em seu corpo

No Capítulo 17, você encontrará uma prática chamada "escaneamento corporal", que envolve a varredura lenta de seu corpo, dos dedos dos pés até a cabeça, e o foco estará nas sensações que encontra. Sinta-se à vontade para pular para o Capítulo 17 agora, experimentar e usar esse método, se preferir.

3. Focando no alongamento

O alongamento com foco é outra boa opção. Você provavelmente conhece pelo menos alguns alongamentos básicos para o seu corpo. (Se não, escreva no Google "alongamentos básicos". E, se estiver acamado, escreva no Google "alongamentos para quem está acamado"). Escolha dois ou três alongamentos e faça-os be-e-e-em lenta e gentilmente, percebendo como se sente quando seus músculos se alo-o-o-ongam. Repare nas sensações em seu corpo à medida que os músculos se alongam e na sensação de calor à medida que o sangue flui para a região. Atente a essa sensação de relaxamento, alongamento e flexibilidade. Note como as sensações em seu corpo mudam continuamente — às vezes dolorosas, outras agradáveis.

Faça isso por cinco minutos, concentrando-se inteiramente nos movimentos que está fazendo e nas sensações nas regiões que está alongando. Concentre-se e retome o foco repetidamente, conforme descrito anteriormente, enquanto deixa sua mente tagarelando em segundo plano.

E se isso parecer estranho, não natural ou desconfortável... que bom! Isso significa que está tentando algo novo, algo diferente. É um sinal claro de que você está...

10

SAINDO DA ZONA DE CONFORTO

Faço a seguinte garantia para cada leitor deste livro: assim que você começar a se esforçar, a levar a sua vida em uma direção nova e significativa, pensamentos e sentimentos difíceis surgirão (100% garantido ou seu dinheiro de volta!). Isso acontece por causa do imperativo primordial de sua mente, que diz: "Segurança em primeiro lugar!" Assim que começamos a fazer algo novo, nossa mente nos envia avisos na forma de pensamentos negativos, imagens perturbadoras, lembranças ruins e emoções, impulsos e sensações desconfortáveis.

Com muita frequência, permitimos que esses "avisos" nos impeçam de fazer o que importa; em vez disso, continuamos com os hábitos antigos. Algumas pessoas chamam isso de ficar na zona de conforto. Mas, pessoalmente, não acho que esse seja um bom nome, porque a vida dentro da zona de conforto definitivamente não é confortável. Deveria ser chamada de "zona de sofrimento", "zona da estagnação" ou "zona da perda de vida".

Não importa como queira chamar, existem duas estratégias entrelaçadas para deixar essa zona desolada. Primeira: expanda continuamente o alcance de suas habilidades de desprendimento. Segunda: conecte-se com algo que faça valer a pena sair desse lugar de conforto. Nos próximos capítulos abordaremos a primeira estratégia; neste, investigaremos a segunda, começando com uma discussão sobre...

Valores e objetivos

Os valores são os desejos mais profundos do seu coração, sobre como você deseja tratar a si mesmo, aos outros e ao mundo ao seu redor; qualidades pessoais que deseja exercitar nas coisas que diz e faz. Por exemplo, se no fundo do seu coração você deseja algumas qualidades pessoais, como ser aberto, honesto, amoroso e atencioso, então chamaríamos essas características de seus valores. (Mas se não deseja se comportar dessa maneira, então não são seus valores.) Uma vez que sabemos quais são nossos valores, podemos usá-los como inspiração, motivação e orientação; para nos ajudar a fazer coisas que tornam nossa vida mais significativa e gratificante.

Valores são muito diferentes de objetivos. Objetivos são coisas que você almeja no futuro: coisas que deseja obter, conquistar, alcançar ou fazer. A maioria dos nossos objetivos se enquadra em três categorias: objetivos emocionais, objetivos comportamentais e objetivos de resultado.

Objetivos emocionais

Os objetivos emocionais descrevem como queremos nos sentir (por exemplo: "Quero me sentir feliz", "Quero parar de me sentir ansioso", "Quero ter mais confiança", "Quero paz interior").

Objetivos comportamentais

Esses objetivos descrevem como queremos nos comportar, que ações pretendemos realizar (por exemplo: "Quero me exercitar mais", "Quero passar mais bons momentos com meus amigos ou com minha família", "Quero viajar").

Objetivos de resultado

Esses objetivos descrevem os resultados que desejamos: o que queremos *conquistar* ou *ter* (por exemplo: "Quero ter mais amigos", "Quero que outras pessoas me amem, me tratem bem, me respeitem", "Quero um corpo atraente, um ótimo trabalho, uma bela casa", "Quero segurança financeira, boa saúde, igualdade de oportunidades", "Eu quero poder, *status*, fama").

É muito importante entender a diferença entre objetivos de resultado e valores, por motivos que explicarei em breve. Então, por exemplo, se deseja ser amoroso e gentil, esses são seus valores. Mas se deseja se casar, esse é um objetivo de resultado. Observe que é possível viver seus valores de ser amoroso e gentil, mesmo que nunca consiga o casamento como resultado. (Por exemplo: você pode ser amoroso e gentil consigo mesmo, com seu cachorro, seu gato, seus amigos ou sua família.)

Por outro lado, você pode alcançar o objetivo de se casar, mas negligenciar seus valores de ser amoroso e gentil (nesse caso, seu casamento sofrerá).

Aqui está outro exemplo: suponha que quando você está no trabalho, queira ser aberto, honesto e cooperativo; em caso afirmativo, esses são (alguns dos) seus valores no local de trabalho. Por outro lado, se deseja ter um ótimo emprego, esse é um objetivo de resultado. E, observe, você pode viver seus valores de ser aberto, honesto e cooperativo, quer seu trabalho seja incrível ou muito ruim. Também pode viver esses valores se estiver aposentado, desempregado ou incapaz de trabalhar devido à doença ou invalidez.

Essa diferença entre valores e objetivos é de grande importância quando se trata de…

Empoderamento pessoal

Você já viu fotos daqueles vastos campos de refugiados nos países da África e do Oriente Médio: milhares de tendas amontoadas no meio de um deserto seco e árido? Alguns desses campos abrigam até 400 mil refugiados, que lutam para sobreviver em meio às mais terríveis dificuldades e privações. A ACT poderia ajudar pessoas nessas terríveis circunstâncias, muitas das quais sofreram grandes traumas?

A Organização Mundial da Saúde (OMS) acreditou que sim. Então, em 2015, pediram-me para escrever um programa, baseado na ACT, para que pudessem implantar em campos de refugiados e assim ajudar as pessoas a lidar com o enorme e contínuo estresse da vida ali. O programa de dez horas (duas horas por semana, durante cinco semanas) foi entregue por meio de gravações de áudio, para grupos de cerca de vinte pessoas por vez. Quando estava escrevendo este livro (2021), a OMS já vinha usando esse programa há mais de cinco anos em campos na Síria, Turquia e Uganda. E ajudou? Incrivelmente, sim. A OMS analisou cuidadosamente o programa em uma pesquisa e, em 2020, publicou seus resultados na *The Lancet,* uma das principais revistas médicas do mundo.

Surpreendentemente, os refugiados tiveram melhorias significativas na saúde psicológica, incluindo grandes reduções nas taxas de depressão e do transtorno de estresse pós-traumático.

Grande parte desse programa foi sobre o sentimento de empoderamento pessoal entre os participantes, por meio da conexão com seus valores. Veja bem, em um campo de refugiados, há objetivos de resultado que são impossíveis: conseguir um emprego remunerado, um carro, ter refeições deliciosas e em abundância, morar em uma casa em vez de uma barraca, reunir-se com seus familiares que foram deixados para trás e assim por diante. É provável que, se você estiver lendo este livro, dê por certo e não valorize muitas coisas que alguém em um campo de refugiados adoraria ter, desde eletricidade e água corrente ilimitadas até comida e roupas à vontade.

Então, o que acontecerá com qualquer um de nós — seja nossa vida muito privilegiada ou extremamente carente — se ficarmos preocupados ou obcecados em alcançar objetivos de resultado que são (pelo menos por enquanto) inatingíveis? Isso mesmo: sentiremos frustração, insatisfação, decepção, tristeza ou até desesperança, porque não estamos conseguindo o que queremos.

Mas algo diferente acontece com os valores. Podemos viver nossos valores aqui e agora, de mil maneiras diferentes, mesmo quando nossos objetivos são impossíveis. Para esclarecer isso no programa de refugiados, usamos o seguinte exemplo: suponha que seu objetivo seja conseguir um emprego remunerado para poder sustentar as pessoas de quem gosta. E suponha que seus valores — a maneira como você deseja tratar sua família, amigos ou pessoas ao seu redor — sejam ser gentil, atencioso, amoroso e solidário. Pode ser impossível atingir seu objetivo... mas você ainda pode viver seus valores. Pode encontrar pequenas maneiras de ser gentil, atencioso, amoroso e solidário com as pessoas ao seu redor.

"O que há de tão poderoso nisso?", você pode estar se perguntando. Bem, quanto mais preocupados estamos com o que está *fora* de nosso controle (como coisas que não podemos ter), mais miseráveis e sem poder nos tornamos. Mas nossos valores nos conectam com o que está *sob* nosso controle: a capacidade de agir como o tipo de pessoa que queremos ser.

Isso é importante, porque a única maneira de influenciar o mundo ao seu redor é por meio de suas "ações": o que faz com seus braços, mãos, pernas, pés e boca. E quanto mais você assumir o controle de suas próprias ações, mais poderá influenciar o mundo ao seu redor: as pessoas e situações que encontra todos os dias.

Por exemplo, se você mora em um campo de refugiados, divide uma barraca com outras pessoas. E pode agir de acordo com seus valores de ser gentil, caloroso e atencioso com os outros; ou pode se afastar de seus valores e agir de maneira indelicada, fria ou hostil. Assim, suas ações influenciarão como é viver dentro daquela tenda. Essas ações não acabarão com a guerra da qual você fugiu, nem trarão de volta seus familiares, nem transformarão sua barraca frágil em uma casa de tijolos. Mas elas podem melhorar ou piorar a atmosfera da sua tenda; isso está totalmente sob seu controle.

Quanto melhor conhecemos nossos valores, mais fácil será agir de acordo com eles; e quanto mais agimos de acordo com nossos valores, melhor poderemos moldar nossa vida de maneira significativa. Então, estou sugerindo que você desista de todos os seus objetivos? Não! De jeito nenhum. Na verdade, mais adiante veremos estratégias práticas para ajudá-lo na realização de seus objetivos. O que estou dizendo é que os valores oferecem empoderamento instantâneo, de uma forma que os objetivos nunca oferecerão. Por quê? Porque sempre podemos viver nossos valores de pequenas maneiras, não importa como seja a vida.

Por exemplo, se alguém vive na pobreza, sofre de uma doença crônica grave ou está continuamente sujeito a preconceito e discriminação contra sua orientação sexual, religião ou cor de pele, estará em grande desvantagem em relação a muitos outros; e por causa dessa desvantagem, poderá ter muitos objetivos que, no momento, não são — e talvez nunca serão — alcançáveis. No entanto, essa pessoa ainda poderá viver e agir de acordo com seus valores; ainda poderá escolher como tratar a si mesmo, aos outros e ao mundo ao seu redor, mesmo vivendo em circunstâncias difíceis.

Para um exemplo mais extremo, suponha que você tenha uma doença incurável, progressiva e terminal. Se assim for, nunca alcançará o objetivo de ter uma boa saúde; mas *poderá* viver seus valores de ser gentil e atencioso consigo mesmo.

Costumo usar o termo "lacuna de realidade" para descrever circunstâncias difíceis como as citadas acima. Uma lacuna de realidade é qualquer lacuna dolorosa entre a realidade que você deseja e a realidade que tem. E quanto maior for essa lacuna, maior será a dor que a acompanha. (Portanto, se estiver enfrentando uma enorme lacuna de realidade, muitos pensamentos e sentimentos difíceis surgirão, e você precisará de todas as habilidades de desprendimento deste livro para lidar bem com eles.)

Algumas lacunas de realidade nunca poderão ser fechadas. Por exemplo, quando alguém que você ama acaba de morrer, não há como fechar essa lacuna. Outras lacunas da realidade *podem* ser fechadas (por exemplo, se você tiver câncer com chance de cura); no entanto, chegar lá pode exigir muito tempo e muito esforço. Os valores nos capacitam a lidar com grandes lacunas da realidade de forma mais eficaz, quer possamos fechá-las, quer não.

Você está achando tudo isso um pouco confuso? Se sim, não está sozinho. O conceito de valores é tão diferente do conceito muito mais conhecido de objetivos que muitas vezes leva um tempo para entender. É por isso que exploraremos esse conceito repetidamente, começando agora com uma rápida olhada no...

Checklist de valores

Os valores são os desejos mais profundos do seu coração sobre como você deseja se comportar como ser humano. Eles descrevem como deseja tratar a si mesmo, aos outros e ao mundo ao seu redor. A seguir, temos uma lista de valores comuns. Não são os valores "certos"; não existe certo ou errado. Os valores são como o seu sabor favorito de sorvete. Se você prefere chocolate, mas outra pessoa prefere baunilha, não significa que o gosto dela seja o certo e o seu o errado ou vice-versa. Significa apenas que vocês têm gostos diferentes. Portanto, esses não são os valores "certos" ou "melhores"; estão aqui apenas para lhe dar algumas ideias. (E se seus valores não estiverem listados, há um espaço para adicioná-los.)

Escolha uma área da vida que deseja aprimorar, melhorar ou explorar (por exemplo, trabalho, educação, saúde, lazer, maternidade/paternidade, amizade, espiritualidade, relacionamento íntimo). Em seguida, considere quais valores na lista abaixo melhor completam esta frase: *Nesta área da minha vida, eu quero ser...*

Leia toda a lista e, se um valor parecer muito importante nesta área da vida, coloque um M ao lado. Se tiver um pouco de importância, coloque um P. E se não for tão importante, coloque um N.

Valores comuns: um *checklist*

Nesta área da minha vida, eu quero ser...

1. **Aberto:** revelar-me, deixar as pessoas conhecerem meus pensamentos e sentimentos.

2. **Amigável:** ser caloroso, aberto, atencioso e agradável com os outros.

3. **Amoroso:** demonstrar amor, afeição ou grande cuidado comigo mesmo e com os demais.

4. **Apoiador:** ser prestativo, encorajador e disponível, para mim mesmo ou para os outros.

5. **Assertivo:** defender meus direitos com calma, justiça e respeito; pedindo o que quero e recusando pedidos irracionais.

6. **Autêntico:** ser genuíno, real e fiel a mim mesmo.

7. **Aventureiro:** estar disposto a criar ou buscar novidades, riscos ou experiências emocionantes.

8. **Brincalhão:** ser bem-humorado, divertido, despreocupado.

9. **Compassivo:** responder gentilmente a mim mesmo ou a outros que sofrem.

10. **Confiante:** estar disposto a acreditar na honestidade, sinceridade, confiabilidade ou competência do outro.

11. **Confiável:** ser leal, honesto, fiel, sincero, responsável e digno de confiança.

12. **Consciente:** estar totalmente presente e engajado em tudo o que estou fazendo.

13. **Cooperativo:** estar disposto a ajudar e trabalhar com os outros.

14. **Corajoso:** agir com coragem ou ousadia; persistir diante do medo, da ameaça ou do risco.

15. **Criativo:** ser imaginativo, inventivo ou inovador.

16. **Cuidadoso:** cuidar ativamente de mim mesmo, dos outros, do ambiente etc.

17. **Curioso:** ter mente aberta e interesse; estar disposto a explorar e descobrir.

18. **Encorajador:** apoiar, inspirar e recompensar comportamentos que aprovo.

19. **Expressivo:** transmitir meus pensamentos e sentimentos por meio do que digo e faço.

20. **Flexível:** ser disposto e capaz de se adaptar às mudanças.

21. **Focado:** ter foco e engajamento no que estou fazendo.

22. **Gentil:** ser atencioso, prestativo ou cortês comigo mesmo ou com os outros.

23. **Grato:** ter gratidão pelo que recebi.

24. **Hábil:** fazer as coisas bem, utilizando meu conhecimento, experiência e treinamento.

25. **Honesto:** ser franco, verdadeiro e sincero comigo mesmo e com os outros.

26. **Independente:** escolher por mim mesmo como vivo e o que faço.

27. **Indulgente:** deixar de lado ressentimentos e rancores em relação a mim ou aos outros.

28. **Justo:** agir com imparcialidade e justiça comigo mesmo e com os outros.

29. **Maleável:** estar aberto, tolerante ou em paz comigo mesmo, com os outros, com a vida, com meus sentimentos etc.

30. **Ordeiro:** ser limpo e organizado.

31. **Persistente/comprometido:** estar disposto a continuar, apesar dos problemas ou dificuldades.

32. **Prestativo:** dar, ajudar, contribuir, auxiliar ou compartilhar.

33. **Protetor:** zelar pela minha segurança ou a dos outros.

34. **Respeitoso:** tratar a mim mesmo e aos outros com cuidado e consideração.

35. **Responsável:** ser confiável e responsável por minhas ações.

36. **Trabalhador:** ser diligente, esforçado, dedicado.

37. **Outro:**

38. **Outro:**

39. **Outro:**

40. **Outro:**

© Russ Harris, 2020, **www.ImLearningACT.com**[1]

Por favor, escreva ou anote mentalmente quaisquer valores que pareçam especialmente importantes para você para poder consultá-los no futuro.

A jornada e o destino

Você provavelmente já ouviu o ditado: "A jornada é mais importante do que o destino." Pessoalmente, eu diria que os dois são importantes. O destino claramente importa; uma visita à Suécia não é o mesmo que uma visita ao Afeganistão. Mas a jornada para chegar lá também é muito importante, especialmente porque nunca há garantia de que chegará até o fim.

O destino para o qual você se dirige é um objetivo. Por outro lado, seus valores descrevem o tipo de viajante que você deseja ser: como deseja tratar a si mesmo, às outras pessoas e às coisas que encontrar em sua viagem? Ao viajar em direção ao seu destino, você deseja ser gentil e prestativo com os outros viajantes que conhece ou mesquinho, agressivo e distante? Quer lidar com suas experiências com acolhimento, curiosidade e gratidão? Ou com reservas, desinteresse e desaprovação? Quer tratar seu corpo com carinho ou negligência?

Observe que você pode viver seus valores como viajante, a cada passo do caminho em direção a esse objetivo — mesmo que acabe em um destino diferente. Portanto, tendo em mente essa distinção, faremos um exercício diferente para identificar alguns objetivos.

---

1   Todo o conteúdo do *link* apresentado está disponibilizado em inglês. A Editora Alta Books não se responsabiliza tampouco gerencia o conteúdo adicional oferecido exclusivamente pelo autor da obra. [N. da. T.]

Suponha que a mágica aconteça...

Reserve alguns momentos para refletir sobre as perguntas a seguir. São muitas, então fique à vontade para pular algumas, mas, por favor, reflita pelo menos sobre duas ou três.

Suponha que a mágica aconteça, de modo que todos os seus pensamentos e sentimentos difíceis parem de ter importância; eles perdem o poder sobre você; já não o desanimam ou o retêm...

- Que projetos, atividades ou tarefas você iniciaria, retomaria ou continuaria?

- O que ou quem você deixaria de evitar?

- O que você começaria a fazer ou faria mais?

- Você se trataria de maneira diferente? Como?

- Você trataria os outros de maneira diferente, em seus relacionamentos mais importantes? Como?

Por favor, dedique alguns minutos para pensar profundamente sobre essas questões (pelo menos duas ou três delas). Melhor ainda, anote suas respostas para consultar no futuro. Quando você contempla as perguntas acima, o que aparece? Imagens de coisas indo mal? Lembrança do fracasso? Sentimentos de ansiedade? Um peito apertado, nó no estômago ou outras sensações desconfortáveis? Razões para não fazer isso?

Se alguma dessas coisas apareceu, isso é completamente normal. E aqui está minha garantia: esses pensamentos e sentimentos problemáticos aparecerão repetidamente. Não podemos eliminá-los, mas conseguimos nos tornar muito bons em nos desprender deles. Em breve, você aprenderá como se libertar de emoções, sensações e impulsos, mas, por enquanto, mantenha o foco nas cognições.

E eu o encorajo fortemente a praticar, praticar e praticar essas habilidades de desprendimento; quanto mais você puder ver suas cognições pelo que elas são — palavras e imagens dentro de sua cabeça —, menos influência negativa elas terão sobre sua vida. (E se sua "máquina de razões" criar alguma desculpa para não praticar, por favor, observe e nomeie. E talvez até agradeça à sua mente: "Obrigado, mente. Eu sei que você está tentando me poupar do desconforto de fazer algo desafiador, e está tudo bem. Eu posso lidar com isso.")

Além de toda a prática de desprendimento, encorajo-o a começar a brincar com seus valores. Mas, por favor: não dê tanta importância a isso. Tudo o que precisa fazer é escolher um ou dois valores todos os dias e procurar oportunidades para "espalhá-los" em suas atividades. Por exemplo, suponha que você escolha "bondade"; então, ao longo do dia, procure pequenas maneiras de ser gentil — algo gentil que possa dizer, ações gentis que possa fazer. Faça isso como um experimento e observe o que acontece.

Esteja avisado: sua mente pode confundi-lo com perguntas como: "Quais valores eu escolho?" ou "Como eu sei se são os valores corretos?". Esse exercício tem apenas dois propósitos: a) brincar com alguns valores e b) observar o que acontece. Então, realmente não importa quais valores são escolhidos. Se for difícil decidir, faça em ordem numérica, como na lista. Brinque com um ou dois valores por alguns dias e observe o que acontece. Em seguida, escolha mais um ou dois e brinque com eles. E assim por diante.

Enquanto isso, no próximo capítulo, veremos uma qualidade extremamente importante para lidar com a dor e o sofrimento. E se essa qualidade ainda não for um de seus valores, espero que seja em breve. Eu estou falando sobre...

11
O VALOR DA GENTILEZA

Imagine que você está em uma jornada cansativa e perigosa, e que todo tipo de coisa terrível vem acontecendo. Você se deparou com obstáculo após obstáculo, foi derrubado várias vezes, está exausto e machucado, lutando para continuar. Mas você não está totalmente sozinho nessa jornada; há um companheiro ao seu lado.

Agora, suponhamos que você possa escolher entre dois companheiros diferentes. Opção um: alguém que diz: "Isso não é tão ruim. Você é patético. Apenas aceite e siga em frente!" Sua segunda opção é um companheiro que diz: "Isso é realmente uma merda. Mas, ei, estamos juntos. Vou apoiá-lo e seguir com você a cada passo do caminho."

Eu, literalmente, perguntei a milhares de pessoas: "Qual companheiro você prefere?" Até agora, todo mundo escolheu o segundo (muitas vezes olhando para mim como se eu tivesse acabado de fazer uma pergunta estúpida). Aí eu pergunto: "Então, que tipo de companheiro está sendo para si mesmo? Você se trata mais como o primeiro ou como o segundo?" Quase todo mundo responde: "O primeiro."

O fato absurdo é que, quando nossos amigos próximos ou entes queridos estão sofrendo profundamente, para a maioria de nós é instintivo ser gentil, compreensivo e solidário; no entanto, achamos extremamente difícil tratar a nós mesmos dessa maneira. De fato, quando apresento pela primeira vez a ideia de autogentileza, é incrível a frequência com que as pessoas reagem de forma negativa — especialmente se a chamo por seu outro nome: "autocompaixão". Frequentemente, quando as pessoas ouvem a palavra "autocompaixão", suas "máquinas de razões" funcionam a todo vapor, produzindo uma longa lista de motivos para ficar longe dela. Acham que é fraqueza, estupidez ou algo inútil, passivo, egoísta ou desmotivador. Às vezes, até insistem que são pessoas tão más que não a merecem. Abordaremos essas objeções muito em breve; mas, primeiro, esclareceremos...

O que significa "autocompaixão"?

Existem muitas definições diferentes para autocompaixão e nenhum acordo universal sobre qualquer uma delas. Minha própria definição tem apenas seis palavras: *Reconheça sua dor; reaja com bondade.*

Em outras palavras, autocompaixão significa reconhecer conscientemente sua dor, mágoa e sofrimento — e, em resposta, tratar-se com bondade e carinho.

Para a maioria de nós, a autocompaixão não vem de forma natural; geralmente, só a aprendemos quando seguimos o caminho da terapia, do crescimento pessoal ou do desenvolvimento espiritual. Quando a dor aparece, nossos modos padrões de resposta são ACATAR (permitir que ela nos guie, dite o que fazer) ou LUTAR.

A autocompaixão é radicalmente diferente de ambos. Simplesmente reconhecemos nossa dor e nos tratamos com gentileza. E embora, por milhares de anos, as pessoas tenham aprendido sobre esse conceito principalmente por meio da religião, hoje em dia há muito sobre ele na esfera da ciência. Centenas de estudos científicos publicados nas principais revistas de psicologia demonstraram os muitos benefícios da autocompaixão para a saúde, para o bem-estar e para a felicidade. E a boa notícia é que você já começou a praticar isso.

Como? Bem, a autocompaixão começa simplesmente sendo honesto consigo mesmo sobre quanta dor está sentindo — mas sem remoê-la ou chafurdar-se nela. E isso é completamente diferente da autopiedade, que soa mais ou menos assim: "Não aguento mais. Nunca me senti tão mal. Por que eu? Não é justo.

Ninguém mais passa por isso. Não consigo lidar com isso." A autopiedade nunca ajuda; só piora as coisas.

A autocompaixão significa que reconhecemos nossa dor de maneira simples, gentil e honesta — assim como reconhecemos a dor de um amigo que está sofrendo. Você tem praticado isso nos últimos quatro capítulos, na fase de Reconhecimento do RCE, e sempre que percebe e nomeia pensamentos e sentimentos difíceis.

Se não for capaz de identificar os pensamentos e sentimentos exatos, pode usar termos como sofrimento, mágoa, dor, desgosto, perda (por exemplo: "Aqui está o sofrimento" ou "Estou sentindo dor"). Também pode adicionar frases extras, como "aqui e agora" ou "este é um momento de". Por quê? Porque quando dizemos: "Estou sentindo ansiedade aqui e agora" ou "Este é um momento de solidão", isso nos ajuda a lembrar que, assim como o clima, nossos pensamentos e sentimentos estão mudando o tempo todo. Mesmo em meio a um grande sofrimento, nossas cognições e emoções mudam de momento a momento; às vezes, nos sentimos melhor, outras, pior. "Aqui e agora" podemos estar sentindo tristeza; mas depois perceberemos sentimentos diferentes. Por favor, brinque com essas palavras e crie uma frase que combine com você. A psicóloga Kristin Neff, a maior pesquisadora do mundo sobre autocompaixão, sugere: "Este é um momento de sofrimento" — uma frase poética que agrada a muitos. No entanto, algumas pessoas (como eu) preferem uma linguagem mais cotidiana, como "Isso realmente machuca".

Reconhecer nossa dor é apenas o primeiro passo para a autocompaixão; precisamos, em seguida, responder com genuína gentileza. Mas antes de chegarmos nisso, revisitaremos as…

Objeções à autocompaixão

Mencionei anteriormente algumas objeções comuns à autocompaixão. Daremos uma olhada nelas e ver se elas têm algum sentido. Começaremos com "fraqueza" ou "estupidez". Se um bom amigo ou familiar estivesse sofrendo e você reconhecesse sua dor e dissesse ou fizesse coisas gentis para apoiá-lo… isso seria uma atitude fraca ou estúpida? Claro que não. Portanto, também não é fraqueza ou estupidez tratar a si mesmo dessa maneira (mesmo que sua mente diga que sim).

Que dizer de "inútil" ou "passivo"? Bem, as centenas de estudos que mencionei acima mostram claramente que ela não é nada inútil, se você valoriza sua saúde e bem-estar. A autocompaixão lhe ajuda a lidar muito melhor com as adversidades e o estresse, protegendo-o da depressão e facilitando a recuperação após contratempos. E definitivamente não é uma resposta "passiva" aos desafios da vida. É uma forma ativa de se suporte. Isso não significa desistir ou parar de tentar; a autocompaixão lhe dá mais energia para que você possa enfrentar seus desafios, resolver seus problemas e fazer movimentos para frente.

Mas e a noção de que é "egoísta"? Bem, se você já voou em um avião, sabe o que a tripulação diz sobre máscaras de oxigênio: coloque a sua antes de tentar ajudar alguém. Você pode pensar em autocompaixão da mesma forma: se cuidar melhor de si mesmo, poderá cuidar melhor dos outros.

E sobre ser "desmotivador"? Voltemos à Michelle (do Capítulo 3). Essa era sua principal objeção à autocompaixão.

— Preciso ser dura comigo mesma — dizia ela. — É como levo a vida. Isso me motiva. Se fosse gentil comigo mesma, nunca faria nada.

Essa ideia é incrivelmente comum, especialmente entre perfeccionistas e grandes realizadores. E, sim, a curto prazo, ser duro consigo mesmo pode ser motivador; mas os custos desse método a longo prazo são enormes: estresse, ansiedade, depressão, exaustão, baixa autoestima ou esgotamento.

Para entender melhor, pense no seu time favorito. Imagine duas equipes de jogadores igualmente talentosos e cada uma com um técnico. O primeiro treinador motiva os jogadores sendo duro, rígido e crítico; concentrando-se em tudo que os jogadores fazem de errado: "Isso foi patético!", "Você é inútil!", "Nem está tentando!", "Não acredito que fez isso!", "Quantas vezes eu tenho que dizer?", "Você estragou isso, estragou aquilo e estragou completamente aquilo outro."

O segundo treinador motiva os jogadores por meio de *feedback* e encorajamento de forma gentil e solidária, reconhecendo o que eles fazem de certo e também o que fazem de errado: "Você fez A, B e C muito bem hoje. E posso ver que está melhorando em D e E. Fiquei feliz por você ter se lembrado de fazer H e I quando J aconteceu. Percebo que você parece estar tendo alguns problemas com P, Q e Z; daremos uma olhada no que está acontecendo e ver como pode melhorar isso. Sim, eu sei que você estragou tudo com X e Y, mas, ei, somos humanos; todos cometemos erros. Não se culpe por isso; repassaremos e veremos o que você pode fazer de diferente na próxima vez que algo assim acontecer."

Tem surgido uma grande quantidade de pesquisas científicas sobre esse tópico — e os resultados são claros: um treinador severo, rígido e crítico pode conseguir resultados positivos no curto prazo, mas, a longo prazo, leva os jogadores a ficarem desmotivados e terem um desempenho ruim. O treinador gentil e solidário é muito mais eficaz a longo prazo; os jogadores ficam mais motivados e têm melhor desempenho.

Você já teve um treinador/professor/gerente/pai que usou o método severo e crítico com você? Se sim, como foi? (Não há necessidade de responder.) Mais adiante neste livro, exploraremos métodos muito mais eficazes de motivação que, em conjunto com a autocompaixão, não apenas o ajudarão a começar e seguir em frente, mas também o manterão mais saudável e próspero.

Por fim, consideremos a objeção: "Sou uma tão pessoa ruim que não mereço gentileza!" Essa história é comum se você teve uma infância terrível — negligência, abuso, trauma, abandono e assim por diante. Seus pais ou cuidadores podem tê-lo chamado diretamente de ruim ou mau (de mil maneiras diferentes) ou indicado isso pela maneira como o maltrataram. Mas também é comum em pessoas que tiveram uma infância muito boa. E, novamente, essa é a sua mente tentando ser útil de maneira equivocada; como o primeiro treinador no cenário acima, ela pensa que ser dura com você é a melhor maneira de obter resultados: fazê-lo tomar jeito, resolver-se, ser uma pessoa melhor. Então, olhe para essa história em termos de viabilidade: se deixar que ela dite suas ações, mande em você, diga o que pode e o que não pode fazer... isso o levará para a vida que deseja ou para longe dela?

Obviamente, se está lhe ajudando a fazer movimentos para frente — a comportar-se como o tipo de pessoa que quer ser, a construir o tipo de vida que deseja — e está contribuindo para a sua saúde, bem-estar e felicidade... não há problema. Mas se o está levando em outra direção, há uma escolha a se fazer: você concordará com isso? Ou se desprenderá e experimentará uma abordagem diferente?

Gentileza em palavras e ações

Se uma pessoa com quem você se importa profundamente estivesse sofrendo — lutando contra pensamentos e sentimentos dolorosos ou enfrentando grandes problemas —, como você a trataria? Se quisesse passar a ela a mensagem: "Vejo que está sofrendo, preocupo-me com você e estou aqui para ajudá-la", que tipo de coisas diria e faria?

Por favor, reflita sobre isso por pelo menos dois minutos, antes de continuar lendo...

Autocompaixão significa tratar a nós mesmos como trataríamos alguém querido; então, o que quer que você tenha pensado ao refletir sobre a pergunta acima, agora é hora de aplicar isso a si mesmo. Começaremos dando uma olhada em...

Conversa interna gentil

Conversa interna gentil significa falar com nós mesmos de maneira gentil, encorajadora e solidária, assim como o segundo treinador e o segundo companheiro de viagem. Mas lembre-se: o cérebro muda por meio da adição, não da subtração. Portanto, não estamos tentando excluir esses antigos caminhos neurais que dão origem a uma conversa interna dura; estamos colocando novos em cima deles, para gerar a autogentileza. (Portanto, se uma conversa interna severa e crítica acontecer — como de costume, para a maioria de nós —, não tentaremos contestar, evitar ou nos livrar dela; simplesmente a notaremos e nomearemos.)

Que tipo de coisas devemos dizer para nós mesmos? Existem muuuitas opções. Suponha que estejamos lutando para concluir uma tarefa difícil, mas importante, e nossa mente diga: "Isso é muito difícil" ou "Não consigo fazer isso". Primeiro, podemos agradecer à nossa mente: "Obrigado, Mente. Sei que você está tentando me fazer desistir para me poupar do desconforto, mas tudo bem. Eu cuido disso." Também podemos tentar algum tipo de encorajamento: "Eu consigo lidar com isso", "Posso fazer isso", "Vou superar isso".

Ou suponha que, depois de cometer um erro, sejamos fisgados pela ideia de "Sou um perdedor". Nossa conversa interna gentil pode ser assim: "A-ha! Aqui está a história do 'perdedor' novamente. Bem, sei que errei. Mas, ei, sou humano. Todo mundo comete erros."

Se você for fisgado por uma regra perfeccionista, pode dizer: "Estou pensando que preciso fazer isso com perfeição. Mas, ei, na verdade, não preciso. 'Bom o suficiente' já serve."

Se estiver lutando para mudar seu comportamento e acabar voltando a um padrão antigo, sua mente pode dizer: "Isso é inútil, não consigo mudar." Sua resposta autocompassiva pode ser: "Aqui está a história de 'desistir', mas não acredito nela. O que estou tentando fazer aqui é realmente difícil, e hoje foi um dia ruim. Tentarei outra vez amanhã. Com o tempo, vou melhorar."

Segue uma importante dica prática: não são apenas as palavras que você diz que contam, mas também a maneira como as diz. Portanto, fique atento ao tom da sua "voz interior". Se for dura, sarcástica ou indiferente, ela não terá o efeito desejado. Ela precisa soar gentil e atenciosa.

Assim, ao longo do dia, sempre que surgirem pensamentos e sentimentos difíceis, a ideia é reconhecer que estão presentes, que tê-los é doloroso ou difícil e, então, lembrar-se de responder com gentileza e carinho. Para ajudar nisso, seria útil ter uma frase de efeito simples que você possa dizer a si mesmo. Kristin Neff, a especialista em autocompaixão que mencionei anteriormente, recomenda a seguinte: "Este é um momento de sofrimento. Que eu seja gentil comigo mesmo." No entanto, pessoalmente, prefiro algo um pouco mais curto e simples. Minha frase de efeito de autocompaixão é: "Isso realmente machuca, então seja gentil." Se alguma delas lhe agrada, sinta-se à vontade para usá-la; mas se preferir criar sua própria frase, melhor ainda.

Experimente essas conversas internas gentis (usando um tom de voz gentil) e encontre sua própria maneira de fazer isso, usando seu estilo de falar (que pode não soar nada como os exemplos acima). E se estiver sem ideias, considere: "O que eu diria a um amigo que está passando por algo semelhante?"

Agora, partindo da conversa interna gentil, exploraremos o papel igualmente importante das...

Ações gentis

A autocompaixão não se trata apenas do que dizemos a nós mesmos; trata-se também do que *fazemos* por nós mesmos: ações de gentileza, carinho e apoio. E, realmente, o céu é o limite. As ações de autocompaixão podem incluir ler este livro; praticar suas habilidades de desprendimento; passar bons momentos com outros; fazer um ritual de autocuidado básico, como alimentação saudável e exercícios regulares; reservar tempo para descanso e relaxamento; praticar hobbies, esportes ou outras atividades prazerosas e restaurativas; e assim por diante.

O melhor é que você não precisa fazer nada exagerado. Mesmo o menor ato de gentileza para consigo mesmo conta. Para se ter uma ideia, estes são alguns pequenos atos de autogentileza que pratiquei hoje: fiz alguns alongamentos nas costas e no pescoço; tomei um banho quente e demorado; brinquei com o cachorro; dei risada com meu filho assistindo a alguns vídeos bobos do YouTube; comi coisas saudáveis no café da manhã; e, a certa altura, sentei-me do lado de fora por alguns minutos e fechei os olhos — apenas para ouvir os pássaros e sentir o Sol no meu rosto.

Agora, reserve dois minutos para pensar: quais ações gentis você pode fazer por si mesmo a) nas próximas horas e b) nos próximos dias?

Por favor, escreva suas respostas. Nas próximas horas e dias, realmente faça essas coisas e observe como foi; realmente saboreie essas ações de gentileza e carinho. (E se não as fizer, observe como sua mente o dissuadiu: que motivos ela lhe deu para não fazer isso? Que regras ela impôs a você?)

Para onde a partir daqui?

Até agora, abordamos três elementos importantes da autocompaixão: libertar-se da conversa interna dura e crítica, reconhecer nossa dor e sofrimento e tratar-nos com gentileza. Nos próximos capítulos, abordaremos outro elemento importante: como se desprender de emoções dolorosas.

Solução de problemas

Parece estranho; este não sou eu; não faço isso

A princípio, a autocompaixão pode parecer estranha ou desnatural — como se não fosse realmente você. Se esse for o caso, essa é uma reação completamente normal. É uma nova habilidade psicológica. Talvez, depois de praticá-la 10 mil vezes, ela pareça natural; mas definitivamente não no começo. Está disposto a fazer algo que parece estranho, anormal ou que "não soa como você" para construir uma vida melhor?

Isso me deixa ansioso

Se você tem uma longa história de autojulgamento, ódio ou aversão por si mesmo profundamente arraigados, a autocompaixão pode inicialmente desencadear ansiedade. É uma maneira tão radicalmente diferente de se tratar que sua mente desconfia: "O que é isso? Eu não sei o que é. É diferente. É estranho. Não sei o que pode acontecer." Você pode não estar ciente desses pensamentos — pode apenas se sentir ansioso —, mas é isso que está acontecendo dentro de sua cabeça.

Outra maneira de entender essa ansiedade: é como se você estivesse "quebrando as regras". Por muito tempo, sua mente o governou como uma tirana: estabelecendo as leis e os mandamentos e o proibindo de quebrá-los. Isso inclui a regra:

VOCÊ NÃO TEM PERMISSÃO PARA SER GENTIL CONSIGO MESMO!

Quebrar essa regra parece arriscado (algo ruim pode acontecer se você for pego). Então, naturalmente, a ansiedade aparece.

Com o tempo, se você praticar a autocompaixão regularmente, até que ela se torne uma experiência familiar, essa ansiedade diminuirá; mas nos estágios iniciais, estará lá. Então a pergunta é: está disposto a ter alguns pensamentos e sentimentos ansiosos a curto prazo para construir uma vida melhor a longo prazo?

Isso desperta conversa interna negativa

Às vezes, uma conversa interna gentil pode desencadear uma enxurrada de autojulgamentos severos. Com o tempo, você pode esperar que essas barragens diminuam até pararem. Sempre que ocorrerem, perceba-as e nomeie-as — e se isso não ajudar, lance âncora.

Isso não fez meus sentimentos desaparecerem

E não deveria mesmo. Ela não é uma estratégia de luta. O objetivo é reconhecer e permitir que seus sentimentos estejam presentes, sem luta (como pousar o livro no colo, no exemplo do Capítulo 4), ao mesmo tempo em que você mostra gentileza e solidariedade para consigo mesmo. Quando pensamentos e sentimentos difíceis diminuem ou desaparecem — como costuma acontecer —, isso é um bônus, não o objetivo principal.

12

FISGADO POR UM SENTIMENTO

Você está caminhando pelo ermo nevado do Alasca e, de repente, fica cara a cara com um enorme urso pardo. O que faz? Grita? Pede ajuda? Foge? Voltaremos a essa situação complicada em breve, mas, primeiro, abordaremos outra questão desafiadora: o que *são* as emoções?

Os cientistas têm dificuldade em chegar a qualquer tipo de consenso sobre isso, mas a maioria dos especialistas concorda com dois pontos:

1. Por trás de qualquer emoção há um complexo conjunto de mudanças em todo o corpo, envolvendo o cérebro, o sistema nervoso, o coração, o fluxo sanguíneo, os pulmões, o fluxo de ar, os órgãos abdominais, os músculos e os hormônios.

2. Essas mudanças físicas nos preparam para a ação.

À medida que essas mudanças acontecem em nosso corpo, dão origem às sensações como "frio na barriga", um "nó" na garganta ou o coração acelerado. Ao mesmo tempo, surgem impulsos para agir de determinadas maneiras, como chorar, rir, gritar, berrar ou se esconder. A probabilidade de agirmos de uma maneira específica ao experimentar determinada emoção é chamada de "tendência à ação". Mas observe a palavra-chave aqui: "tendência". Tendência significa uma *propensão* a fazer algo; não significa que *precisamos* fazer isso, que não temos escolha.

Assim, por exemplo, quando você está preocupado com um atraso, pode ter a *tendência* de dirigir acima do limite de velocidade, mas pode *optar* por conduzir de forma legal e com segurança, se desejar. No entanto, conforme foi discutido no Capítulo 2, quanto menor a nossa capacidade de nos *desprender* de nossas emoções, menos escolhas teremos.

Em outras palavras, quanto melhores forem nossas habilidades de desprendimento, mais controle teremos sobre nossas ações físicas — postura corporal, expressão facial, palavras que dizemos, volume e tom de nossa voz e movimentos que fazemos com os braços, pernas, mãos e pés. Essa habilidade é incrivelmente útil. Se pudermos controlar nossas ações ao sentir fortes emoções, isso nos permitirá agir de maneira a obter melhores resultados: podemos nos sentir ansiosos, mas agir com coragem; sentir raiva, mas agir com calma.

Por exemplo, suponha que estou furioso com meu filho adolescente (sim, acontece). Quando estou sendo o tipo de pai que quero ser, silenciosamente reconheço a tempestade de fúria dentro de mim, lanço âncora e assumo o controle das minhas ações. Eu falo com ele com a voz suave e paciente, com os braços ao lado do corpo e as mãos abertas, e explico com assertividade e paciência qual é o problema e o que eu gostaria que ele fizesse. Fazer isso é muito mais saudável para o nosso relacionamento do que quando fico completamente preso à minha raiva e me comporto como um gorila: projetando meu peito e mandíbula, balançando os braços e gritando. Como qualquer pai sabe, gritar com as crianças geralmente funciona a curto prazo para atender às suas necessidades. No entanto, a longo prazo, não ajuda a construir um relacionamento saudável. (Além disso, você se torna um exemplo ruim para a criança. Desculpe-me, filho!)[1]

A primeira habilidade que aprendemos neste livro foi como lançar âncora, que oferece uma maneira de nos desprendermos das emoções enquanto assumimos o controle de nossas ações. Mas essa é apenas a ponta do iceberg.

---

1   Não suporto aqueles livros de autoajuda em que o autor parece perfeito, impecável, infalível. Somos todos humanos e todos pisamos na bola.

Nos próximos capítulos, exploraremos o que são as emoções, para que servem, como nos livrar delas e como realmente usá-las para melhorar a vida. Começaremos investigando...

A resposta de luta ou fuga

Responder com luta ou fuga é um reflexo de sobrevivência primitivo que se origina no mesencéfalo. Nós o encontramos em todos os mamíferos, aves, répteis, anfíbios e na maioria dos peixes. Opera com base no fato de que, se algo o está ameaçando, suas chances de sobrevivência aumentam se você se afastar (fugir) ou se manter firme e se defender (lutar). Assim, sempre que o cérebro percebe que algo é uma ameaça significativa, a resposta de luta ou fuga é ativada de imediato. Nosso corpo se inunda de adrenalina; os músculos de nossos braços, pernas, pescoço e ombros ficam tensos, prontos para a ação; e nosso coração e pulmões aceleram para bombear sangue bem oxigenado para os músculos. Tudo isso nos prepara para fugir ou lutar de forma eficaz.

Em situações verdadeiramente perigosas — correr por uma zona de guerra ou lutar contra um animal selvagem — essa resposta do nosso corpo salva vidas. Mas na vida moderna, a maioria de nós raramente se encontra em situações que ameaçam de verdade a sobrevivência — e, infelizmente, nossa reação de lutar ou fugir costuma disparar em situações nas quais mais prejudica do que ajuda.

Mais uma vez: isso se deve ao fato de nossa mente prestativa em excesso trabalhar com nosso corpo para nos manter seguros. Operando no modo "Segurança em primeiro lugar!", a mente vê um perigo potencial em quase todos os lugares: em um parceiro mal-humorado, um chefe controlador, uma multa de estacionamento, um novo emprego, um engarrafamento, uma fila longa no banco, uma grande hipoteca, um reflexo nada lisonjeiro no espelho — por aí vai. Além disso, nossa mente pode interpretar nossos próprios pensamentos, memórias, mentalizações, emoções e sensações como ameaças. Obviamente, essas experiências internas não são uma ameaça à vida, mas nosso cérebro e nosso corpo reagem como se fossem. Isso dá origem a emoções como medo, ansiedade ou pânico (relacionadas à "fuga") e irritação, raiva ou fúria (relacionadas à "luta").

Responder com paralisia

Mencionei anteriormente que, quando sentimos muita dor, o nervo vago pode interromper as sensações dolorosas do corpo, resultando em dormência emocional. Esse mesmo grande nervo também pode "paralisar" ou "travar" temporariamente o corpo. Isso acontece quando uma ameaça é tão extrema que nosso cérebro percebe que lutar ou fugir é inútil (por exemplo, quando alguém fica preso sob um deslizamento de rochas ou uma criança é abusada por um adulto).

Quando a ameaça é extrema e as tentativas de lutar ou fugir parecem inúteis, o nervo vago assume o comando e nos coloca no modo de "desligamento de emergência". Isso imobiliza o corpo, desacelera o coração e os pulmões, reduz a pressão sanguínea e interrompe as atividades não essenciais, como a digestão. Nos estágios iniciais do desligamento, alguém pode ficar "congelado", "estático" ou "completamente paralisado". O nervo vago também bloqueia os sentimentos nessas situações terríveis, tentando poupá-lo do terror e da dor física.

Portanto, responder com paralisia é um poderoso mecanismo de sobrevivência. Pode mantê-lo vivo em situações nas quais lutar ou fugir é impossível ou só piora as coisas. No entanto, esse tipo de resposta pode continuar a ser ativado muito depois que a(s) situação(ões) traumática(s) termina(m) — mesmo muitas décadas depois —, muitas vezes desencadeadas por fortes emoções ou lembranças dolorosas. Se você está experimentando regularmente esse tipo de congelamento relacionado a um trauma, lançar âncora é uma prática extremamente útil; ajuda a "desbloquear" seu corpo, recuperar o controle de suas ações e se envolver novamente na vida. A ideia é praticar com frequência, começar imediatamente, ao primeiro sinal de travamento, e continuar até recuperar o controle sobre o corpo e se sentir presente em sua vida.

Letargia é o efeito colateral mais comum quando se responde com paralisia, mas ela também pode promover estados como apatia, desespero ou desilusão.

Elementos de uma emoção

Qualquer emoção que experimentamos — raiva, tristeza, culpa, medo, vergonha, nojo, amor, alegria, curiosidade e assim por diante — sempre engloba três elementos que estão entrelaçados: as sensações, as cognições e os impulsos. Exploraremos esses elementos em relação à ansiedade.

Sensações

Para a maioria de nós, as sensações físicas do corpo são um aspecto forte das emoções. Por exemplo, ao sentir ansiedade, podemos notar tensão muscular em várias partes do corpo, tremores, suor, dormência, nó no estômago, nó na garganta, aperto no peito, coração acelerado e assim por diante. (Lembre-se de que duas pessoas não experimentam uma determinada emoção exatamente da mesma maneira; o que você sente em seu corpo pode ser muito semelhante ao descrito acima ou muito diferente.)

Cognições

As cognições são um elemento intrínseco em todas as emoções. Por exemplo, ao sentir ansiedade, podemos ter pensamentos como: "Não vai funcionar"; "Algo ruim vai acontecer" ou "Não aguento isso" e assim por diante. As cognições também podem incluir:

 a) o nome que damos à experiência (por exemplo: nós a descrevemos como "ansiedade" ou falamos de nos sentir "nervosos", "tensos", "abalados", "no limite"?);

 b) o significado que atribuímos a ela (por exemplo: "Estou com medo, então, isso significa que estou em perigo");

 c) as imagens ou memórias que a acompanham (por exemplo: lembranças de outras vezes em que você sentiu medo ou imagens mentais do que teme).

Impulsos

Todas as emoções vêm com impulsos. Por exemplo, com a ansiedade pode haver o impulso de se preocupar, buscar segurança, usar drogas, beber álcool, fumar cigarro, distrair-se, evitar ou sair de uma situação difícil e assim por diante. No entanto, um impulso compreende, em si, cognições e sensações. Por exemplo, se você tem "ânsia de beber álcool", terá "palavras e imagens dentro de sua cabeça" relacionadas ao consumo do álcool. E se sintonizar seu corpo, notará as sensações (muitas vezes sutis) desse desejo: talvez calor e umidade na boca, um formigamento na língua e na garganta, ou aumento de tensão e inquietação em seus membros ou mandíbula. Então, basicamente, qualquer emoção ou impulso é um conjunto amplo de sensações e cognições, interagindo continuamente umas com as outras em uma infinidade de formas complexas.

Temos de ACATAR nossas emoções?

A resposta para isso é simplesmente: não! Se não tivermos habilidades para nos desprender, naturalmente nossas emoções nos dominarão. Mas quanto maior for a nossa capacidade de nos desprender das emoções, mais liberdade teremos para escolher como nos comportar na presença delas. Tenho certeza de que, em algum momento da sua vida, você sentiu medo, mas fez o que precisava, mesmo com vontade de fugir. Todos nós já passamos por isso ao fazer uma prova importante, convidar alguém para sair, ir a uma entrevista de emprego, palestrar para um grupo ou praticar um esporte perigoso.

Você já sabe que sempre que preciso fazer um discurso em público, sinto ansiedade. No entanto, quando revelo isso ao meu público, eles sempre ficam surpresos. "Mas você parece tão calmo e confiante", as pessoas costumam dizer. Isso porque, embora esteja me *sentindo* ansioso (coração acelerado, estômago embrulhado e mãos literalmente pingando de suor), não estou *agindo* de forma ansiosa. Tenho vontade de me mexer, acelerar a respiração e falar rápido; no entanto, faço exatamente o oposto. Conscientemente, escolho falar devagar, respirar tranquilamente e me mover de forma mais lenta. O mesmo acontece com praticamente todos os palestrantes profissionais: mesmo depois de anos de experiência, eles ainda se sentem ansiosos, mas sequer desconfiamos, porque *agem* com calma.

Agora voltaremos àquela jornada pelo ermo do Alasca, onde, de repente, você fica cara a cara com um urso pardo. Sua resposta de luta ou fuga entrará em ação; você sentirá um medo intenso e vontade de se virar e correr. Mas se leu seu manual de sobrevivência, saberá que essa é uma má ideia. Se você se virar e correr, isso incitará o instinto de perseguição do urso. Ele o perseguirá e o alcançará facilmente — e pronto, você virou um lanche. O que precisa fazer é se afastar b-e-e-e-m devagar, não fazer movimentos bruscos ou ruídos altos e nunca virar as costas para o urso. (Portanto, não diga que não aprendeu nada com este livro!)

Muitas pessoas sobreviveram seguindo esse conselho. Aqui está o ponto que quero enfatizar: embora tenhamos pouco controle sobre nossos sentimentos, temos muito controle sobre nossas ações. Isso terá importantes aplicações práticas mais à frente, porque ao fazer mudanças importantes em sua vida, é muito mais eficaz focar o que você pode controlar do que o que não pode.

Quando emoções fortes nos fisgam, podemos fazer todo tipo de coisas das quais nos arrependeremos mais tarde. Enquanto estamos no modo ACATAR, podemos quebrar objetos, gritar, maltratar pessoas, beber excessivamente ou nos envolver em diversos comportamentos destrutivos ou de autossabotagem. Mas se tomarmos consciência de como estamos nos sentindo e prestarmos muita atenção em como nos comportamos, não importa quão intensas sejam nossas emoções, poderemos sair do modo ACATAR e assumir efetivamente o controle de nossas ações. Mesmo que estejamos furiosos, tristes ou assustados, ainda poderemos escolher nos levantar ou sentar, fechar ou abrir a boca, beber um copo d'água, atender o telefone, falar com calma ou coçar a cabeça.

Como nossas emoções nos ajudam

As emoções são como o clima — estão sempre presentes e mudando com constância. Elas continuamente baixam e sobem, de suaves a intensas, agradáveis a desagradáveis, previsíveis a totalmente inesperadas. Um "humor" se refere ao "tom" geral da emoção ao longo de um período. Assim, um "mau humor" é como um dia nublado, ao passo que uma emoção específica, como raiva ou ansiedade, é como uma chuva torrencial. Mas para que servem as emoções? Como elas nos ajudam?

Nossas emoções servem a três propósitos principais: comunicação, motivação e esclarecimento. Daremos uma olhada rápida em cada um.

Comunicação

As emoções permitem que nos comuniquemos com os outros de maneiras valiosas. Por exemplo:

- O medo comunica: "Cuidado, há perigo!" ou "Acho você ameaçador".

- A raiva comunica: "Isso não é justo ou certo", "Você está invadindo meu território" ou "Estou defendendo o que é meu".

- A tristeza comunica: "Eu perdi algo importante."

- A culpa comunica: "Eu fiz algo errado que quero corrigir."

- O amor comunica: "Eu aprecio você", "Eu quero que você fique por perto".

Quando interagimos com pessoas confiáveis e atenciosas, essa comunicação costuma ser valiosa. Por exemplo, se um bom amigo perceber que você está com medo ou triste, ele geralmente responderá com gentileza e apoio. Se ver que você se sente culpado por algo que fez e que o prejudicou, será mais provável que o perdoe. Se notar que você está com raiva por algo que ele está fazendo, poderá parar e reconsiderar. Obviamente, essa forma de comunicação não é um sistema perfeito. Às vezes, enviamos os sinais errados ou outros os interpretam mal. Mas na maior parte do tempo, o sistema funciona bem.

Motivação

Nossas emoções também nos motivam. As palavras "emoção", "motivar", "movimento" e "mover" são todas originárias da palavra *movere*, do latim, que é o verbo "mover". As emoções nos preparam para mover o corpo de maneiras específicas e para agir de formas que provavelmente serão úteis e melhorarão nossa vida. Por exemplo:

- O medo nos motiva a tomar atitudes evasivas, a nos proteger do perigo.

- A ansiedade nos motiva a nos preparar para coisas que podem nos machucar ou nos prejudicar.

- A raiva nos motiva a nos impor, a lutar pelo que é importante para nós.

- A tristeza nos motiva a desacelerar, relaxar, fazer uma pausa, descansar e nos recuperar.

- A culpa nos motiva a refletir sobre nosso comportamento e como ele afeta os outros e a nos redimir se os magoamos.

- O amor nos motiva a amar e nutrir, compartilhar e cuidar.

Esclarecimento

Por fim, nossas emoções deixam claro o que é importante para nós. Elas nos alertam que algo importante está acontecendo; algo que precisamos resolver ou com o qual devemos lidar. Trazem à luz nossas necessidades e desejos mais profundos; lembram-nos do que importa, do que realmente é valioso para nós. Elas são "mensageiras que trazem presentes": apontam questões que precisamos abordar e ações que podemos tomar para melhorar nossa vida. Por exemplo:

- O medo deixa claro a importância da segurança e da proteção.

- A raiva deixa claro a importância de defender nosso território, proteger um limite ou lutar pelo que é nosso.

- A tristeza deixa claro a importância do descanso e da recuperação após uma perda.

- A culpa deixa claro a importância de como tratamos os outros e a necessidade de reparar os laços sociais.

- O amor deixa claro a importância da conexão, da intimidade, da união, do cuidado e da partilha.

Quando emoções fortes surgem, muitas vezes conseguimos extrair sua sabedoria com duas perguntas simples: "O que essa emoção indica que é realmente importante para mim? O que ela sugere que eu preciso resolver?" No entanto, não somos capazes de acessar essa sabedoria quando estamos no modo ACATAR ou LUTAR: lutando ou fugindo da emoção ou permitindo que ela nos controle como uma marionete. Primeiro, precisamos aprender uma maneira radicalmente nova de responder às nossas emoções, começando com como desligar…

13

O INTERRUPTOR DE LUTA

Imagine que, no fundo da sua mente, exista um "interruptor de luta". E enquanto ele estiver ligado, você lutará vigorosamente contra qualquer dor emocional que surgir em seu caminho.

Agora suponhamos que surge alguma ansiedade. Com o botão de luta ligado, percebemos esse sentimento como um *grande problema*. "Oh, não!", diz nossa mente. "Aqui está a ansiedade. Odeio esse sentimento. Não pode ser bom para mim. Eu me pergunto o que ele está fazendo com meu corpo. Gostaria que esse sentimento fosse embora."

Então, agora temos ansiedade sobre a ansiedade. "Ah, não", diz nossa mente. "Essa ansiedade está *FICANDO MAIOR*! Isso é horrível." Nesse ponto, podemos ficar tristes por nossa ansiedade: "Por que isso continua acontecendo? Gostaria de não ter de viver assim." E, ainda por cima, poderíamos sentir raiva: "Não é justo! Eu odeio isso!". Então, agora sentimos raiva por estarmos tristes por causa da ansiedade devido a estarmos nos sentindo ansiosos; nossa dor emocional está a toda. Percebe o círculo vicioso?

No entanto, as coisas acontecem de maneira muito diferente quando nosso interruptor de luta está desligado. Seja qual for a emoção que surja, por mais desagradável que seja, não lutamos contra ela. Nós a reconhecemos e permitimos que esteja lá. A ansiedade aparece e, claro, é desagradável e não a queremos nem gostamos dela — mas nos *permitimos* senti-la.

Com o interruptor de luta desligado, nossos níveis de ansiedade estão livres para subir e descer conforme a situação ditar. Às vezes serão altos, outras vezes, baixos, e em outras, nem existirão. Mas, por mais altos ou baixos que sejam, não desperdiçamos tempo e energia preciosos na LUTA.

Basicamente, o interruptor de luta é um amplificador de emoções. Ao ligá-lo, podemos sentir ainda mais ansiedade sobre nossa ansiedade, ou raiva sobre nossa ansiedade, ou tristeza sobre nossa tristeza, ou culpa por nossa raiva, ou qualquer outra combinação que você possa imaginar. Mas não para por aí. Com o interruptor ligado na potência máxima, usamos todas as nossas estratégias de luta favoritas (aquelas que exploramos no Capítulo 3). E, como você sabe, *com moderação* isso não é um problema. No entanto, com o interruptor ligado, usamos essas estratégias de forma *excessiva* e *inadequada*, o que leva a problemas de saúde, perda de oportunidades, problemas de relacionamento, perda de tempo e energia, mais dor emocional, maior sofrimento psicológico e assim por diante.

Portanto, com o interruptor de luta desligado:

- nossas emoções podem fluir livremente através de nós; manifestam-se, permanecem e vão em seu próprio tempo;

- não perdemos tempo e energia com LUTAS, o que significa que podemos investir em atividades mais significativas;

- não aumentamos o sofrimento, amplificando nossas emoções.

Mas com o interruptor de luta ligado:

- nossas emoções ficam estagnadas; permanecem por muito tempo;

- gastamos uma quantidade enorme de tempo e energia lutando contra elas;

- amplificamos nossas emoções e criamos muita dor extra desnecessária.

Veja o caso de Rachel, uma secretária jurídica de 43 anos. Rachel sofre de síndrome do pânico, uma condição caracterizada por episódios súbitos de medo avassalador, conhecidos como "ataques de pânico". Durante um ataque de pânico, o paciente normalmente tem uma sensação intensa de desgraça iminente, associada a sensações angustiantes, como falta de ar, dor no peito, coração acelerado, sufocamento, tontura, formigamento nas mãos e nos pés, ondas de calor e frio, sudorese, desmaio e tremedeira. Esse é um distúrbio comum que afeta até 3% da população adulta por ano.

O maior problema de Rachel não é a ansiedade. O problema é sua LUTA contra a ansiedade. Ela vê o sentimento como algo terrível e fará de tudo para evitá-lo ou se livrar dele. Assim que sente qualquer sensação física que remotamente se assemelhe à ansiedade — como um coração acelerado ou um aperto no peito —, essa sensação por si só desencadeia mais ansiedade. E pronto: círculo vicioso. Seu nível de ansiedade aumenta e essas sensações indesejadas ficam ainda mais fortes, o que gera ainda mais ansiedade; logo, ela se vê em um estado de pânico total.

O mundo de Rachel está encolhendo constantemente. Agora, ela evita tomar café, assistir a filmes de suspense e terror e fazer qualquer exercício físico. Por quê? Porque todas essas coisas fazem seu coração bater mais rápido, o que desencadeia o círculo vicioso. Ela também se recusa a andar de elevador ou avião, dirigir em estradas movimentadas, visitar shoppings lotados ou participar de grandes reuniões sociais. Por quê? Porque ela sabe que pode se sentir ansiosa nessas situações, algo que quer evitar a qualquer custo!

O caso de Rachel é extremo, mas em menor grau, todos fazemos o mesmo. Todos nós, às vezes, evitamos desafios para escapar do estresse ou da ansiedade que os acompanha. E, com moderação, isso não é um problema. Porém, quanto mais evitamos, mais sofremos a longo prazo.

Então, como desligamos esse interruptor de luta? Com outra habilidade de desprendimento, chamada…

14

ABRIR ESPAÇO

Cada sensação dolorosa lhe diz algo importante. Diz que você se importa; que tem um coração. Que existe algo que realmente faz sentido para você. E isso é algo que tem em comum com todos os seres humanos vivos neste planeta. Quando há uma lacuna entre a realidade que queremos e a realidade que temos, surgem sentimentos dolorosos. E quanto maior essa lacuna de realidade, maior a dor.

Todos esses sentimentos dolorosos não são sinais de fraqueza, doença psicológica ou algum tipo de deficiência. São sinais de que você é um ser humano normal, vivo e que se importa. E lutar contra isso não traz nada de útil. Então, é possível abandonar a luta e fazer as pazes com esses sentimentos?

Aceita um desafio?

Você está preparado para um desafio significativo que pode ter um grande impacto em sua vida? Anteriormente, falamos sobre o termo "exposição": colocar-se em contato com coisas difíceis para poder aprender maneiras mais eficazes de responder a elas. É disso que trata este desafio: entrar em contato com um sentimento difícil e aprender a abrir espaço para ele, em vez de responder no modo ACATAR ou LUTAR.

Você deve se lembrar de que as emoções compreendem dois elementos que se intercalam: cognições e sensações. Já examinamos as cognições, então nos concentraremos nas sensações — ou seja, no que *sentimos em nosso corpo*: membros, cabeça, pescoço, costas, peito, barriga e pelve.

Como esse trabalho costuma ser bastante desafiador, uma boa preparação é essencial para o sucesso. Há cinco coisas a fazer antes de começar:

1. Seja claro sobre sua motivação

O que importa o suficiente para que você esteja disposto a entrar em contato deliberadamente com uma emoção desconfortável e praticar abrir espaço para ela? Se sua resposta for: "Porque eu quero me sentir bem/feliz/calmo/confiante/relaxado" ou "Eu quero parar de me sentir ansioso/triste/solitário/irritado/culpado", não é o suficiente. Sabemos que, a longo prazo, você se sentirá muito melhor seguindo a abordagem da ACT frente à vida — mais de 3 mil estudos científicos confirmam isso —, mas se essa é sua *principal* motivação, está caindo na armadilha da felicidade, tentando controlar seus sentimentos.

Portanto, sua motivação deve ser baseada em movimentos para frente. Então, pergunte a si mesmo: Se você fosse melhor em se desprender dessas emoções...

- Que movimentos para frente faria?

- Que projetos, atividades ou tarefas iniciaria, retomaria ou continuaria?

- Você se trataria de maneira diferente? Como?

- O que diria ou faria de diferente em seus relacionamentos mais importantes?

Caso já tenha respostas para essas perguntas, que foram feitas no Capítulo 10, ótimo. Mas, se não, por favor, pense sobre isso agora. Em seguida, complete esta frase (em sua cabeça ou no papel): Aprenderei esta nova habilidade para poder fazer movimentos para frente importantes, como...

2. Escolha o grau de dificuldade

"Abrir espaço" para seus sentimentos é uma habilidade transferível; você pode aplicá-la a qualquer tipo de emoção, desejo ou sensação, independentemente do quão grande ou pequena, intensa ou suave ela seja. É melhor começar com um sentimento menor que não seja muito difícil; da próxima vez, tente algo mais desafiador.

Ninguém espera que um marinheiro de primeira viagem conduza um barco durante uma grande tempestade sem nenhum treinamento. O aprendiz primeiro aprende os fundamentos da navegação em condições climáticas seguras e em águas calmas. Depois de praticar em condições mais amenas, se familiarizar com o equipamento e aprender todos os procedimentos e manobras — aí poderá se aventurar com segurança em mares e climas mais agitados. Seguir uma abordagem semelhante é inteligente ao abrir espaço para sentimentos difíceis. Não comece com aqueles que o dominam por completo. Comece com sentimentos menores e menos desafiadores. Se necessário, comece com apenas uma pequena sensação em algum lugar do corpo. Então, com o tempo, evolua para as maiores.

3. Espere que sua mente interfira

É improvável que sua mente o ajude com isso. É muito mais provável que julgue seus sentimentos, conte histórias assustadoras sobre eles ou afirme que você não conseguirá lidar com isso. Alternativamente, ela poderá dizer: "Não se preocupe com esses exercícios; ler sobre eles é o suficiente." (Poderá até sugerir que você os faça depois, sabendo muito bem que provavelmente não os fará.)

Aqui está uma oportunidade de aplicar as habilidades que você aprendeu. Trate seus pensamentos como carros passando pela rua da sua casa — você sabe que eles estão lá, mas não precisa espiar pela janela toda vez que um carro passa. Deixe-os ir e vir como quiserem, enquanto mantém sua atenção focada na tarefa. E se um pensamento o fisgar (da mesma forma que o som de pneus cantando pode levá-lo à janela), então, assim que o perceber, reconheça-o gentilmente e reoriente o foco.

4. Esteja pronto para lançar âncora (se necessário)

Quando as tempestades emocionais caem com tudo, sua melhor resposta é lançar âncora. Não espero que isso aconteça com este exercício — mas, se acontecer, lance âncora. Então, quando estiver totalmente ancorado, faça uma escolha: continuar o experimento de onde parou ou terminar e tentar novamente mais tarde com algo menos desafiador.

5. Entre em contato com um sentimento difícil

A técnica a seguir é adequada para todas as emoções, impulsos e sensações; portanto, quando estiver acostumado com o exercício, poderá aplicá-lo literalmente a *qualquer* sentimento (até mesmo letargia ou vazio). Se um sentimento difícil já estiver presente, trabalhe com ele. Mas se não, contate algum usando qualquer um dos métodos a seguir.

1. Um dos métodos seria recordar vividamente uma memória dolorosa. (Por favor, preste atenção ao meu aviso anterior: não escolha uma memória verdadeiramente horrível. Escolha algo que seja relativamente angustiante — por exemplo, uma briga com um familiar, uma rejeição dolorosa ou um erro do qual se arrepende — mas não traumático). Torne essa memória o mais vívida possível; reviva-a como se estivesse acontecendo neste momento e sinta a emoção.

2. Outro método seria trazer à mente um evento desagradável que está se aproximando em breve — algo que o deixa com muito medo ou preocupado —, e imagine vividamente esse evento como se estivesse acontecendo aqui e agora.

3. Um terceiro método seria refletir, por um minuto ou mais, sobre um grande problema atual que você está achando estressante, como uma tarefa importante que está procrastinando, um problema de saúde ou de relacionamento.

DOME suas emoções

Preparação feita? Então comecemos. Eu chamo esse exercício de "DOME suas emoções". DOME é um acrônimo para as quatro etapas envolvidas:

D: Descreva (note e nomeie o que surge em seu corpo);

O: Ofereça permissão (permita que seu sentimento esteja lá; deixe estar);

M: Mude e crie espaço (abra-se a esse sentimento e deixe-o fluir livremente através de você);

E: Expanda o foco (amplie seu foco para abranger o mundo ao seu redor).

Você notará que este exercício se sobrepõe muito ao de lançar âncora. As etapas "Descreva" e "Ofereça permissão" do DOME são como a fase de reconhecimento do lançamento de âncora, com ênfase em perceber, nomear e permitir. E a etapa "Expanda o foco" combina as fases Conectar e Envolver do lançamento da âncora. A principal diferença entre esses exercícios é o componente "Mude e crie espaço" do DOME; essa é a parte em que trabalhamos duro para nos abrir para esses sentimentos e ver mudança.

Existem quatro etapas básicas no exercício DOME, mas as etapas 1 e 3 incluem várias etapas menores. Então, depois de fazer tudo várias vezes, incentivo-o a criar sua própria versão, misturando e combinando os componentes menores em qualquer sequência que desejar (e deixando de fora os que não gosta).

Por favor, leia todas as instruções pelo menos uma vez para saber o que está envolvido; depois, volte ao início e coloque-as em prática. Os três pontinhos indicam que você deve fazer uma pausa de três a cinco segundos, concentrando-se intensamente no que foi sugerido.

Por favor, leve o tempo que precisar neste exercício; não se apresse. E se houver alguma parte que você não consegue fazer ou não entende, basta ignorá-la e passar para o próximo elemento; nenhum deles é essencial.

Para iniciar o exercício, sente-se ereto na cadeira, com as costas retas e os pés apoiados no chão. Em seguida, feche os olhos ou os mantenha fixos em um ponto à sua frente. E ao focar um sentimento difícil...

1. DESCREVA

Parte A: Observe o que está fazendo

Tenha senso de curiosidade, como se fosse uma criança curiosa descobrindo algo que nunca viu. E com esse senso de genuína curiosidade, perceba como está sentado... sinta seus pés no chão... a posição de suas costas... onde estão suas mãos e o que estão tocando...

E com os olhos abertos ou fechados, perceba o que você pode ver... e repare o que pode ouvir... e cheirar... e provar...

Repare no que está pensando... e sentindo... e fazendo...

Parte B: Observe seu corpo

Agora, avalie rapidamente seu corpo da cabeça aos pés. Comece no couro cabeludo e desça...

(Se houver partes específicas do corpo que você deseja evitar, faça-o por enquanto — mas perceba cuidadosamente o que está evitando, pois precisará trabalhar nisso mais tarde, como discutiremos no Capítulo 17.)

Perceba as sensações que sente em sua... cabeça... rosto... maxilar... garganta... pescoço... ombros... tórax... bíceps... antebraços... mãos... abdome... pelve e nádegas... coxas... canelas... e pés.

Parte C: Perceba a emoção

Agora, aprofunde-se na parte do seu corpo na qual sente mais intensamente essa emoção (ou dormência). E observe esse sentimento de perto, como se você fosse uma criança curiosa que descobriu algo novo e fascinante...

(Ao fazer isso, deixe sua mente falar como uma rádio tocando ao fundo e mantenha sua atenção focada no sentimento. E a qualquer momento, se seus pensamentos o prenderem e o afastarem do exercício, assim que perceber o que aconteceu, reconheça, desprenda-se e reoriente-se.)

Perceba onde essa sensação começa e termina... aprenda o máximo que puder sobre ela...

Se você desenhasse os contornos dela, que forma teria? ... É 2D ou 3D? Está na superfície do seu corpo, dentro de você, ou ambos? ... Até onde vai dentro de você? ... Onde é mais intensa? ... Onde é mais fraca? ...

(Se, a qualquer momento, perceber que foi fisgado, simplesmente reconheça isso, desprenda-se e se concentre novamente na sensação.)

Perceba com curiosidade... é diferente no centro e nas extremidades? Existe alguma pulsação ou vibração dentro dela? ... É leve ou pesada? ... Move-se ou permanece estática? ... Qual é a sua temperatura? ... Existem pontos quentes ou pontos frios? ...

Perceba os diferentes elementos dentro da sensação...

Perceba que não é apenas uma sensação; existem sensações dentro das sensações...

Perceba todas as diferentes camadas dela...

Parte D: Dê um nome ao sentimento

Reserve um momento para nomear esse sentimento... Silenciosamente diga a si mesmo: "Estou percebendo um sentimento de XYZ" ... (Se você não sabe como nomeá-lo, "dor", "mágoa" ou "desconforto" servirão.)

2. OFEREÇA PERMISSÃO

E veja se pode apenas permitir que esse sentimento esteja lá.

Você não precisa gostar dele ou querê-lo; apenas permita que exista...

Apenas deixe estar...

Silenciosamente diga a si mesmo algo como: "Eu não gosto desse sentimento e nem o quero, mas vou permitir que esteja aí." Ou simplesmente diga a palavra "Permito".

Você pode sentir um forte desejo de lutar contra ou afastar o sentimento. Nesse caso, reconheça que o desejo existe sem agir de acordo com ele. E continue observando a sensação...

Não tente se livrar dela ou alterá-la. Seu objetivo é simplesmente permitir...

Deixe estar...

3. MUDE E CRIE ESPAÇO

Parte A: Inspiração

Enquanto percebe esse sentimento, inspire o ar profundamente...

Imagine sua respiração fluindo para dentro e ao redor dessa sensação...

Sinta a respiração dentro e ao redor dela...

Parte B: Expansão

E é como se, de alguma forma mágica, todo esse espaço se abrisse dentro de você...

Você se abre em torno dessa sensação...

Abre espaço para ela...

Expande-se em torno dela...

(O objetivo é ter uma sensação de afrouxamento em torno do sentimento, em vez de esmagar a sensação. Outra opção seria contrair o máximo possível todos os músculos ao redor desse ponto e, em seguida, aliviar lentamente a tensão.)

Inspire... abra-se... expanda-se em torno do sentimento...

E enquanto você continua a observá-lo, veja se há algo debaixo dele. Por exemplo, se a raiva ou a letargia estão na superfície, talvez por baixo esteja o medo, a tristeza ou a vergonha.

Não tente fazer um novo sentimento aparecer: se um novo surgir, tudo bem; se não, tudo bem também. Seja qual for o sentimento presente no momento, deixe-o ter seu espaço...

Parte C: Sinta o sentimento como se fosse um objeto

Sinta esse sentimento como se fosse um objeto físico (você não precisa visualizá-lo; apenas sinta suas propriedades físicas)...

Como um objeto, que forma e tamanho ele tem? ...

Parece ser líquido, sólido ou gasoso? ...

Está em movimento ou estático? ...

Se pudesse tocar a superfície dele, qual seria a sensação? ... Molhada ou seca? Áspera ou lisa? Quente ou fria? Macia ou dura? ...

Sinta esse "objeto" dentro de você e observe-o de todos os lados...

Se você gosta de visualizar, imagine sua cor — e se é transparente ou opaca...

Perceba esse objeto com curiosidade. Inspire e abra-se em torno dele...

Você não precisa gostar dele ou querê-lo. Apenas permita que exista...

4. EXPANDA O FOCO

A vida é como um show... e no palco estão todos os seus pensamentos, os seus sentimentos e tudo o que você pode ver, ouvir, tocar, saborear e cheirar...

O que estamos fazendo aqui é escurecer as luzes do palco e iluminar esse sentimento com um holofote... e agora é hora de acender o resto das luzes...

Portanto, mantenha esse sentimento no centro das atenções e também acenda as luzes do seu corpo...

Perceba seus braços, pernas, cabeça e pescoço...

Perceba que você controla seus braços e pernas, independentemente do que esteja sentindo; mova-os para verificar isso por si mesmo...

Agora, faça um alongamento e perceba-se alongando...

Foque o local onde está... Abra os olhos, olhe ao redor e perceba o que você pode ver... atente ao que pode ouvir...

Perceba que tem muito mais aqui do que esse sentimento; essa sensação está dentro de um corpo, dentro de um aposento, onde você está trabalhando em algo muito importante...

Então, agora que leu todo o exercício, a ideia é voltar e realmente fazê-lo, passo a passo.

E se você não estiver interessado em um componente específico (por exemplo, respirar ao redor da sensação, visualizar sua cor), pule essa etapa. No entanto, eu o encorajo a experimentar todos os componentes pelo menos uma vez.

Pronto para tentar de verdade? Vá!

Então, como foi? Espero que tenha experimentado a sensação de abandonar a luta contra esse sentimento, uma sensação de "deixar acontecer" (como descansar o livro em seu colo no Capítulo 3). E se você achou isso difícil de fazer, não está sozinho. A maioria das pessoas acha. Criar filhos, manter a forma, cultivar um relacionamento, crescer na carreira, criar uma obra de arte, cuidar do meio ambiente: todos esses desafios significativos envolvem alguma dificuldade. Então, por que abrir espaço para sentimentos dolorosos seria diferente? Como em qualquer nova habilidade, é difícil começar — mas, com a prática, fica mais fácil.

Lembre-se de que esse foi um longo exercício; você pode dividi-lo em versões muito mais curtas. Pode pegar qualquer componente e transformá-lo em um exercício de um minuto. Ou combinar dois ou três componentes em um exercício de dois a três minutos. Basicamente, pegue as partes de que você gosta, ajuste-as conforme desejar e crie seus próprios exercícios com a duração que preferir.

Ademais, quando surgem emoções difíceis, algum tipo de diálogo interno geralmente ajuda. Você pode tentar se lembrar gentilmente de algumas verdades simples sobre a natureza das emoções:

"Esta emoção é normal; é uma reação natural a uma situação difícil."

"As emoções são como ondas: sobem, atingem o auge e descem."

"Estou disposto a abrir espaço para esse sentimento, mesmo que não goste dele."

"Não tenho que deixá-lo me controlar; posso ter esse sentimento e escolher fazer movimentos para frente."

"Como todos os sentimentos, ele vai se manifestar, permanecer e ir embora em seu próprio tempo."

"Este é um momento de grande dor. Todo mundo se sente assim às vezes."

Lembre-se também que um dos principais propósitos das emoções é o "esclarecimento". Então, depois de abrir espaço para uma emoção, se puder poupar um minuto extra, pode ser bom explorar sua sabedoria. Faça a si mesmo duas perguntas simples: "O que essa emoção me diz que realmente importa? O que ela sugere que eu preciso resolver?". Muitas vezes (nem sempre), você encontrará rapidamente respostas úteis: sua emoção está apontando para um problema que você precisa resolver, um medo que precisa enfrentar, um comportamento que precisa mudar, uma perda que precisa aceitar ou um relacionamento importante de verdade. (Mas se nenhuma resposta vier à tona, não comece a ruminar! Em vez disso, considere isso um lembrete para praticar a autocompaixão.)

Ao longo de cada dia, pratique abrir espaço para uma variedade de sentimentos diferentes — fortes e suaves. Use todas as oportunidades. Experimente versões mais longas e versões mais curtas; você pode até fazer versões de vinte ou trinta segundos. Se estiver preso no trânsito, em uma fila lenta ou esperando por um amigo que está atrasado, pratique; então pelo menos estará usando seu tempo de forma construtiva para desenvolver uma habilidade que mudará sua vida. E observe como quanto mais você desenvolve essa habilidade, mais fácil se torna escolher os movimentos para frente. Cada vez que você lidar com uma emoção usando o DOME, dará um passo em direção à vida que deseja.

Solução de problemas

Não sinto emoções em meu corpo; estão todas na minha cabeça

Isso sugere que você está desconectado do seu corpo. O Capítulo 17 remediará isso.

Não sinto nada; apenas letargia

Por enquanto, pratique abrir espaço para o seu sentimento de torpor. Encontre a área que parece mais dormente, sem vida, oca ou vazia e pratique o exercício DOME. Frequentemente, ao fazer isso, outros sentimentos surgem. No entanto, a chave para superar a letargia é abordada no Capítulo 17.

Posso sentir minhas emoções, mas acho difícil saber quais são; não consigo nomeá-las

Se você tem dificuldade em reconhecer e nomear suas emoções, essa é uma habilidade que vale a pena desenvolver. Por quê? Porque uma grande quantidade de pesquisas científicas mostra que, quanto menor for sua capacidade de fazer isso, mais suas emoções o fisgarão e controlarão.

Estou me sentindo sobrecarregado com todas essas novas habilidades; não tenho tempo para praticá-las

Sim, se você tentar fazer demais, será desesperador! Portanto, siga os conselhos do final do Capítulo 9 (logo antes da seção de solução de problemas).

O que faço depois de abrir espaço?

Depois de abrir espaço, faça algo significativo e que melhore sua vida de acordo com seus valores. Faça os movimentos para frente acontecerem. (Curiosamente, uma vez que abrimos espaço para sentimentos desagradáveis e mergulhamos em atividades significativas, os sentimentos agradáveis geralmente começam a surgir. Nesse caso, aproveite-os. Mas, como já disse inúmeras vezes, esse não é o objetivo principal. O objetivo é envolver-se em

atividades significativas, não importa quais sentimentos estejam presentes. É isso que, a longo prazo, torna a vida gratificante.)

Tentei abrir espaço para o sentimento, mas era muito avassalador

Escolha apenas *uma* sensação incômoda e concentre-se nela. Tente abrir espaço só para ela. Depois de fazer isso, se quiser mais, vá em frente e escolha outra. Se não, encerre o exercício por hora; e da próxima vez, veja se consegue estender para duas sensações e assim por diante. Se for muito difícil, trabalhe nas estratégias que abordaremos no Capítulo 17 e depois volte a este capítulo.

É difícil manter o foco em uma sensação

Fica mais fácil com a prática. Enquanto isso, dê o seu melhor — e se sua atenção se desviar para outra sensação, assim que perceber, redirecione o foco.

Os sentimentos foram passando aos poucos, mas depois voltaram

Muitos sentimentos desconfortáveis aparecerão repetidamente. Se alguém que você ama morreu, então ondas de tristeza podem continuar tomando conta de você por muitas semanas ou meses. E se você foi diagnosticado com câncer ou alguma outra doença grave, ondas de medo surgirão continuamente. Como dizem por aí: "Você não pode parar as ondas, mas pode aprender a surfar."

Como isso se aplica aos ataques de pânico?

Um ataque de pânico tem três partes:

1. Ser fisgado por pensamentos assustadores: "Estou ficando louco", "Vou ter um ataque cardíaco", "Vou morrer".
2. LUTAR contra a ansiedade, o que a amplifica instantaneamente.
3. Hiperventilação (respiração muito rápida), que cria sensações desagradáveis, mas inofensivas, como tontura, rubor, dor de cabeça, for-

migamentos e comichões. A hiperventilação também traz a sensação de ser incapaz de respirar de forma adequada, como se não conseguisse inspirar ar suficiente. Isso acontece porque você está respirando tão rápido que não está esvaziando os pulmões adequadamente na expiração; portanto, em sua próxima inspiração, você tenta puxar o ar para pulmões que já estão meio cheios.

A solução:

a) Um ataque de pânico é um tipo de tempestade emocional, então o primeiro passo é: lançar âncora. Durante a fase de Reconhecimento, certifique-se de observar e nomear seus pensamentos: "Estou percebendo pensamentos sobre a morte", "Aqui está a história do 'ataque cardíaco'".

b) Pare de lutar contra a ansiedade; pare de tentar evitá-la, controlá-la ou se livrar dela. Em vez disso, DOME-a.

c) Em vez de hiperventilar, pratique o método de respiração lenta e suave descrito no Capítulo 9. Isso esvaziará seus pulmões completamente na expiração — que é exatamente o que você precisa fazer se sentir que não consegue inspirar. Somente quando seus pulmões estiverem vazios é que você poderá inspirar normalmente. (Observação: muito raramente, esse tipo de respiração lenta e suave não ajuda — nesse caso, coloque-a de lado e procure orientação especializada de um médico ou terapeuta).

Muitas abordagens de autoajuda sugerem estratégias de "autoconsolo" quando se sentir mal, como tomar um banho quente, ouvir música, ler um bom livro, saborear um chocolate quente, receber uma massagem, passear com o cachorro, praticar um esporte que amamos, passar tempo com os amigos. Você recomenda isso?

Se você fizer essas atividades com o *objetivo* de se distrair de sentimentos desagradáveis, é improvável que elas sejam satisfatórias ou recompensadoras;

é difícil apreciar uma atividade quando você a está fazendo principalmente para evitar algo ameaçador ou perturbador. Além disso, com qualquer tipo de distração, sempre existe o risco de um efeito rebote. Portanto, eu recomendo que você primeiro DOME seus sentimentos. Então, *depois* de se abrir e criar espaço para eles, pergunte a si mesmo: "Que atividade significativa eu gostaria de fazer agora para melhorar a minha vida?" Pode ser uma atividade "calmante", como as mencionadas, ou algo totalmente diferente. Seja o que for, vá em frente e faça-a e dê toda a sua atenção para que possa fazê-la bem e tirar o máximo proveito dela.

Eu me abri para meus sentimentos por um tempo, mas depois comecei a lutar contra eles novamente

Isso é comum. Frequentemente, precisamos repetir essa prática várias vezes. (E de novo e de novo e de novo.)

O que devo fazer se sentimentos fortes surgirem quando estou no trabalho ou em alguma outra situação em que não posso simplesmente sentar e praticar esse método?

Com prática, leva apenas alguns segundos para lançar âncora ou respirar devagar e suavemente e fazer o exercício "DOME seus sentimentos". Você pode, então, concentrar sua atenção em uma ação eficaz.

Eu realmente não gosto de abrir espaço para o sentimento

Você não precisa gostar (eu certamente não gosto). A questão é: mesmo não gostando, você está *disposto* a abrir espaço para sentimentos dolorosos a fim de construir uma vida com sentido? Caso contrário, releia o Capítulo 3 e lembre-se do que está custando para você LUTAR contra isso.

15

DOME COM GENTILEZA

— Que palhaçada esotérica é essa?

Essa foi a primeira resposta de Karl quando sugeri o exercício "mãos gentis". Muitas pessoas inicialmente relutam em tentar tal exercício, porque acham que é estranho, "natureba", "coisa de *hippie*" ou "meloso demais". É compreensível, porque o exercício de mãos gentis envolve a) colocar uma ou ambas as mãos em várias partes do corpo (ou deixá-las pairar logo acima da superfície) e b) "mandar bondade para dentro". No entanto, quase sempre, quando as pessoas se libertam de suas dúvidas e julgamentos e realmente tentam, descobrem que esse é um método muito eficaz para se desprender, abrir espaço e sentir autocompaixão simultaneamente. E embora tenhamos focado, no Capítulo 11, o tema da conversa interna gentil, muitas pessoas acham que tocar-se com gentileza é muito mais intenso. Isso pode nos ajudar a realmente criar conexão com nós mesmos de forma carinhosa e solidária em um nível muito mais profundo que o das palavras.

Pessoalmente, os exercícios de "mãos gentis" são o meu guia sempre que estou com uma dor emocional intensa; e é sempre a primeira coisa que sugiro a clientes, amigos e familiares quando estão lidando com luto, perda ou mágoa profunda. Portanto, mesmo que você seja muito cético, recomendo que experimente esse processo e observe o que acontece. O roteiro a seguir é apenas um exemplo de um exercício de "mãos gentis"; depois, exploraremos outras opções.

Um exercício de autotoque gentil

Posicione-se de maneira confortável. Caso um sentimento difícil já não esteja presente, desencadeie um, conforme descrito no capítulo anterior.

Agora, observe onde em seu corpo você o sente mais…

Onde o sente? Como é?

Perceba-o com curiosidade…

E o nomeie…

Agora, pegue uma de suas mãos e vire-a com a palma para cima. Veja se consegue encher essa mão com um sentimento de bondade…

Você usou essa mão de muitas maneiras gentis. Talvez tenha segurado a mão de alguém que estava chateado, ninado um bebê que chorava, abraçado um amigo aflito ou ajudado uma pessoa em uma tarefa difícil. Portanto, coloque esse sentimento de bondade em sua mão neste momento…

Agora, descanse essa mão suavemente em seu corpo, seja em cima de onde está o sentimento ou em cima de seu coração.

(Se preferir não tocar em seu corpo, deixe sua mão pairar logo acima do local).

Tente enviar essa bondade para dentro — você pode senti-la ou imaginá-la — uma sensação de afeto, gentileza e apoio fluindo para você…

Deixe sua mão descansar (ou pairar) ali, leve e gentilmente…

Sinta o calor fluindo em seu corpo…

Imagine seu corpo amolecendo ao redor da dor; relaxando, abrindo espaço…

Segure essa dor ou sensação de vazio com gentileza. Segure-a como se fosse um bebê chorando, um cachorrinho choramingando ou uma frágil obra de arte…

Maneje esta ação gentil com carinho e calor, como se estendesse a mão para apoiar alguém de quem você gosta…

Deixe a bondade fluir de seus dedos…

Agora, use ambas as mãos. Coloque uma delas sobre o coração e a outra sobre o estômago e deixe-as repousar suavemente ali (ou pairar acima)…

Seja bondoso e gentil com você: conecte-se consigo mesmo, sinta carinho por você e se ofereça conforto e apoio.

Pense em palavras gentis para si mesmo; o tipo de coisa que diria a alguém querido que estivesse sentindo algo semelhante…

Se não tiver certeza do que dizer, tente: "Isso realmente dói; seja gentil" ou "É difícil — mas eu posso fazer isso" …

E continue enviando calor e gentileza para dentro…

Não tente se livrar da dor, abra espaço para ela…

Permita que ela seja como é neste momento…

Dê a ela bastante espaço…

E envie afeto e gentileza para dentro…

Pare por um momento para reconhecer que esse sentimento é um sinal de que você se importa…

Ele sinaliza que algo é realmente importante para você…

Uma lacuna entre o que quer e o que tem…

Isso é algo que você tem em comum com todos os seres humanos vivos e que se importam neste planeta…

Quanto maior a lacuna de realidade, maior a dor que sentimos…

Então, você pode fazer as pazes com o sentimento… mesmo que doa?

Continue a enviar afeto e gentileza para si mesmo…

Ao encerrar este exercício…

E ao se alongar e mover seu corpo…

Envolvendo-se com o mundo ao seu redor…

Então, como foi? Se não tirou muito proveito, talvez não seja para você; mas eu o encorajo a tentar mais uma vez, usando as sugestões a seguir. Se achou útil, recomendo que use-o com frequência e o inclua no seu modo de fazer o DOME: faça todo o exercício DOME com as mãos sobre (ou pairando sobre) o corpo, enviando gentileza para si mesmo. Esse também é um exercício útil para praticar na cama quando estiver com insônia devido à ansiedade ou quando acordar antes da hora com uma sensação de medo ou desespero.

Como alternativa ao exercício anterior, você pode experimentar algumas destas opções:

- colocar as duas mãos no peito;

- colocar as duas mãos na barriga;

- abraçar-se gentilmente;

- abraçar-se enquanto acaricia suavemente seus braços;

- massagear suavemente uma área de tensão;

- segurar suavemente o rosto com as mãos — com ou sem massagear as têmporas.

Você também pode usar o exercício "mãos gentis" para ajudar em um outro exercício poderoso, conhecido como...

Surfar nos impulsos

Você já se sentou na praia e observou as ondas? Apenas notou-as indo e vindo? Uma onda começa pequena e ganha forma suavemente. Então, aos poucos, ganha velocidade e cresce. Continua crescendo e avançando até atingir um pico, conhecido como crista. Uma vez que a onda atinge a crista, ela diminui gradativamente. A mesma coisa acontece com os impulsos. Eles começam pequenos, vão aumentando, atingem um pico e depois diminuem.

Quando os impulsos aparecem, costumamos responder com o modo ACATAR (cedendo a eles) ou com o modo LUTAR (resistindo a eles). Ao surfar nos impulsos, não cedemos nem resistimos; em vez disso, abrimos espaço para eles. Se você der espaço suficiente a uma onda, ela atingirá a crista e então diminuirá de forma inofensiva. Mas o que acontece se essa onda encontrar resistência? Já viu uma onda *quebrar* na praia ou *bater* nas rochas? É barulhento, confuso e potencialmente destrutivo!

Portanto, "surfar nos impulsos" significa exatamente isso: tratamos nossos impulsos como ondas e "surfamos" neles até que se dissipem. O termo foi cunhado na década de 1980 pelos psicólogos Alan Marlatt e Judith Gordon, como parte de seu trabalho inovador com o vício em drogas. Os mesmos princípios que eles usaram para ajudar as pessoas a se desprender de impulsos viciantes podem ser prontamente aplicados a qualquer impulso: seja um desejo de ficar na cama o dia todo, desistir de um curso, comer chocolate, vingar-se, beber álcool, procrastinar uma tarefa importante, machucar a si mesmo, quebrar algo, esconder-se de amigos e familiares ou gritar com alguém que você ama.

Lembre-se de que essa não é uma maneira de evitar ou nos livrar de nossos impulsos; estamos permitindo que eles cresçam e diminuam em seu próprio tempo, sem agir de acordo com eles. O que naturalmente levanta a questão...

Quanto tempo duram os impulsos?

A maioria dos impulsos — do início ao fim de uma "onda" — dura cerca de três minutos (embora às vezes possa durar mais). Quando digo isso, as pessoas às vezes protestam que suas ondas "duram séculos". Ao que respondo compassivamente:

— Sim, está certo. No momento, sim. E há uma boa razão para isso. É porque você está fazendo a mesma coisa que todos nós fazemos natural e instintivamente: está resistindo a elas.

Existem tantas maneiras de resistirmos aos nossos impulsos: podemos brigar com eles, ruminar sobre eles, nos preocupar, nos distrair, tentar afastá-los ou dezenas de outras estratégias de controle emocional. E quando respondemos dessa maneira (quando ligamos o interruptor de luta), sim, isso faz com que durem por muito tempo. Mas quando abrimos espaço para elas, as ondas geralmente sobem e descem rapidamente.

Claro, em situações desafiadoras haverá mais de uma onda. Enquanto o desafio persistir, essas ondas continuarão subindo e descendo — e, depois, subindo e descendo novamente. Embora normalmente subam e desçam rápido, muitas vezes elas não se desfazem por completo. Mas, se lhes dermos espaço, em vez de LUTAR, estaremos livres para investir nossa energia em algo significativo.

Surfar nos impulsos em poucas palavras

Para surfar em um impulso em vez de se afogar nele, modificamos ligeiramente a técnica DOME que você praticou no capítulo anterior.

D: Descreva

Observe e nomeie o impulso. Onde você o sente mais em seu corpo? Está localizado em uma área específica (por exemplo, sua boca está salivando?) ou é mais como uma sensação de inquietação nas pernas ou tensão no pescoço? Nomeie: "Aqui está um desejo de..."

O: Ofereça permissão

Permita que seu desejo esteja lá. "Deixe estar."

M: Mude e crie espaço

Abra-se para esse desejo. Permita que ele suba, atinja o pico e caia livremente em seu próprio tempo.

E: Expanda o foco

Amplie seu foco. Reconheça o desejo, conecte-se com seu corpo e observe o mundo ao seu redor.

A principal modificação da técnica DOME é que, enquanto fazemos isso, pensamos no impulso como uma onda e a observamos com curiosidade enquanto ela sobe, atinge o pico e diminui. Para ajudar nisso, podemos pontuar o impulso em uma escala de 0 a 10; isso nos permite acompanhar se está subindo, atingindo o pico ou caindo. Por exemplo: "Estou com vontade de fumar e o nível está em 7"; "Ah, está subindo para 8"; "E agora é 9"; "Continua em 9"; "Agora está caindo para 8"; "Agora, para 6". E assim por diante.

Para incrementar essa prática, podemos adicionar as palavras e mãos gentis. Podemos dizer silenciosamente a nós mesmos, com carinho e gentileza genuínos: "Isso é difícil, mas eu consigo surfar" ou "Estou tão tentado a ACATAR esse impulso, mas vou deixá-lo subir e descer sem agir de acordo com ele". E podemos colocar uma mão gentil (ou duas) sobre o corpo, conforme descrito anteriormente.

16
ESTAR PRESENTE

Quando Soula completou 33 anos, sua melhor amiga organizou uma festa de aniversário surpresa em uma cafeteria local. A princípio, Soula ficou encantada, emocionada com o fato de todos os seus amigos mais próximos e familiares terem se reunido em sua homenagem. Mas, à medida que a noite avançava, ela começou a se sentir triste e solitária. Quando olhava ao redor da sala, sua mente lhe contava a história de ser "solteirona". "Olhe para seus amigos. Estão todos em relacionamentos sérios, ou casados e com filhos, e você nem tem namorado! Está com 33 anos agora, pelo amor de Deus! O tempo está se esgotando… Em breve você estará velha demais para ter filhos… Basta olhar para todos se divertindo tanto… Eles não sabem o que é voltar para um apartamento vazio noite após noite… Qual é o sentido de comemorar? O futuro só trará velhice, solidão e sofrimento…"

A Rádio Fracasso & Melancolia continuava sem parar, transmitindo no volume máximo. E quanto mais Soula sintonizava, mais perdia a noção da festa que acontecia ao seu redor. Ela mal provou a comida, mal ouviu as conversas; cada vez se desconectava mais do afeto, da alegria e do amor que a cercavam.

Claro, era fato que Soula estava solteira e que envelhecia e que a maioria de seus amigos tinham relacionamentos sérios. Mas lembre-se da pergunta-chave: essa história é útil? Nesse caso, claramente não. Foi mais um exemplo da mente sendo uma amiga excessivamente prestativa, tentando *alertá-la para um problema que precisava ser resolvido*! E esse não foi um episódio isolado. Por quase um ano, a história de ser "solteirona" foi uma grande fonte de sofrimento para Soula, fisgando-a repetidamente, alimentando sua depressão.

Infelizmente, cenários como esse são muito comuns. Quanto mais emaranhados estamos em nossos pensamentos e sentimentos, mais perdemos o contato com o que quer que esteja acontecendo no mundo ao nosso redor. Isso costuma acontecer particularmente com a depressão e a ansiedade. Com a ansiedade, tendemos a ser fisgados por histórias sobre o futuro: coisas que podem dar terrivelmente errado e como certamente lidaremos mal com elas. Com a depressão, tendemos a ser fisgados por histórias do passado: todas as coisas que deram errado e como elas nos fizeram mal. Mas mesmo que você nunca tenha sofrido de ansiedade ou depressão, com certeza já foi fisgado por preocupações, ruminações ou obsessões. Como eu sei? Porque você é humano e isso acontece com todos nós.

A realidade é que todos somos repetidamente fisgados por nossos pensamentos e, como resultado, somos afastados de nossas próprias vidas. Normalmente, isso acontece várias vezes ao dia. Você já deu uma volta de carro e chegou ao seu destino sem se recordar de nada da viagem? Já ouviu a pergunta "O que você fez hoje?" e não conseguiu se lembrar? Já se pegou comendo algo sem nem perceber? Já chegou ao final de uma página e descobriu que não absorveu uma única palavra? Já entrou em uma sala para pegar algo, apenas para descobrir que não conseguia se lembrar do que queria? Já teve uma conversa em que, de repente, percebeu que não tinha ideia do que a outra pessoa acabara de dizer (porque você estava "a milhares de quilômetros de distância")? Todos nós já experimentamos esse tipo de coisa muitas vezes. "Presa em pensamentos", nossa atenção se desvia do que estamos fazendo: estamos fisicamente presentes, mas não psicologicamente.

Suponha que você esteja tentando conversar com alguém e esteja preso em pensamentos como: "Ele me acha chato", "Tenho que declarar meus impostos" ou "Espero ter me lembrado de trancar a porta da frente quando saí de casa". Quanto mais esses pensamentos o prendem, menos envolvido você fica na conversa. E isso vale para tudo o que faz, seja dirigir um carro, preparar o jantar ou fazer amor: quanto mais absorto estiver em seus pensamentos, menos envolvido estará na atividade.

Agora, obviamente, há momentos em que estarmos absortos em pensamentos é útil e melhora nossa vida — por exemplo, se estamos tendo ideias para um projeto criativo, ensaiando mentalmente um discurso, planejando um evento importante ou simplesmente resolvendo um jogo de palavras-cruzadas. Quando estamos absortos em pensamentos de maneiras úteis e que melhoram a vida, que nos ajudam a seguir em direção ao futuro que queremos, o termo "fisgado" não se aplica. Só usamos esse termo quando estamos presos em nossos pensamentos de maneiras que nos afastam da vida que queremos.

Qual é o problema de não estarmos presentes?

Quando não estamos "psicologicamente presentes", ou seja, não prestamos a devida atenção ao que fazemos, sofremos de duas maneiras principais: perdemos a experiência ou fazemos as coisas malfeitas. Daremos uma olhada rápida em cada uma:

Perder a experiência

Esta é a única vida que temos, então queremos aproveitá-la ao máximo. Se estamos apenas "meio presentes", estaremos perdendo a experiência. É como assistir ao seu filme favorito com óculos de sol, ou ouvir sua música favorita usando protetores de ouvido, ou receber uma massagem usando uma roupa de mergulho grossa. Quantas vezes você perdeu uma conexão profunda com um bom amigo ou ente querido porque não estava totalmente presente? Quantas vezes perdeu o prazer de comer porque devorou a comida em piloto automático? Para apreciar a riqueza e a plenitude da vida, você tem que "estar lá" enquanto ela está acontecendo!

Coisas malfeitas

Para citar o grande romancista Liev Tolstói: "*Só há um tempo que é importante: o agora! É o momento mais importante, porque é o único em que temos algum poder.*" Para construir uma vida significativa, precisamos agir. E o poder de agir existe apenas neste momento. O passado já aconteceu e o futuro ainda não existe, então só podemos agir aqui e agora. E, para agir com eficácia, precisamos estar psicologicamente presentes: conscientes do que está acontecendo, de como estamos reagindo e de como desejamos responder. Quando operamos em piloto automático, "seguimos o fluxo" e realizamos tarefas sem foco ou engajamento, fazendo tudo malfeito. Cometemos deslizes, erros e muitas vezes dizemos ou fazemos coisas das quais nos arrependemos mais tarde.

Então, como podemos estar mais presentes?

Boa pergunta. Você aprendeu muitas maneiras diferentes de se desprender de seus pensamentos e sentimentos: lançar âncora, perceber e nomear, focar e reorientar a atenção, abrir espaço para emoções e surfar nos impulsos. Todas essas técnicas diferentes de desprendimento são formalmente conhecidas como "habilidades de *mindfulness*".

Eu não mencionei o termo *"mindfulness"*, ou atenção plena, até agora porque há muitas noções imprecisas e enganosas sobre ele. Por exemplo, muitas vezes as pessoas pensam que ele se trata de uma prática religiosa, um tipo de meditação, uma técnica de relaxamento, uma forma de "esvaziar a mente" ou controlar os sentimentos, ou uma maneira de ter pensamentos positivos. Mas você pode ver claramente, pelo que leu neste livro, que nenhuma dessas ideias está correta.

Existem muitas definições de *mindfulness* por aí, sem nenhum acordo universal sobre elas. Eu o defino da seguinte forma:

Mindfulness é um conjunto de habilidades psicológicas para uma vida eficaz que envolve prestar atenção ao seu redor sendo aberto, curioso e flexível.

Portanto, quando lançamos âncora, nos livramos de histórias inúteis, abrimos espaço para sentimentos difíceis, surfamos em nossos impulsos e nos focamos repetidamente na tarefa em questão, todas essas são maneiras diferentes de praticar a atenção plena. E no centro dessas habilidades está uma forma particular de prestar atenção: com abertura, curiosidade e flexibilidade. Conforme notamos, nomeamos, permitimos e abrimos espaço, isso é *abertura* — o oposto de luta. E, além disso, visamos a *curiosidade* — daí minhas repetidas instruções para observar "como uma criança curiosa". Isso é importante porque, mesmo que algo seja muito difícil e desagradável, se formos genuinamente curiosos, podemos aprender algo útil — seja sobre sua verdadeira natureza ou sobre como responder a ela de maneira eficaz.

E além de sermos abertos e curiosos, pretendemos prestar atenção com *flexibilidade*. Se estou conversando com você durante um jantar em um restaurante, quero me concentrar em nossa conversa. Mas se de repente sinto cheiro de fumaça vindo da cozinha, quero desviar minha atenção para descobrir o que está acontecendo.

Revisitaremos a ideia de que a vida é como um espetáculo em constante mudança. E nesse palco estão todos os seus pensamentos, sentimentos, memórias, impulsos e sensações e tudo o que você pode ver, ouvir, tocar, saborear e cheirar. E há uma parte de você que pode aumentar e diminuir o *zoom* desse show, destacando qualquer aspecto a qualquer momento. E essa sua parte, que faz toda essa observação — seu "eu perceptivo" —, está centralmente envolvida em todas as habilidades de atenção plena. Às vezes, você a usa para iluminar seus pensamentos ou colocar uma emoção específica no centro das atenções. Em outras ocasiões, você a direciona para o mundo ao seu redor, iluminando paisagens, sons e cheiros. Às vezes, você a usa para ampliar e destacar uma área. Em outras, para diminuir o *zoom*, iluminando todo o palco.

Estamos falando aqui de *flexibilidade* na atenção: a capacidade de estreitar, ampliar, sustentar ou mudar o foco, dependendo do que for mais importante no momento. Se você está conscientemente caminhando pelo campo, absorvendo todas as imagens, sons e cheiros, o foco de sua atenção é muito amplo. Mas se está conscientemente fazendo seu trabalho como um especialista em desarmamento de bombas, quer manter o foco extremamente estreito (ou *cabuuum*!).

Eu perceptivo, atenção flexível, desprendimento, abrir espaço, surfar nos impulsos, perceber e nomear, lançar âncora: todos esses termos descrevem vários aspectos da "atenção plena". E aprendemos todas essas habilidades com o mesmo propósito abrangente: elas nos ajudam a estar presentes, para que possamos agir com mais eficácia e obter mais satisfação na vida. Você notará que não há nada religioso em nenhuma dessas práticas; sem meditação, pensamento positivo nem tentativas de relaxar, "esvaziar a mente" ou controlar seus sentimentos. (Claro, quando fazemos essas práticas, as emoções desconfortáveis geralmente diminuem, pensamentos difíceis desaparecem com frequência e sentimentos agradáveis de calma e relaxamento costumam surgir; mas esses resultados são bônus, não o objetivo principal.) Seguem-se quatro simples práticas de atenção plena que você pode facilmente incorporar à sua rotina sem precisar reservar tempo para realizá-las.[1]

Quatro práticas simples

Agora vou guiá-lo por quatro práticas simples para estar presente. Em cada caso, peço que concentre sua atenção em algum aspecto de sua experiência neste momento — e se pensamentos e sentimentos perturbadores surgirem, você deve:

- deixá-los ir e vir, como carros que passam na rua, e manter sua atenção na tarefa;

- quando perceber que sua atenção se desviou (e isso acontecerá, eu prometo), reconheça isso gentilmente e, em seguida, concentre-se novamente no exercício.

Cada experimento dura apenas trinta segundos (portanto, não há desculpa para não fazer todos).

Experimento 1: Perceba o ambiente

Depois de terminar de ler este parágrafo, coloque o livro de lado e perceba o que está ao seu redor. Perceba o máximo que puder o que pode ver, ouvir, tocar, saborear e cheirar. Qual é a temperatura? O ar está agitado ou parado? Que tipo de luz existe e de onde vem?

Perceba pelo menos cinco sons que pode ouvir, pelo menos cinco objetos que pode ver e ao menos cinco coisas que pode sentir contra a superfície do seu corpo (como o ar em seu rosto, a cadeira contra suas costas ou seus pés no chão). Ponha o livro de lado agora e faça isso por trinta segundos. Perceba o que acontece.

---

1   As pessoas costumam atribuir a atenção plena ao budismo, mas essa informação é imprecisa. O budismo tem apenas 2.600 anos, ao passo que as práticas de atenção plena podem ser encontradas no judaísmo, na ioga e no taoísmo, datando de mais de 4 mil anos. No entanto, a ACT não se baseia em antigas tradições orientais; é uma abordagem moderna, secular e baseada na ciência, originada de um ramo da psicologia comportamental com o nome confuso de "Contextualismo Funcional".

Experimento 2: Perceba o seu corpo

Ao ler este parágrafo, conecte-se com seu corpo. Perceba onde estão suas pernas e braços e a posição da sua coluna. Examine interiormente seu corpo, da cabeça aos pés; perceba as sensações em sua cabeça, peito, braços, abdômen, pernas. (E se houver partes do seu corpo ou sensações dentro dele de que você não gosta, perceba como tenta evitá-las). Ponha o livro de lado, feche os olhos e faça isso por trinta segundos. Perceba o que acontece.

Experimento 3: Perceba a sua respiração

Enquanto lê isto, perceba a sua respiração. Perceba a subida e descida da sua caixa torácica e o ar entrando e saindo de suas narinas. Siga o ar pelo nariz. Perceba como seus pulmões se expandem. Sinta seu abdômen empurrar para fora. Siga o ar que sai à medida que os pulmões esvaziam. Deixe o livro de lado, feche os olhos e faça isso por trinta segundos. Perceba o que acontece.

Experimento 4: Perceba os sons

Neste experimento, apenas concentre-se nos sons que consegue ouvir. Perceba os sons vindos de você (por exemplo, de sua respiração e seus movimentos), sons vindos do ambiente ao seu redor e sons de fora. Deixe o livro de lado agora, feche os olhos e faça isso por trinta segundos. Perceba o que acontece.

Então, o que você percebeu? Espero que três coisas:

- estamos sempre no meio de um banquete sensorial; só não costumamos perceber;

- é *muuuito* fácil nos distrair com pensamentos e sentimentos;

- no momento em que percebemos que estamos distraídos, podemos nos desprender e recuperar o foco.

Agora, exploraremos a conexão entre estar presente e...

Curar o tédio

"Estar presente" envolve trazer toda a nossa atenção para o que está acontecendo aqui e agora, com abertura e curiosidade. Quando estamos presentes dessa maneira, não lutamos contra a realidade.

As lutas com a realidade acontecem quando somos fisgados por julgamentos de que algo está ruim ou errado. Nossa mente nos diz que as coisas não deveriam ser como são, que não deveríamos ser como somos, que a realidade está errada e nós estamos certos. Ela nos diz que a vida seria melhor em outro lugar ou que seríamos mais felizes se fôssemos diferentes. Quando esses pensamentos nos prendem, eles nos puxam para uma espessa névoa psicológica que ofusca e obscurece nossa visão do mundo.

Mas a vida é muito diferente quando prestamos atenção com abertura e curiosidade. Para começar, é muito menos chata. O tédio surge quando somos fisgados pela história do "Não há nada de interessante aqui". A essa, geralmente se segue outra história, sobre como a vida seria muito mais instigante ou agradável se estivéssemos fazendo outra coisa. Nossa mente fica facilmente entediada porque acha que já sabe tudo. Foi lá, fez isso, viu o show e comprou a camiseta. Quer estejamos andando na rua, dirigindo para o trabalho, fazendo uma refeição, conversando ou tomando banho, a mente considera tudo como garantido. Afinal, já fez isso tudo inúmeras vezes. Portanto, em vez de nos ajudar a nos envolver com a realidade, ela nos "transporta" para um tempo e lugar diferentes. Como resultado, passamos muito do nosso tempo apenas "meio acordados", quase sem perceber a riqueza de nossa experiência. O espetáculo da vida continua, mas as luzes são tão fracas que quase nada é visível.

No entanto, a boa notícia é que nosso eu observador está sempre em modo de espera. E podemos usá-lo a qualquer momento para acender as luzes do espetáculo. Prestando atenção com abertura e curiosidade, podemos nos conectar com a vasta amplitude e profundidade da experiência humana, independentemente de ser nova e excitante ou familiar e confortável. O fascinante é que, quando prestamos atenção dessa maneira a uma experiência que consideramos familiar, chata ou mundana, muitas vezes a vemos sob uma nova e interessante luz. Para experimentar isso por si mesmo, perceba o que acontece caso você...

Concentre a atenção neste livro

Nesta experiência, o objetivo é lançar um novo olhar sobre o livro em suas mãos, vê-lo com "novos olhos". (Se você estiver lendo em um dispositivo ou ouvindo em audiolivro, pegue um livro físico — qualquer livro serve — para que possa participar.) Imagine que você é um cientista curioso e nunca viu um objeto como este antes. Pegue o livro e sinta o peso dele em suas mãos. Sinta a capa contra suas palmas. Passe o dedo lentamente por uma página e observe a textura. Leve o livro aberto ao nariz e cheire o papel. Vire lentamente algumas páginas e observe o som que faz. Observe a capa do livro. Observe como a luz reflete na superfície. Observe as formas, cores, texturas e linhas. Em seguida, vá para qualquer página aleatória e observe as formas do espaço em branco ao redor do texto.

O que você achou? Está lendo este livro há um bom tempo e, até agora, provavelmente não deu valor a todos esses diferentes aspectos. E o mesmo é verdade para quase todos os aspectos da nossa vida. É por isso que estou prestes a apresentar a você…

Uma prática completamente agradável

A maneira mais fácil de desenvolvermos nossa capacidade de estar presente é trazer toda a nossa atenção para as atividades cotidianas que são potencialmente prazerosas e divertidas. Muitas vezes fazemos isso espontaneamente em situações novas, estimulantes ou prazerosas. Talvez, durante uma caminhada na natureza, tenha contemplado os campos, a vida selvagem, as árvores e as flores, apreciado o toque de uma brisa de verão e ouvido o canto dos pássaros. Ou, durante uma conversa íntima com a pessoa que ama, você se prendeu a cada palavra, olhou em seus olhos e sentiu a proximidade entre vocês. Ou, enquanto brincava com uma criança ou um animal de estimação querido, estava tão envolvido na diversão que perdeu a noção do tempo e não se importou com o resto mundo.

Infelizmente, esses momentos raramente duram muito. Mais cedo ou mais tarde, a mente chama nossa atenção com uma história envolvente e nos tira da experiência. Mas com a prática podemos perceber quando isso acontece, nos desprender e nos reorientar. Podemos também dar um passo adiante e saborear ativamente a experiência; realmente apreciá-la. Quanto maior for nossa capacidade de fazer isso, mais satisfação e realização obteremos dos muitos prazeres da vida (muitos dos quais tomamos como garantidos ou "perdemos" porque estamos em piloto automático). Então, para desenvolver essa habilidade, podemos…

Focar a atenção em algo prazeroso

Pratique isso com pelo menos uma ou duas atividades prazerosas todos os dias. Certifique-se de que essa seja uma atividade orientada por valores, não pela vontade de fugir de algo — ou seja, algo que você está fazendo porque ela é importante, significativa e melhora a vida, e não apenas uma tentativa de evitar sentimentos ruins. A atividade não precisa ser nada alucinante. Pode ser algo tão simples quanto almoçar, acariciar um gato, passear com um cachorro, ouvir os pássaros, abraçar seus filhos, sentar-se ao sol ou ouvir sua música favorita.

Ao fazer essa atividade, finja que é a primeira vez que a faz. Preste realmente atenção ao que pode ver, ouvir, cheirar, tocar ou saborear e aproveite cada momento. Concentre-se totalmente no que está fazendo, usando os seus cinco sentidos. Por exemplo, você pode fazer isso na próxima vez que tomar um banho quente. Observe os vários sons da água: conforme ela sai da ducha, atinge seu corpo, desce pelo ralo. Observe as sensações da água escorrendo por suas costas e pernas. Perceba o cheiro do sabonete e do xampu. Perceba as nuvens de vapor subindo. Perceba como seu corpo responde. Perceba os sentimentos de prazer que surgem.

Quando pensamentos e sentimentos aparecerem, reconheça-os, deixe-os estar e volte a se concentrar no banho. Assim que perceber que sua atenção se desviou (como definitivamente acontecerá), reconheça, desprenda-se e volte a se concentrar no chuveiro — e saboreie cada momento.

Duas práticas não tão agradáveis, mas muito valiosas

Terminaremos este capítulo com duas práticas valiosas para desenvolver sua capacidade de estar presente. E o melhor é que você não precisa arranjar tempo para encaixá-las no seu dia. É só realizar suas rotinas diárias como de costume, mas praticar estar presente enquanto as faz. Elas não serão tão divertidas quanto o exercício anterior, porque você se desafiará deliberadamente. A ideia é escolher pelo menos duas atividades por dia que considere chatas, tediosas ou irritantes. Escolha tarefas que normalmente faz com ressentimento ou em piloto automático ou que executa o mais rápido possível.

Se as sugestões abaixo não forem adequadas para você, crie suas próprias versões. E, idealmente, faça as duas pelo menos uma vez por dia. (Se puder fazer mais do que isso, ótimo; quanto mais, melhor. Mas mesmo uma vez por semana é muito melhor do que nada.)

Concentre a atenção em sua rotina matinal

Escolha uma atividade que faça parte de sua rotina matinal diária, como escovar os dentes, pentear o cabelo, arrumar a cama, fazer a barba ou se maquiar.

(Tomar banho não conta, porque é uma atividade naturalmente prazerosa; deve escolher algo que seja chato, tedioso ou "um aborrecimento".) Dê a essa atividade toda a sua atenção, observando o que pode ver, ouvir, tocar, saborear e cheirar, como se fosse uma criança curiosa descobrindo a atividade pela primeira vez. Permita que seus pensamentos e sentimentos fluam livremente e, se você for fisgado, já sabe o que fazer: reconheça, desprenda-se, reoriente-se.

Para começar, pratique com apenas uma parte de sua rotina matinal todos os dias. Então, conforme sua habilidade melhora, estenda-a para outras partes.

Concentre sua atenção em uma tarefa útil

Escolha uma tarefa que você não gosta, mas sabe que é útil a longo prazo. Pode ser passar roupa, lavar a louça, limpar o carro, preparar uma refeição saudável, dar banho nas crianças, massagear seu burro de estimação[2] — qualquer tarefa que você preferiria evitar. Então, cada vez que desempenhá-la, dê a ela sua atenção completa e genuína.

Por exemplo, se está passando roupa...

- Repare na cor e na forma da peça.

- Perceba os padrões criados pelos vincos e sombras.

- Perceba como os padrões mudam à medida que os vincos desaparecem.

- Perceba o assobio do vapor, o ranger da tábua de passar, o leve sussurro do ferro movendo-se sobre o tecido.

- Perceba a pegada da mão no ferro e o movimento do braço e do ombro.

- Se o tédio ou a frustração surgirem, reconheça-os, abra espaço para eles e concentre-se novamente no que está fazendo.

- Deixe seus pensamentos e sentimentos fluírem livremente e reconheça, desprenda-se e reoriente-se conforme necessário.

---

2 Joguei essa para saber se você estava prestando atenção.

Colocando isso em prática

À medida que Soula praticava e aprimorava sua capacidade de estar presente, ela começou a apreciar as coisas que tinha em sua vida, em vez de sempre se concentrar no que lhe faltava. Conseguiu se conectar mais com as pessoas que amava, concentrar-se muito melhor em tarefas difíceis no trabalho e em casa, e obter muito mais prazer e satisfação nos pequenos deleites da vida. Tudo isso ajudou muito a aliviar sua depressão. (No entanto, não quero que pense que isso foi uma solução rápida que transformou a vida dela da noite para o dia. Foi apenas parte da jornada de Soula. Vamos revisitá-la mais à frente no livro para ver o que mais ela fez.)

Espero resultados semelhantes para a sua vida. As práticas diárias que sugeri até agora — focar a atenção em uma atividade prazerosa, em sua rotina matinal e em uma tarefa útil e tediosa — são um bom começo. Além disso, por que não praticar a observação do ambiente regularmente ao longo do dia? O objetivo é estender progressivamente essas práticas a mais e mais áreas da sua vida, até chegar a um ponto em que não pense mais nelas como práticas, exercícios ou experimentos; você passa a estar naturalmente presente.

Com o tempo, isso leva a uma mudança profunda de verdade na maneira como você vive: em vez de estar "perdendo" a vida, começa a "aproveitá-la ao máximo".

17

REABITANDO SEU CORPO

Quanto mais "desconectados" estamos do nosso corpo, menos sentimos. Isso ocorre porque as sensações em nosso corpo (de todas as mudanças fisiológicas que ocorrem dentro dele) formam o núcleo de qualquer emoção. Portanto, se você sentir emoções e impulsos sobretudo "na sua cabeça", isso sugere um "afastamento" significativo do seu corpo; está acessando os elementos cognitivos da emoção, mas não está sintonizando as sensações. E se tudo o que sente é letargia, vazio ou a sensação de estar "morto" por dentro (como é comum em traumas ou depressão profunda), isso indica desconexão extrema.

Cerca de 10% da população acha difícil acessar as emoções. No entanto, a boa notícia é que você pode ficar muito melhor em acessar suas emoções se praticar a sintonia com o corpo — e os benefícios de fazer isso são enormes. Eles incluem:

- **Vitalidade**. Você ganhará uma sensação de vitalidade, de "voltar à vida", "sentir-se totalmente humano".

- **Alegria e prazer.** Distanciar-se de seu corpo ajuda a evitar sentimentos dolorosos — mas também o afasta de emoções e sentimentos agradáveis, como alegria e felicidade. Portanto, conectar-se com o corpo dá acesso a toda a gama de emoções e sentimentos — tanto dolorosos (por exemplo, tristeza, raiva e ansiedade) quanto agradáveis (como amor, contentamento e alegria).

- **Controle sobre suas ações.** Quanto menos consciente você estiver de suas emoções, menos controle terá sobre suas ações. Quando trazemos consciência para nossos sentimentos, eles perdem muito de sua capacidade de nos prender e enganar.

- **Escolhas sábias, boas decisões.** Muitas pesquisas mostram que quanto melhor pudermos acessar nossas emoções, mais eficaz será nossa tomada de decisão e maior a probabilidade de fazermos escolhas sábias na vida.

- **Intuição, confiança, segurança.** Os sentimentos em nosso corpo geralmente nos alertam para ameaças e perigos que nossa mente consciente não está captando. Sem acesso a essas informações — muitas vezes chamadas de "intuição" —, podemos involuntariamente nos colocar em risco ou permitir que outros se aproveitem de nós.

- **Segurança em seu próprio corpo.** Você se sente inseguro em seu próprio corpo? Se deseja se sentir mais seguro, sua melhor opção é começar a explorá-lo progressivamente e praticar maneiras melhores de lidar com os sentimentos difíceis que encontrar. Se não fizer esse trabalho, seu corpo permanecerá como uma caverna escura cheia de monstros que você deseja evitar a todo custo.

- **Sucesso na vida.** Existe uma correlação direta entre o sucesso na vida e o que os psicólogos chamam de "inteligência emocional": lidar com suas emoções de forma eficaz e fazer bom uso delas para motivação, comunicação e esclarecimento (veja o Capítulo 12). Aprender a sintonizar seu corpo e acessar suas emoções desempenha um papel importante no aumento da inteligência emocional.

- **Construir melhores relacionamentos.** Um dos fatores mais importantes na construção de uma vida significativa e gratificante é o cultivo de relacionamentos fortes e saudáveis. E não importa com quem sejam esses relacionamentos — um parceiro, amigos, filhos, família, colegas de trabalho ou membros de nossa comunidade — estaremos em grande desvantagem se não tivermos acesso imediato a toda a nossa gama de emoções. Por quê? Construir bons relacionamentos requer inteligência emocional, não apenas para lidar com nossos próprios sentimentos, mas também para sintonizar e lidar com os sentimentos dos outros.

Você já assistiu parte de um filme na TV sem nenhum som? Não é muito satisfatório. As imagens podem ser ótimas, mas sem música, diálogo ou efeitos sonoros, perde-se muito da experiência. Se observar com atenção, ainda poderá acompanhar um pouco do que está acontecendo, mas é fácil interpretar mal os eventos. É o que acontece quando interagimos com os outros enquanto estamos isolados de nossos próprios sentimentos. Isso leva a conflitos, tensões e interações difíceis com as pessoas, porque facilmente interpretamos mal o que elas querem ou não querem — suas intenções, seus sentimentos — ou deixamos de ver como nosso próprio comportamento as está afetando.

Muitos dos exercícios deste livro ajudam-no a sintonizar-se com seu corpo: o tópico *Conecte-se com seu corpo*, do lançamento de âncora (Capítulo 5); focar o alongamento (Capítulo 9); o exercício DOME seus sentimentos (Capítulo 14); e os exercícios de mãos gentis (Capítulo 15). No entanto, se você achar difícil acessar suas emoções, é útil praticar regularmente…

Escaneamentos corporais

Os escaneamentos corporais envolvem escanear o corpo (ou parte dele), sintonizar as sensações, notá-las com curiosidade e permitir que estejam lá. As varreduras corporais podem variar enormemente em duração, de trinta segundos a trinta minutos. Normalmente, você começa com exercícios mais curtos de três a quatro minutos e aumenta a duração com o tempo, e quanto mais os fizer, melhor. Uma vez por dia é o ideal, mas uma vez por semana é melhor do que nada.

E se você está evitando certas áreas ou zonas do corpo, estabeleça um desafio: gradualmente, ao longo do tempo, traga sua atenção para essas áreas. A cada dia (ou a cada semana), escolha uma área que você normalmente evita e dê a ela toda a atenção por determinado tempo. Por exemplo, pode se concentrar nessa área por apenas dois segundos na primeira vez, aumentar para quatro segundos, depois seis segundos na terceira vez. Quando conseguir manter o foco lá durante dez a quinze segundos, escolha outra área difícil para trabalhar.

"Estenda o território" gradualmente até poder escanear seu corpo da cabeça aos pés sem evitar nenhuma área. (E, claro, se isso desencadear pensamentos e sentimentos difíceis, faça bom uso de suas habilidades de desprendimento.)

Se parecer não sentir nada em uma área, então crie alguma sensação — movendo-a (por exemplo, mexendo os dedos dos pés), massageando-a firmemente com a mão ou contraindo um músculo nessa área.

A seguir temos um exemplo de um breve escaneamento corporal para experimentar. Na primeira vez que o fizer, gaste cerca de quinze segundos em cada instrução, de modo que o exercício dure por volta de três minutos. Depois, prolongue gradualmente o exercício, aumentando para 25, 35 ou 45 segundos por instrução. Por favor, leia as instruções uma vez para saber o que está envolvido e, em seguida, experimente.

Uma breve varredura corporal

Coloque-se em uma posição confortável, feche os olhos ou fixe-os tranquilamente em um ponto à sua frente. O objetivo é escanear lentamente seu corpo, concentrando toda sua atenção nas sensações que encontrar — não importa o quão fracas possam ser. Perceba cada sensação como se você fosse uma criança curiosa que nunca encontrou nada parecido antes. Não LUTE contra as sensações que perceber; sejam elas agradáveis, neutras ou desagradáveis, permita que estejam lá.

Ao fazer isso, deixe sua mente falar como uma rádio tocando ao fundo (mas não tente ignorá-la ou silenciá-la). Naturalmente, de vez em quando, você será fisgado e perderá a noção do exercício. No momento em que perceber que isso aconteceu, reconheça o que o prendeu e volte a se concentrar em seu corpo.

Reserve quinze segundos para observar com curiosidade as sensações que pode sentir em seus...

- pés e dedos dos pés
- tornozelos
- panturrilhas
- coxas
- nádegas e pelve
- abdômen (barriga)

- tórax
- mãos e dedos
- antebraços
- braços
- ombros
- pescoço
- cabeça.

Então, como foi esse exercício? A maioria das pessoas acha difícil no começo; elas reclamam que é desconfortável, chato ou difícil de manter o foco. No entanto, com a prática, valerá muito a pena.

Também é um bom exercício para praticar na cama quando você está se revirando, sem conseguir dormir; muito melhor do que ficar apenas deitado com a mente presa em…

18
PREOCUPAÇÃO, RUMINAÇÃO, OBSESSÃO

"NÃO SE PREOCUPE COM ISSO!"

Quantas vezes você já ouviu esse conselho supostamente útil? Ou a versão mais sofisticada dele: "Se houver algo que você possa fazer a respeito, faça; se não, não adianta se preocupar com isso"? Ou a versão menos sofisticada: "Anime-se, pode ser que isso nunca aconteça!"?

É fácil dizer "não se preocupe", mas é muito difícil agir assim. Na verdade, muitas vezes, o modo que as pessoas usam para tentar parar de se preocupar — como muitas das estratégias de luta que exploramos no Capítulo 3 — na verdade pioram as coisas a longo prazo. É importante observar que métodos como colocar preocupações de lado, distrair-se, dizer a si mesmo:

"SAI DESSA!"

ou tentar não pensar no assunto provavelmente terão um efeito rebote: podem (se você tiver sorte) proporcionar alívio a curto prazo, mas, a longo prazo, as preocupações retornarão com força total.

O mesmo vale para a ruminação e a obsessão. Esses processos mentais, nos quais todos nós nos envolvemos às vezes, não são tão fáceis de parar. É possível interrompê-los, mas isso exige esforço. No entanto, antes de entrarmos nisso, há uma pergunta que precisamos responder…

Por que eu continuo fazendo isso?

Esta é uma das questões sobre as quais as pessoas mais ruminam. E ela merece uma boa resposta. Ruminar, preocupar-se e ficar obcecado são essencialmente processos de resolução de problemas. Quando ruminamos, tendemos a nos fixar em problemas do passado: *Por que algo ruim aconteceu?* (Ou: *Por que continua acontecendo?*). Quando nos preocupamos, ficamos aflitos com problemas do futuro: *E se algo ruim acontecer?* Quando estamos obcecados, pode ser sobre o passado, o presente ou o futuro ou mesmo sobre uma realidade alternativa: *Quão diferente seria nossa vida se XYZ acontecesse.*

A mente é basicamente uma máquina de resolução de problemas, sempre focada em dois problemas principais: a) como conseguir o que queremos e b) como evitar o que não queremos. Podemos pensar em ruminação, preocupação e obsessão como "resolução de problemas em excesso"; nossa mente repassa o problema sem parar, a toda velocidade, tentando desesperadamente encontrar uma boa solução. Mas é como um carro atolado na areia: o motor está a todo vapor, as rodas giram loucamente — mas o veículo não vai a lugar nenhum.

Em outras palavras, ruminar, preocupar-se e ficar obcecado são formas *ineficazes* de resolução de problemas. Esses processos cognitivos consomem uma grande quantidade de tempo, energia e atenção e geralmente são incrivelmente lentos para fornecer uma solução.

Então, por que continuamos fazendo isso? Bem, esses processos são sempre desencadeados por algum tipo de problema: situações difíceis, pensamentos complicados, sentimentos complexos ou qualquer combinação deles. E em resposta a esses gatilhos, ruminamos, preocupamo-nos ou ficamos obcecados tentando resolver o problema. E há quatro grandes "recompensas" que recebemos por fazer isso:

1. **Escapamos (temporariamente) de sentimentos desagradáveis:** Quando somos fisgados por nossos pensamentos, desviamos a atenção das sensações desagradáveis do corpo.

2. **Conseguimos uma resposta para o problema:** Pode levar muito tempo, mas eventualmente (em geral) encontramos uma resposta ou solução. É por isso que muitas pessoas dizem: "A preocupação me ajuda a me preparar para o pior" ou "Ruminar me ajuda a me entender".

3. **Sentimos que estamos trabalhando duro:** Esses processos cognitivos exigem esforço, então sentimos que estamos trabalhando duro em nossos problemas, fazendo algo produtivo e progredindo.

4. **Evitamos o desconforto de agir:** Quando estamos presos a esses processos cognitivos, muitas vezes evitamos tomar atitudes difíceis ou arriscadas: fugimos de situações desafiadoras, evitamos tomar decisões difíceis, procrastinamos tarefas que nos causam ansiedade. (No mundo dos negócios, as pessoas chamam isso de "paralisia por análise".) Isso nos dá um alívio momentâneo de todos aqueles pensamentos e sentimentos difíceis — especialmente a ansiedade, a insegurança e o medo do fracasso — que certamente aparecerão quando eventualmente agirmos ou tomarmos uma decisão.

Podemos não obter *todas* essas recompensas, mas costumamos conseguir algumas. (Geralmente também existem outras recompensas, como conseguir simpatia, apoio ou compreensão de outras pessoas.) E, claro, não escolhemos deliberadamente nos preocupar, ficar obcecados ou ruminar para obter essas recompensas. O fato é que a maioria de nós nem está *ciente* dessas gratificações (até que algum guru sabe-tudo da autoajuda gentilmente as aponte). No entanto, essas recompensas acontecem. (Psicólogos as chamam de "consequências reforçadoras": consequências ou resultados de nosso comportamento que o reforçam ou fortalecem ao longo do tempo.) E essas recompensas são suficientes para nos manter fazendo essas coisas, mesmo quando lógica e racionalmente sabemos que elas não estão nos levando à vida que queremos.

As recompensas que obtemos por ruminar, nos preocupar e ficar obcecados muitas vezes se tornam aparentes apenas quando começamos a quebrar esses hábitos — especialmente as recompensas número 1 (escapar de sentimentos desagradáveis) e número 4 (evitar o desconforto de agir). À medida que interrompemos e encurtamos esses processos mentais, muitas vezes há um aumento de curto prazo no desconforto emocional: passamos a experimentar todos aqueles sentimentos incômodos que estávamos, a curto prazo, evitando, especialmente a ansiedade e o medo. E quando esses sentimentos vêm à tona, nossa reação automática é voltar imediatamente à preocupação, à ruminação e à obsessão. (Novamente, isso é, em grande parte, automático; não escolhemos deliberadamente fazer isso; geralmente, nem estamos conscientes do fato.)

Então, agora você sabe por que continua fazendo essas coisas e por que é tão difícil eliminar o hábito. A próxima pergunta é...

Está disposto a fazer o que for preciso?

Se deseja ter menos desses processos mentais (ninguém nunca os interrompe totalmente), isso exigirá:

- disposição para praticar novas habilidades para interrompê-los;
- disposição para abrir espaço para o aumento, a curto prazo, do desconforto emocional — especialmente a ansiedade —, que muitas vezes ocorre. (A longo prazo, é claro, seu desconforto emocional diminuirá. É uma troca: dor de curto prazo para ganho de longo prazo.)

Portanto, reserve um momento para considerar: o que é importante o suficiente para que você esteja disposto a fazer essas coisas? Por exemplo, se estivesse se preocupando menos, ruminando menos ou ficando menos obcecado:

- Como isso ajudaria em seus relacionamentos mais próximos?
- Como isso afetaria sua saúde e bem-estar?
- Como isso afetaria seu desempenho no trabalho?
- Com quem você estaria mais presente?
- Em que estaria mais focado?
- O que faria com o tempo e a energia extra que isso liberaria?

Por favor, gaste pelo menos alguns minutos refletindo sobre essas questões e encontrando respostas; depois, pergunte-se: "Para obter esses benefícios, estou disposto a fazer o que for preciso? A praticar novas habilidades e abrir espaço para aumentar o sentimento de desconforto a curto prazo?"

Se a resposta for "não", por favor, seja gentil consigo mesmo. Julgar-se não será de ajuda. Portanto, pratique a autocompaixão. Desprenda-se de qualquer autojulgamento, abra espaço para sentimentos como tristeza, decepção ou frustração e diga algo gentil a si mesmo. Lembre-se: às vezes estamos dispostos a enfrentar as dificuldades da vida — e às vezes não —, e tudo bem. Essa é a condição humana. Ninguém é perfeito. Você pode não estar disposto a fazer isso agora, mas espero que esteja no futuro.

No entanto, se a resposta for "sim", experimente o máximo que puder as estratégias a seguir.

Perceber e nomear; estar presente; focar e reorientar

Se sua mente não estiver muito acelerada, um pouco de observação e nomeação será suficiente para interromper essa atividade: "Aqui está a preocupação", "A obsessão pela minha saúde", "Obrigado, Mente. Eu sei que você está tentando me ajudar, mas vou lidar com isso de uma maneira melhor".

Em conjunto com isso, nós nos concentramos e nos reorientamos repetidamente na atividade que estamos fazendo, dando a ela toda a nossa atenção.

Lançar âncora

Se sua mente está girando na velocidade máxima, sua melhor aposta é lançar âncora.

> **Reconheça** seus pensamentos e sentimentos: "Minha mente está acelerada", "Estou sentindo um aperto no peito"; abra-se e permita que as sensações estejam lá.

> **Conecte-se** com seu corpo: alongue-se devagar, endireite-se, mova-se ou respire.

> **Envolva-se** no que está fazendo: volte a concentrar sua atenção na atividade em questão.

Repita esse ciclo pelo menos três ou quatro vezes.

Abrir espaço e ter autocompaixão

Se sentimentos desconfortáveis surgirem (como provavelmente acontecerá), abra espaço para eles usando o que funcionar melhor dos Capítulos 14 e 15, como percebê-los e nomeá-los, observá-los com curiosidade, usar técnicas de respiração, imaginá-los como um objeto, expandir-se em torno deles ou usar a técnica das "mãos gentis". E trate-se com gentileza: reconheça seu sofrimento e responda com palavras e ações afáveis. Isso pode incluir lembrar a si mesmo de que esse breve desconforto está a serviço de mudanças positivas na vida a longo prazo.

Perceber, nomear e permitir pensamentos, memórias e sentimentos "intrusivos"

Às vezes o gatilho para esses processos cognitivos é um pensamento, lembrança ou sentimento "intrusivo" (por exemplo, um pensamento, lembrança ou sentimento recorrente que é involuntário, indesejado e perturbador). Se nos afastamos, reprimimos ou nos distraímos dessas "intrusões", estabelecemos um círculo vicioso: elas desaparecem por um breve período, mas há um "efeito rebote", e então voltam com frequência ou intensidade ainda maior. Então, quando ocorrerem, devemos notá-las e nomeá-las, abrir espaço a elas e permitir que existam. Se necessário, combine isso com lançar âncora. Dessa forma, interromperemos o círculo vicioso.

Use com frequência e aplique amplamente

Você pode aplicar as estratégias acima a qualquer processo cognitivo que considerar problemático, incluindo devaneios e fantasias. Também são de grande ajuda com memórias recorrentes difíceis. Quando as memórias nos fisgam, nós ACATAMOS (damos a elas toda a nossa atenção, perdendo a experiência de viver) ou LUTAMOS (usamos todos os métodos usuais, com todas as consequências usuais). Tudo o que abordamos anteriormente pode ajudar com as memórias: percebê-las e nomeá-las, lançar âncora, abrir espaço para os sentimentos que as acompanham, praticar a autocompaixão e focar/reorientar a atenção repetidamente no que estamos fazendo. Não há botão "delete" no cérebro, nenhuma maneira de eliminar lembranças dolorosas; mas, com o tempo, à medida que você se trata com gentileza e permite que suas memórias estejam presentes sem lutar contra elas, é provável que perceba duas coisas: elas aparecerão com menos frequência e perderão gradualmente seu impacto.

Também podemos usar essas estratégias para interromper o processo de...

Ruminar sobre nossas emoções

Quando ruminamos, preocupamo-nos ou ficamos obcecados com nossas emoções, geralmente acabamos nos sentindo ainda pior. Para iniciar esse processo, a mente diz coisas como:

- "Por que estou me sentindo assim?" Essa pergunta o prepara para repassar todos os seus problemas, um por um, e ver se consegue identificar o que causou seus sentimentos. Naturalmente, isso só faz você se sentir pior, porque cria a ilusão de que sua vida não passa de problemas.

- "O que eu fiz para merecer isso?" Essa pergunta o leva a se culpar. Você relembra todas as coisas "ruins" que fez até descobrir por que o universo decidiu puni-lo. Como resultado, acaba se sentindo inútil, ruim ou inadequado.

- "Por que eu sou assim?" Essa pergunta faz você buscar em toda a sua história de vida as razões pelas quais é do jeito que é. Frequentemente, isso leva a sentimentos de raiva, ressentimento e desesperança. E muitas vezes acaba culpando seus pais, seus genes ou a bioquímica cerebral.

- "Não aguento!" Variações sobre esse tema incluem: "Estou exausto disso", "Eu não suporto mais", "Vou ter um colapso nervoso" e assim por diante. Sua mente está basicamente alimentando-o com a história de que você é fraco demais para lidar com isso, e que algo ruim acontecerá se continuar se sentindo assim.

- "Eu não deveria me sentir assim." Esse é um clássico! Aqui sua mente compra briga com a realidade. A realidade é esta: a maneira como você está se sentindo agora é simplesmente a maneira como está se sentindo. Mas sua mente diz: "A realidade está errada! Não é para ser assim! Pare com isso! Dê-me a realidade que eu quero!". Isso pode nos manter ruminando por horas sobre como nossa vida seria muito melhor se nos sentíssemos de maneira diferente.

Então, qual é a alternativa?

A alternativa para ruminar, preocupar-se ou ficar obcecado com suas emoções é: perceber, nomear e permitir, abrir espaço para os sentimentos e tratar-se com gentileza. Se tiver um minuto para isso, pergunte-se: "O que essa emoção me diz realmente importa? O que ela sugere que preciso resolver?" Como eu disse no Capítulo 14, muitas vezes (nem sempre) você descobrirá que essa emoção está apontando para algo muito importante: um problema que você precisa enfrentar, um medo que precisa encarar, um comportamento que precisa mudar, um relacionamento que importa profundamente para você ou uma perda que precisa aceitar.

Entrando e saindo do fluxo

Todos os métodos descritos acima podem ajudá-lo a reduzir significativamente a ruminação, a preocupação e a obsessão. No entanto, os resultados serão ainda melhores se você praticar a técnica de "entrar e sair do fluxo". Inspirado no trabalho do psicólogo Adrian Wells, esse exercício leva menos de seis minutos. (E, como tudo neste livro, quanto mais você fizer, melhores serão os resultados. Uma vez por dia é o ideal, mas mesmo uma vez por semana é melhor do que nada.)

Quando ruminamos, preocupamo-nos, ficamos obcecados, sonhamos acordados ou fantasiamos, somos levados pelo fluxo de nossos pensamentos. Neste exercício, mergulhamos repetidamente nesse fluxo de pensamentos e emergimos dele. Nós reconhecemos quando o rio nos arrebatou e então voltamos à superfície. A parte A é mais fácil: entrar e sair de pensamentos agradáveis. A parte B — entrar e sair de pensamentos desconfortáveis — é mais desafiadora, mas absolutamente essencial; você precisa aprender a fazer isso com qualquer fluxo de pensamentos, seja agradável ou doloroso.

Primeiro, leia todas as instruções para entender; depois, volte e faça de verdade. Você precisará de um cronômetro, como seu relógio ou um aplicativo de celular, para fazê-lo.

Parte A: Entrar e sair de um fluxo agradável

Etapa 1: Defina seu cronômetro para trinta segundos. Comece em seguida e, imediatamente, passe a sonhar acordado ou fantasiar sobre algo agradável. Fique o mais absorto possível no devaneio ou na fantasia.

Etapa 2: Assim que o alarme tocar (após os trinta segundos), lance âncora por quinze a trinta segundos. (Você não precisa cronometrar esta etapa.) Ao lançar âncora, certifique-se de reconhecer os pensamentos e sentimentos que estão presentes (lembre-se: isso *não é* uma distração). Por exemplo, você pode dizer silenciosamente para si mesmo: "Aqui estão alguns pensamentos agradáveis." Então, uma vez ancorado, reconheça que tem uma escolha: pode voltar para o fluxo ou focar sua atenção no que quer que esteja fazendo.

Em seguida, ajuste o cronômetro novamente para trinta segundos.

Etapa 3: Agora, mais uma vez, entre nesse fluxo de pensamentos agradáveis e se perca nele por meio minuto.

Etapa 4: Quando o cronômetro tocar, lance âncora por quinze a trinta segundos. Então observe que você tem uma escolha: voltar para o fluxo ou para o momento presente.

Etapa 5: Pela última vez, ajuste o cronômetro, mergulhe de volta em seu fluxo de pensamentos agradáveis e permaneça lá por trinta segundos.

Etapa 6: Quando o alarme tocar, mais uma vez, lance âncora por quinze a trinta segundos.

Parte B: Entrar e sair de um fluxo desagradável

A parte B é mais desafiadora, mas não a pule se quiser resultados. É exatamente igual à parte A, exceto que, agora, em vez de sonhar acordado ou fantasiar sobre coisas agradáveis, você começa a se preocupar, ruminar e ficar obcecado.

Etapa 1: Lembre-se de algo com o qual você se preocupa, rumina ou fica obcecado e, novamente, ajuste o cronômetro para trinta segundos. Em seguida, seja o mais fisgado possível: por meio minuto, preocupe-se, rumine ou fique obcecado o máximo que puder.

Etapa 2: Quando o alarme tocar, lance âncora por quinze a trinta segundos e, novamente, certifique-se de reconhecer quaisquer pensamentos e sentimentos difíceis presentes (para evitar que isso se transforme em distração). Por exemplo, pode dizer silenciosamente para si mesmo: "Aqui está a ansiedade" ou "Aqui estão alguns pensamentos que me assustam". Uma vez ancorado, reconheça que você tem uma escolha: pode voltar para aquele fluxo ou manter sua atenção no mundo ao seu redor ou na atividade que está fazendo.

Em seguida, defina o cronômetro para trinta segundos.

Etapa 3: Agora, perca-se no fluxo por mais trinta segundos; certifique--se de se preocupar, ficar obcecado ou ruminar vigorosamente.

Etapa 4: Quando o alarme disparar, solte a âncora por quinze a trinta segundos. E então observe suas opções: mergulhar de volta nesse rio de pensamentos ou estar presente em sua vida.

Etapa 5: Pela última vez, ajuste o cronômetro, mergulhe de volta naquele fluxo de pensamentos difíceis e deixe-o conduzi-lo por meio minuto.

Etapa 6: Quando o alarme tocar, lance âncora novamente por quinze a trinta segundos.

Agora que você sabe o que está envolvido, por favor, volte e faça o exercício antes de continuar lendo.

Então, como foi? Se você for como a maioria das pessoas, houve momentos em que achou difícil sair do fluxo e momentos em que nem quis sair! E não é assim quando passamos o dia nos preocupando, ruminando, obcecados com algum pensamento? Mesmo sabendo que isso não é útil, sentimos o impulso de continuar assim. Com sorte, no entanto, você descobriu que, no final do exercício, era um pouco mais fácil se desprender e se reorientar. Caso contrário, tente novamente e, dessa vez, esforce-se de verdade para lançar âncora quando o cronômetro tocar; certifique-se de perceber e nomear os pensamentos e sentimentos difíceis presentes (você não está tentando se distrair deles), ao mesmo tempo em que move seu corpo e reorienta sua atenção para o mundo ao seu redor.

A ideia é recorrer a essa habilidade repetidamente ao longo do dia: assim que perceber que está perdido no fluxo de seus pensamentos, ancore por quinze a trinta segundos; em seguida, reconheça sua escolha: voltar ao fluxo e deixar que ele o leve embora ou estar totalmente presente em qualquer atividade que estiver fazendo.

Isso significa simplesmente ignorar nossos problemas? Não! No Capítulo 23, você aprenderá a lidar com seus problemas de maneira eficaz, guiado por seus valores, e a criar um plano de ação para fazer isso. Se quiser, pode pular para essa parte agora. Mas se puder aguardar um pouco mais, agora analisaremos...

19
O DOCUMENTÁRIO SOBRE VOCÊ

O que você menos gosta em si mesmo? Já fiz essa pergunta a milhares de pessoas, individualmente e em grupos, e aqui estão algumas respostas comuns:

- Sou muito tímido/medroso/ansioso/carente/frágil/passivo.

- Sou estúpido/bobo/desorganizado.

- Sou gordo/feio/desengonçado/preguiçoso.

- Sou egoísta/crítico/arrogante/vaidoso.

- Sou julgador/irritado/ganancioso/agressivo/desagradável.

- Sou fracassado/incapaz/perdedor.

- Sou chato/sem graça/previsível/sério demais.

E essa é apenas uma *pequena* seleção das respostas, as quais apontam para o mesmo tema: "Não sou bom o suficiente." É uma mensagem que nossa mente nos envia repetidamente. Você se lembra dos dois treinadores sobre os quais falamos no Capítulo 11: o severo e crítico e o gentil e encorajador? Essa é a nossa mente usando os métodos do treinador severo e crítico: uma tentativa equivocada de nos ajudar a "melhorar", "tomar jeito", "ser melhor", "se encaixar" ou "conquistar mais" — destacando e exagerando nossas falhas e nossos defeitos. E essa constante de autojulgamento nos faz sentir inadequados, indignos ou não amáveis.

Então, o que devemos fazer sobre isso? Já vimos estratégias comuns que as pessoas usam para LUTAR contra pensamentos negativos: desafiá-los; afastá-los; distrair-se; evitar as pessoas, lugares e atividades que tendem a acioná-los; usar drogas, álcool, alimentos ou outras substâncias para obter algum alívio; agradar demais as pessoas; tentar ser perfeito; e assim por diante. Discutimos também como esses métodos, embora geralmente proporcionem alívio momentâneo, não eliminam permanentemente os pensamentos (não existe um botão de "deletar" no cérebro); além disso, quando usados de forma excessiva ou inadequada, resultam em custos significativos. No entanto, ainda não tocamos em um dos conceitos de autoajuda mais populares no mundo ocidental...

Professores, pais, *coaches*, terapeutas, amigos e familiares: todos eles nos dizem como é importante ter uma "autoestima elevada"; e a maioria de nós já disse a mesma coisa para os outros. (Eu certamente costumava dizer, antes de descobrir a ACT.) Por que essa ideia é tão popular? Bem, obviamente, quando somos fisgados pela história do "não sou bom o suficiente", isso não é algo útil. Portanto, a solução do "bom senso" seria substituir a história negativa por uma positiva: concentrar-se em seus pontos fortes, seus sucessos e suas qualidades. Construir uma autoimagem positiva e apegar-se a ela com firmeza para afastar a velha história de "não sou bom o suficiente".

Mas essa abordagem realmente funciona? Você já não a experimentou? Nesse caso, saberá que há quatro grandes problemas com ela:

1. **Não é possível convencer a mente.** Você se esforça para convencer a sua mente de que é uma "boa pessoa". Apresenta o argumento: "Estou indo bem no meu trabalho; eu me exercito regularmente; como de forma saudável; ajudo as pessoas; então, basicamente, isso significa que sou uma boa pessoa." E se você realmente consegue acreditar que é, então, naquele momento, você tem uma "autoestima elevada". Mas esse momento raramente dura por muito tempo. Sua mente logo diz: "Sim, mas, na verdade, você está apenas se enganando. No fundo, sabe que não é bom o suficiente."

2. **É cansativo.** Se seguir esse caminho, terá que provar constantemente à sua mente que realmente é uma boa pessoa. Precisará reunir o máximo de pensamentos positivos que puder para refutar continuamente essas histórias de que "não é bom o suficiente". E há todo um exército de autojulgamentos esperando a oportunidade de avançar! No momento em que comete um deslize — assim que para de fazer qualquer uma dessas coisas que justificam julgar-se como "bom" —, o exército de autojulgamento ataca. Você para de se exercitar por alguns dias e pensa: "Viu? Você sabia que não ia durar!" Perde a paciência com um amigo e pensa: "Que tipo de amigo é você?" Comete um erro no trabalho e pensa: "Nossa, que perdedor!"

3. **As "armas pesadas" apenas prolongam a batalha.** Nesse ponto da batalha contra os pensamentos, muitos recorrem às "armas pesadas": começam a usar "afirmações positivas". Essa técnica de autoajuda incrivelmente popular envolve repetir coisas positivas para si mesmo, como: "Eu mereço o melhor", "Todos os dias, de todas as maneiras, estou ficando cada vez melhor", "Eu amo quem eu sou", "Estou cheio de força e coragem", "Eu defino como me sinto e hoje escolho a felicidade". Um grande problema com esse método é que a maioria das pessoas realmente não acredita no que está dizendo. É um pouco como dizer: "Eu sou o Super-Homem" ou "Eu sou a Mulher

Maravilha". Não importa quantas vezes você se diga isso, nunca acreditaria de verdade, não é?

4. **Positivos atraem negativos.** Outro problema é que qualquer autojulgamento positivo que usamos, mesmo que seja "verdadeiro", naturalmente tende a atrair uma resposta negativa. Se dissermos "Sou uma boa pessoa", nossa mente tende a responder: "Não, não é! Lembra-se de quando fez XYZ?". Mesmo se disséssemos: "Eu me aceito", nossa mente normalmente responde: "Não, você não se aceita! E suas coxas/rugas/estrias/dentes/barriga de cerveja? E quanto a todos os seus maus hábitos?".

Então é assim que você quer passar seus dias: lutando contra seus próprios pensamentos? Tentando provar para sua mente que você é uma boa pessoa? Continuamente tendo que se justificar ou provar que tem valor? Se seguir por esse caminho, poderá desenvolver uma "autoestima frágil". Isso é extremamente comum entre perfeccionistas e aqueles que compulsivamente buscam desempenho elevado, cuja autoestima depende, em grande parte, da excelência no trabalho. Quando obtêm bons resultados, sentem-se bem; mas assim que seu desempenho cai (como sempre acontece, mais cedo ou mais tarde), a autoestima desaba. Isso os leva a um círculo vicioso, colocando cada vez mais pressão sobre si mesmos para se saírem cada vez melhor — levando a um alto nível de estresse, fadiga, esgotamento e até depressão.

A realidade é que, não importa o quanto você lute contra ela, a história do "não sou bom o suficiente" sempre retornará de uma forma ou de outra. Então, quer passar o resto da vida lutando? Não preferiria ter uma vida gratificante sem todo esse esforço? Se deseja construir uma vida mais valiosa e significativa, há algo muito melhor do que autoestima elevada. Mas antes disso, assistiremos a...

Um documentário sobre a África

Você já assistiu a um documentário sobre a África? O que viu? Crocodilos, leões, antílopes, gorilas e girafas? Danças tribais? Guerra? Nelson Mandela? Mercados cheios de cores? Montanhas incríveis? Belas aldeias no campo? Favelas e pobreza? Crianças famintas? Você pode aprender muito assistindo a um documentário, mas uma coisa é certa: um documentário *sobre* a África não é a mesma coisa que a África em si.

Um documentário pode lhe dar *impressões* sobre a África — imagens em vídeo e gravações em áudio que a *representam*. Mas um documentário não pode dar a você a *experiência real* da África: o sabor e o cheiro da comida; a sensação da luz do sol em seu rosto; a umidade da selva; a secura do deserto; o toque da pele de um elefante; a alegria de falar diretamente com as pessoas. Não importa quão brilhante seja o documentário, mesmo que tenha mil horas de duração, não chega nem perto da experiência de *realmente estar lá*. Por que não? Porque um documentário *sobre* a África não é a mesma coisa que a África em si!

Da mesma forma, um documentário sobre você não seria a mesma coisa que você mesmo. Mesmo que esse documentário durasse 10 mil horas e incluísse todos os tipos de cenas relevantes da sua vida, diversas entrevistas com pessoas que o conhecem e milhares de detalhes fascinantes sobre seus segredos mais íntimos — mesmo assim o documentário não seria você.

Para realmente esclarecer isso, pense na pessoa que mais ama neste planeta. Agora, como você preferiria passar seu tempo com ela: com a pessoa em si ou vendo um documentário sobre ela?

Há uma enorme diferença entre quem somos e qualquer documentário que alguém possa fazer sobre nós — não importa o quão "verdadeiro" esse documentário talvez seja. E coloquei "verdadeiro" entre aspas porque todos os documentários são irremediavelmente tendenciosos; sempre mostram apenas uma pequena parte do quadro geral. Desde o advento do vídeo digital, o típico documentário televisivo de uma hora mostra o "melhor" de literalmente dezenas, senão centenas, de horas de gravação — altamente editadas para obter o máximo efeito dramático e refletindo o ponto de vista dos cineastas. Então, inevitavelmente, será tendencioso!

A mente humana é como o maior documentarista do mundo. Está sempre filmando: 24 horas por dia; 168 horas por semana; quase 9 mil horas por ano. Então, quando você chega aos 30 anos, sua mente está filmando há mais de 250 mil horas.

E que porcentagem desse filme é armazenada em sua memória de longo prazo: 5%, 1%? Nem mesmo perto! É um zilionésimo de 1%. (Quanto você se lembra de ontem? Ou da semana passada? Ou do mês passado? Quanto você se lembra de todos os livros que leu, filmes que assistiu, conversas que teve, refeições que comeu?)

Então, sua mente faz esse documentário incrivelmente tendencioso sobre quem você é — cortando mais de 99,99% de tudo o que você fez em sua vida — e então diz: "Este é você. Isso é quem você é." E o subtítulo desse documentário é "Não sou bom o suficiente". E o problema é que acreditamos que *somos* esse documentário!

Mas se um documentário sobre a África não é a África e um documentário sobre alguém que você ama não é esse alguém... então um documentário sobre você não é você. E não importa o que apareça naquele documentário, seja falso ou verdadeiro, positivo ou negativo, antigo ou recente, fato ou opinião, lembrança ou previsão... o documentário nunca será você. Esse documentário é nada mais nada menos que uma elaborada construção de pensamentos, imagens e memórias (e todos os sentimentos que os acompanham).

Costumo me referir a esse documentário como "A Grande História", porque inclui todas as crenças, ideias e julgamentos sobre "Quem eu sou", "Por que sou assim", "O que posso e o que não posso fazer", "Como fiquei assim", "O que há de bom/positivo em mim", "O que há de ruim/negativo em mim", "Quais são meus pontos fortes e fracos" e assim por diante. Tecnicamente, chamamos isso de "autoconceito".

E um autoconceito é uma coisa boa de se ter, porque nos permite refletir sobre nós mesmos, o que é essencial para o crescimento pessoal. Mas devemos encarar nosso autoconceito com leveza, em vez de deixá-lo nos fisgar. Lembra-se dos dois modos de ficar fisgado: ACATAR e LUTAR? No modo ACATAR, damos toda a nossa atenção a esse autoconceito e o tratamos como a verdade absoluta, fazendo tudo o que ele nos diz. E no modo LUTAR, nos esforçamos muito para nos livrar dele. Mas nenhuma das respostas é útil a longo prazo.

Uma resposta mais saudável é nos desprender da "Grande História" usando qualquer método que preferirmos. Podemos notar e nomear: "Aqui está a história do 'não sou bom o suficiente'." Podemos lançar âncora ou abrir espaço para todos os sentimentos dolorosos que a história tende a desencadear, enquanto oferecemos a nós mesmos apoio, com palavras e ações gentis. Ou podemos encontrar foco e reorientar a atenção no que fazemos: estarmos totalmente presentes enquanto o autoconceito "paira" em segundo plano.

Você também pode parar de tentar se convencer de que "é uma boa pessoa" ou de provar ou justificar seu valor próprio. Quaisquer julgamentos que a mente possa fazer sobre nós — sejam negativos ou positivos —, é possível vê-los pelo que são (palavras e imagens dentro de nossa cabeça) e deixá-los ir e vir como carros que passam. Em vez disso, podemos encarar "A Grande História" com leveza, independentemente do quão negativa possa ser, e dizer: "Obrigado, Mente. Sei que você está apenas sendo dura comigo para tentar me ajudar."

O mesmo vale quando a história é positiva. Claro, reconheceremos e apreciaremos nossas qualidades, nossos pontos fortes e nossos sucessos — mas se nossa mente transformar isso em uma história de como "Sou maravilhoso", "Sou brilhante", "Sou o maior", "Sei muito mais", "Eu sou melhor do que eles", facilmente nos levará à arrogância, ao narcisismo, à imperiosidade, ao excesso de confiança ou a um falso senso de superioridade. Então, se sua mente começar a dizer que você é maravilhoso, encare isso com leveza: "Obrigado, Mente. Sei que você está tentando ajudar sendo legal comigo."

Em outras palavras, não se apegue muito a histórias positivas ou negativas sobre si mesmo. Seja maleável com elas. Não importa se é uma história pequena (como um autojulgamento) ou "A Grande História" (seu autoconceito), quando aparecer, lembre-se: *há muito mais em você do que isso*. Essa história é uma construção mental; um emaranhado de palavras e imagens dentro da sua cabeça, agrupadas com sensações em seu corpo; e não chega nem perto de englobar a riqueza, a plenitude e a complexidade do ser humano completo que você é. Um documentário sobre a África não é a África; e o documentário sobre você não é você.

É claro que seu eu pensante provavelmente discordará de tudo neste capítulo. Ele insistirá: "Este é você! Este é quem você é!" Mas com o seu eu observador, pode dar um passo para trás e ver a verdadeira natureza dessas histórias: são palavras, imagens e sensações, chegando, ficando e partindo no palco da vida, que está em constante mudança. E você não precisa ACATAR ou LUTAR contra essas histórias. Em vez disso, pode praticar...

Autoaceitação e autocompaixão

A autoaceitação envolve fazer uma autoavaliação realista — reconhecendo nossos "pontos positivos" e nossos "pontos negativos", nossos pontos fortes e fracos, nossos sucessos e fracassos — enquanto nos desprendemos de nossos autojulgamentos; aceitando que somos humanos e, portanto, imperfeitos.

Mas fazer isso não é fácil. Dói reconhecer coisas negativas sobre nós mesmos; desencadeia muitos pensamentos e sentimentos dolorosos. Portanto, também precisamos da autocompaixão: reconhecer como é difícil e doloroso ser humano; nomear esses autojulgamentos severos e "agradecer à mente"; falar com nós mesmos usando palavras genuinamente gentis; abrir espaço para sentimentos dolorosos, enquanto nos tratamos com bondade.

Ao mesmo tempo, devemos agir de acordo com nossos valores, melhorando a vida ao fazer o que importa, e dar toda a atenção ao que fazemos, para que o possamos fazer bem e tirar o máximo proveito disso.

Se fizermos isso várias vezes (várias mesmo), desenvolveremos aos poucos um profundo senso de valor próprio, que é muito superior a qualquer coisa que possamos alcançar desafiando pensamentos negativos ou praticando afirmações positivas. No entanto, talvez seja necessário passar algum tempo…

20
CURANDO O PASSADO

Tenho 9 anos e estou do lado de fora da sala do diretor, tremendo ao ouvi-lo gritar ao telefone com minha mãe.

— É uma vergonha! — braveja ele. — Seu filho vem para a escola sujo, com o cabelo fedendo e as roupas imundas, muitas vezes cheirando à urina. Já trabalhei em escolas nas partes mais pobres da cidade e nunca vi crianças tão maltratadas. Vou mandá-lo para casa agora. Avisei os assistentes sociais e eles aparecerão mais tarde.

A caminhada da escola para casa leva apenas cinco minutos, mas parece levar horas. Minha mãe, ainda de roupão (o que usa o dia todo), abre a porta da frente e me puxa pelos cabelos. Ela me bate, me dá socos, puxa o meu cabelo várias vezes, gritando, por exemplo:

— Como pôde fazer isso comigo? Como pode me envergonhar assim? Olhe para você! Você é imundo! Nojento! Por que não se limpa? Você tem 9 anos, não é um bebê! Como se atreve a ir para a escola fedendo e sujo desse jeito?

Depois que a surra termina, ela me faz limpar o chiqueiro nojento que é a nossa casa, para que pareça razoavelmente respeitável para os assistentes sociais. Então ela manda eu ir tomar banho e lavar o cabelo.

Para ser justo com ela, minha mãe estava sofrendo. Também teve uma infância terrivelmente abusiva nas mãos do meu avô violento. Além disso, durante a Segunda Guerra Mundial, passou dois anos traumáticos em um campo de concentração de prisioneiros japoneses. Cerca de um ano antes do incidente que descrevi, meu pai saiu de casa e se mudou para outro país, o que deixou minha mãe profundamente deprimida. Ela passava a maior parte dos dias fora de órbita por conta dos medicamentos controlados: barbitúricos, sedativos altamente viciantes que hoje em dia raramente são usados. Ela sofria tanto que estava alheia às minhas necessidades.

Enquanto isso, eu estava profundamente angustiado e molhava a cama todas as noites. Então, de manhã, sem tomar banho, eu me vestia, fazia meu café da manhã e ia para a escola — tudo isso enquanto minha mãe ainda dormia profundamente. Portanto, o diretor não estava exagerando quando falou sobre "cheiro de urina".

Em geral, tive uma infância bem ruim: muita negligência, abandono paterno, abuso de dois parentes próximos. E sei que muitos leitores também tiveram infâncias difíceis — algumas delas muito piores do que a minha. Um resultado extremamente comum causado por tal educação é ter um "documentário sobre você" extremamente negativo e desenvolver um forte hábito de se autojulgar com severidade. (No entanto, isso também é comum mesmo quando se tem uma boa infância, pelos motivos discutidos anteriormente.)

Quando adquirimos o hábito duradouro de autojulgamento severo e a tendência de nos apegarmos firmemente a esse documentário negativo de quem somos, a autocompaixão se torna muito mais difícil: achamos a perspectiva de sermos gentis com nós mesmos estranha, anormal, desconfortável e até mesmo nos causa de ansiedade. Portanto, se você tem resistido aos exercícios de autocompaixão, tenha certeza de que não é o único. Muitas pessoas agem da mesma forma. Pessoalmente, lutei contra a autocompaixão por anos, até que me deparei com o exercício a seguir, que nos oferece uma maneira de contornar nossa resistência. (E se você *já tem* praticado a autocompaixão, este exercício o ajudará a ir além.)

Exercícios de "dar apoio"

É comum achar difícil — pelo menos inicialmente — ser compassivo consigo mesmo como adultos: reconhecer nossa dor e reagir a ela com gentileza. Mas, na imaginação, é possível viajar no tempo e "encontrar" a criança que se costumava ser, reconhecer suas lutas e sofrimentos, alcançá-la e oferecer apoio. Portanto, neste exercício de "dar apoio", você se imaginará viajando no tempo até a sua infância ou adolescência; de volta a uma época em que estava sofrendo ou lutando contra algo, mas em que os adultos ao seu redor não estavam sendo gentis e oferecendo o cuidado e o apoio de que você realmente precisava. Então, imaginará a sua "versão de hoje" dando a "você mais jovem" o apoio que não teve naquela época.

Nota: *não volte no tempo diretamente para algum evento terrível e traumático.* Muitas vezes é devastador fazer esse tipo de coisa sozinho, e pode dar errado; se você estiver tendo *flashbacks* ou memórias traumáticas e angustiantes, procure um terapeuta especializado em trauma para ajudá-lo. No exercício de "dar apoio", em vez de voltar ao evento traumático, volte a algum momento *depois* que esse evento aconteceu; horas, dias ou mesmo semanas depois.

Depois de viajar no tempo e encontrar o seu "eu mais jovem", ofereça apoio da maneira que ele desejar. A maioria das pessoas usa palavras e gestos afetuosos, mas é a sua imaginação, então você pode fazer o que quiser — desde que seja gentil e solidário.

Vou guiá-lo por um exercício de apoio agora. Ele começa com o lançamento da âncora. E se algo avassalador acontecer (não estou esperando que aconteça, estou apenas sendo cauteloso), por favor, pare o exercício e lance âncora.

Dando apoio ao seu eu mais jovem

Você está prestes a exercitar sua imaginação. Algumas pessoas imaginam com figuras vivas e coloridas; outros, com imagens vagas, indistintas e obscuras; e outros ainda sem nenhuma imagem, usando só palavras, ideias e conceitos. Seja qual for sua forma de imaginar, ela é suficiente.

Você se imaginará viajando no tempo para visitar uma versão mais jovem de si mesmo, em algum momento da vida em que estava sofrendo sem que as pessoas ao seu redor pudessem lhe dar o cuidado e o apoio de que precisava. Pode ser quando era criança, adolescente ou um jovem adulto.

Encontre uma posição confortável e passe alguns momentos lançando âncora: reconhecendo o que está acontecendo em seu mundo interior; conectando-se com seu corpo por meio de movimento, alongamento ou respiração; e se envolvendo no mundo ao seu redor: percebendo o que pode ver, ouvir e tocar.

Uma vez ancorado, feche os olhos ou fixe o olhar em um ponto e permita-se imaginar.

Imagine-se entrando em uma máquina do tempo, ou em algum tipo de portal, ou adentrando alguma luz mágica brilhante. E imagine que isso o leva de volta no tempo para visitar o seu "eu mais jovem", em um momento em que está sozinho, triste, assustado ou sofrendo por algum motivo.

Saia da máquina do tempo (ou da luz mágica) e faça contato com o seu "eu mais jovem". Dê uma boa olhada nessa pessoa e tenha uma noção do que ela está passando. Está chorando? Está com raiva ou com medo? Sente-se culpada ou envergonhada? Do que esse jovem realmente precisa: amor, bondade, apoio, compreensão, perdão, aceitação?

Com uma voz amena, calma e gentil, diga ao seu "eu mais jovem" que você sabe o que aconteceu, que sabe o que vocês passaram, que sabe o quanto ele está sofrendo.

Diga ao seu "eu mais jovem" que ele não precisa de mais ninguém para validar essa experiência, porque você já a conhece.

Diga que ele superou esse período difícil na vida e que agora é apenas uma memória distante.

Diga ao seu "eu mais jovem" que você está com ele, que sabe o quanto isso realmente dói e quer ajudar da maneira que puder.

Pergunte a esse jovem se há algo que ele precisa ou deseja de você — e o que quer que peça, dê a ele. Se pedir para levá-lo a algum lugar especial, vá em frente e faça isso. Ofereça um abraço, um beijo, palavras gentis ou algum tipo de presente. Este é um exercício de imaginação, então você pode dar a ele o que quiser. Se esse "eu mais jovem" não sabe o que quer ou não confia em você, deixe-o saber que está tudo bem; ele não precisa dizer ou fazer nada.

Diga a esse jovem tudo o que você acha que ele precisa ouvir para ajudá-lo a entender o que aconteceu e (se isso estiver acontecendo) para ajudá-lo a parar de se culpar.

Diga que você está com ele, que se importa e fará tudo o que puder para ajudá-lo a superar isso.

Continue a irradiar carinho e bondade para esse jovem de qualquer maneira que consiga imaginar: por meio de palavras, gestos, ações — ou, se preferir, por magia ou telepatia.

Depois de sentir que seu "eu mais jovem" aceitou seu carinho e gentileza, é hora de se despedir. Dê a ele algum tipo de presente para simbolizar a conexão entre vocês. Pode ser um brinquedo ou um ursinho de pelúcia para uma criança mais nova; para alguém mais velho, talvez seja uma peça de roupa, um livro, um aparelho de alta tecnologia, um objeto mágico ou qualquer outra coisa que venha à mente.

Diga adeus e avise que você voltará para visitá-lo novamente. Em seguida, entre na sua máquina do tempo (ou na luz) e volte ao presente.

Agora lance âncora por um minuto ou mais. Reconheça o que está surgindo dentro de você. Conecte-se com seu corpo — faça um bom alongamento. Envolva-se com o mundo ao seu redor: use seus olhos e ouvidos e observe onde você está e o que está fazendo.

Espero que tenha achado esse exercício útil; que ele o tenha ajudado a explorar seu senso de autocompaixão. Muitas vezes é interessante fazer esse exercício com regularidade; de fato, em cada ocasião que o fizer, poderá escolher visitar um ponto diferente no tempo.

Depois de concluir o exercício, pergunte-se: como posso me tratar da maneira como tratei aquela criança? Quais são as pequenas palavras ou ações de bondade, carinho e apoio que posso oferecer a mim mesmo durante o meu dia?

Ecos do passado

Não podemos alterar o que aconteceu no passado, mas não devemos permitir que ele dite quem somos. Nossa história passada influenciou a maneira como pensamos, sentimos e agimos — mas não importa o que aconteceu e como isso nos impactou, podemos, a qualquer momento, aprender novas maneiras de estar no mundo e aproveitar ao máximo a vida aqui e agora.

Ecos do passado continuarão a surgir no presente. Velhos padrões de pensamento serão reativados; velhos padrões de comportamento se reafirmarão; e velhos padrões de sentimento voltarão a aparecer no corpo, especialmente quando "feridas antigas" se abrirem. Não podemos acabar com eles, mas podemos ficar cada vez melhores em perceber conscientemente esses velhos padrões e responder de forma eficaz quando eles surgem. Na fase de Reconhecimento do lançamento da âncora, podemos dizer: "Aqui está aquela programação antiga aparecendo..." ou "Aqui está aquele padrão antigo novamente...". Ao percebermos e nomearmos os pensamentos, podemos dizer: "Aqui está uma velha voz do passado." Ao abrirmos espaço, podemos dizer: "Aqui está a dor de uma antiga ferida."

E se velhas lembranças o assombram, então, além de usar todas as estratégias acima, você pode parar por um momento e pensar:

- Essa memória tem algo útil a oferecer?
- O que ela diz que importa para você?
- De quais valores ela o faz lembrar?

O que essa lembrança sugere que você poderia fazer no mundo hoje, para ajudar a torná-lo melhor ou evitar que coisas como essas aconteçam novamente?

Essas memórias difíceis são mais um exemplo de sua mente sendo como um amigo que quer ser excessivamente útil, tentando ajudá-lo até demais a aprender ou crescer com suas experiências passadas. Então, veja se pode encontrar algo benéfico dentro delas. Você nem *sempre* terá sucesso, mas frequentemente terá.

Então, depois de terminar os exercícios com essas lembranças, traga sua atenção de volta ao presente. Observe onde está e o que está fazendo — aqui e agora. Porque toda vez que faz isso, está ajudando a si mesmo a desenvolver...

21
A ARTE DA APRECIAÇÃO

Você já olhou maravilhado para um brilhante pôr do sol ou uma lua cheia impossível de tão grande ou para as ondas do mar quebrando nas rochas? Já olhou com adoração nos olhos de seu filho ou do seu parceiro? Deleitou-se com o aroma de tortas assadas ou com o perfume de jasmim ou de rosas? Ouviu com prazer o canto de um pássaro, o ronronar de um gato ou o riso de uma criancinha?

Todos os dias nos oferecem uma riqueza de oportunidades para apreciar o mundo em que vivemos. Praticar suas habilidades de foco e contemplação o ajudará a aproveitar ao máximo sua vida agora, mesmo enquanto estiver tomando medidas para mudá-la para melhor. Expressões populares como "Conte as bênçãos que você recebeu" e "Pare e sinta o perfume das rosas" apontam para a abundância em nossa vida. Estamos rodeados de coisas maravilhosas, mas, infelizmente, não costumamos valorizá-las. Por isso, deixo aqui algumas sugestões de como acordar e sentir a riqueza do mundo que o rodeia:

- Quando comer algo, aproveite para saborear e degustar plenamente. Deixe seus pensamentos irem e virem e concentre-se nas sensações em sua boca. Na maioria das vezes, quando comemos e bebemos, mal percebemos o que estamos fazendo. Visto que comer é uma atividade prazerosa, por que não reservar um tempo para apreciá-la com plenitude? Em vez de devorar sua comida, coma devagar — mastigue de verdade. (Afinal, você não assistiria a um filme em modo acelerado, então por que comer assim?)

- Da próxima vez que chover, preste atenção no som: o ritmo, o tom, o subir e descer do volume. Observe os intrincados padrões das gotas de chuva nas janelas. E quando parar, dê um passeio e repare no frescor do ar, na forma como as ruas brilham como se tivessem sido polidas.

- Quando fizer sol, reserve alguns momentos para apreciar o calor e a luz. Observe como tudo se ilumina: as casas, as flores, as árvores, o céu, as pessoas. Dê um passeio, ouça os pássaros e repare na sensação do Sol contra sua pele.

- Quando abraçar ou beijar alguém — ou mesmo apertar as mãos — envolva-se totalmente nisso. Observe o que pode sentir. Deixe o calor e a receptividade fluírem através desse contato.

- Olhe com novos olhos para as pessoas de quem gosta, como se nunca as tivesse visto. Faça isso com seu cônjuge ou parceiro, amigos, familiares, filhos e colegas de trabalho. Observe como eles andam, falam, comem e bebem e como gesticulam com seus rostos, corpos e mãos. Observe suas expressões faciais. Repare nas linhas de seus rostos e na cor de seus olhos.

- Pela manhã, antes de sair da cama, inspire e expire lenta e suavemente algumas vezes e se concentre no movimento de seus pulmões. Cultive uma sensação de admiração por estar vivo, por seus pulmões terem fornecido oxigênio a noite toda, mesmo enquanto você dormia profundamente.

Aproveite, mas não se apegue

Até agora, neste livro, passamos muito tempo com os pensamentos e sentimentos desconfortáveis, mas muito pouco apreciando os agradáveis. Isso é proposital. Como exploramos anteriormente, quanto mais importância dermos aos sentimentos agradáveis, mais lutaremos contra os desconfortáveis, criando e intensificando todo o círculo vicioso de luta e sofrimento. Sentimentos agradáveis vêm e vão, assim como qualquer outro sentimento. Então, vamos apreciá-los e contemplá-los quando nos visitarem, mas não nos apegaremos a eles!

Em outras palavras, da próxima vez que você se sentir feliz ou calmo, alegre ou contente ou com alguma outra emoção agradável, aproveite a oportunidade para perceber como é sentir isso. Perceba o que sente em seu corpo. Repare em como está respirando, falando ou gesticulando. Perceba quaisquer impulsos, pensamentos, memórias, sensações e imagens. Reserve alguns momentos para apreciar essa emoção; para aproveitá-la. Mas não tente mantê-la. Trate os sentimentos agradáveis da mesma forma que os difíceis: reconheça-os, permita-os e deixe-os chegar livremente, permanecer e ir embora em seu próprio tempo.

Aproveitando ao máximo

Ao abrir os olhos e reparar verdadeiramente nas coisas que antes você dava por certas, perceberá mais oportunidades, ficará mais estimulado e interessado, encontrará mais contentamento e seus relacionamentos melhorarão. Gosto de dizer: *A vida dá mais a quem aproveita ao máximo o que a vida dá.*

Esteja presente, abra-se, faça o que importa

Isso nos leva ao final da Parte 2 deste livro. Até agora, focamos principalmente suas habilidades de "estar presente" (concentrar sua atenção no que é importante, perceber e se envolver no que está fazendo) e se "abrir" (desprender-se de pensamentos e sentimentos e permitir que eles se manifestem livremente, permaneçam e partam). Na Parte 3, desenvolveremos sua capacidade de "fazer o que importa": entrar em contato com seus valores e traduzi-los em ações eficazes para melhorar a vida.

Essas três frases curtas — *estar presente, abrir-se, fazer o que importa* — resumem praticamente todo o modelo da ACT. Quanto maior for nossa capacidade de estar presente e de nos abrir, mais fácil será nos desprendermos de pensamentos e sentimentos difíceis e interrompermos nossos movimentos para trás. E quanto mais *fizermos o que importa*, melhor a vida se tornará. O diagrama a seguir mapeia isso.

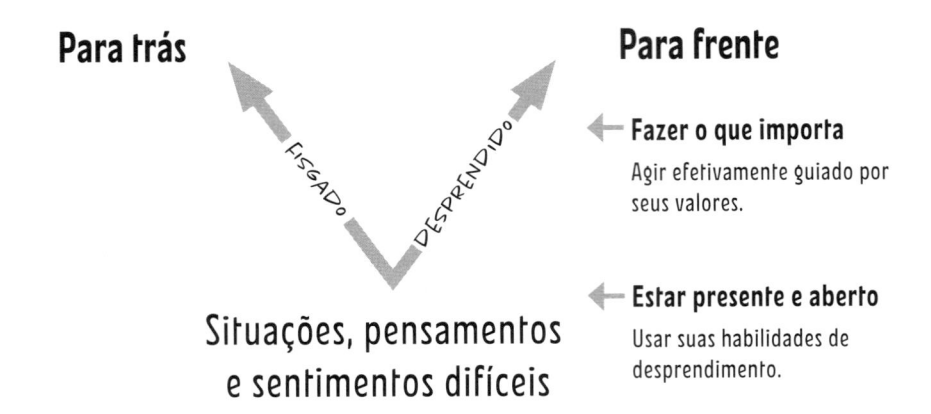

Para trás · FISGADO · DESPRENDIDO · **Para frente**

Fazer o que importa
Agir efetivamente guiado por seus valores.

Estar presente e aberto
Usar suas habilidades de desprendimento.

Situações, pensamentos e sentimentos difíceis

O termo técnico para nossa capacidade de "estar presente, abrir-se e fazer o que importa" é "flexibilidade psicológica". E a pesquisa é clara: quanto maior for nossa flexibilidade psicológica, melhor será a nossa saúde, bem-estar e felicidade.

É claro que, ao agirmos para criar a vida que desejamos, enfrentaremos muitos medos, obstáculos e desafios — portanto, pensamentos e sentimentos desconfortáveis são inevitáveis. Porém, cada vez mais, por meio da presença e da abertura (lançar âncora, perceber e nomear, abrir espaço, ter autocompaixão, focar e reorientar, contemplar e apreciar etc.), poderemos superar essas barreiras e fazer o que for preciso para construir uma vida melhor.

PARTE 3

COMO DAR SENTIDO À VIDA

22

UMA VIDA QUE VALE A PENA VIVER

Alguns anos atrás, meu grande amigo Fred iniciou um empreendimento comercial que deu terrivelmente errado. Como resultado, ele e a esposa perderam quase tudo o que tinham, inclusive a casa. Em apuros financeiros, decidiram se mudar da cidade para o campo, para que pudessem viver em algum lugar decente com aluguel acessível. Lá, Fred encontrou um emprego em um internato local que atendia estudantes estrangeiros, principalmente adolescentes da China e da Coreia.

Esse emprego não tinha nenhuma relação com a experiência comercial anterior de Fred. Suas funções envolviam manter a ordem e a segurança nos dormitórios, garantir que os alunos fizessem o dever de casa e fossem para a cama na hora certa. Ele também dormia na escola durante a noite e ajudava as crianças a se organizarem para a aula na manhã seguinte.

Muitas pessoas no lugar de Fred teriam ficado profundamente deprimidas. Afinal, ele havia perdido seu negócio, sua casa, suas economias e agora estava preso a um emprego mal remunerado que o mantinha longe de sua esposa cinco noites por semana! Mas Fred percebeu que tinha duas escolhas: poderia ficar remoendo suas perdas, culpar a si mesmo e sofrer — ou poderia tirar o máximo proveito da situação.

Felizmente, ele escolheu a última opção.

Fred aproveitou seus valores fundamentais: ser útil, solidário, atencioso e encorajador. Alinhado a esses valores, ele começou a ensinar às crianças habilidades úteis, como passar roupa e cozinhar refeições simples. Também organizou o primeiro concurso de talentos da escola e ajudou os alunos a filmar um documentário humorístico sobre a vida estudantil. Além disso, tornou-se o conselheiro extraoficial dos alunos. Muitos deles buscavam sua ajuda e seus conselhos sobre como lidar com vários problemas: dificuldades de relacionamento, problemas familiares, problemas com os estudos etc. Nenhuma dessas coisas fazia parte da descrição do trabalho de Fred, e ele não recebia nenhum pagamento a mais por isso; fazia pura e simplesmente porque estava agindo de acordo com seus valores de zelo e cuidado. E, como resultado, um trabalho que poderia ser tedioso e insuficiente tornou-se significativo e satisfatório.

Fred tinha muitos pensamentos e sentimentos dolorosos? Pode apostar que sim! Ele estava sofrendo muito — como qualquer um que enfrenta uma grande lacuna de realidade, sem chance de fechá-la tão cedo. Quando Fred escolheu viver de acordo com seus valores, isso não resolveu magicamente todos os seus problemas e o fez viver feliz para sempre. Mas melhorou sua qualidade de vida, tornando-a mais significativa e gratificante. Imagine se ele passasse todos os dias no trabalho preso a pensamentos como: "A vida é uma merda!", "Eu odeio esse trabalho", "Estraguei tudo", "Sou um perdedor". Quanto ele teria perdido se tivesse passado seus dias absorto em pensamentos e lutando contra seus sentimentos, em vez de viver de acordo com seus valores e se fazer presente?

Valores e metas

No Capítulo 10, descrevi os valores como *os desejos mais profundos de nosso coração sobre como queremos nos comportar; como queremos tratar a nós mesmos, aos outros e ao mundo ao nosso redor.* Explicarei isso com mais detalhes em breve, mas, primeiro, consideraremos os benefícios de conhecer e usar nossos valores:

- **Um**, eles nos ajudam a fazer escolhas mais sábias, para que possamos agir da forma que tende a funcionar melhor.

- **Dois**, eles são como uma bússola interior que pode nos guiar, nos ajudar a encontrar nosso caminho e nos dar um senso de propósito.

- **Três**, fornecem motivação, dando-nos força para fazer o que realmente importa.

- **Quatro**, quando a vida é monótona e cinzenta, acrescentam alguma cor.

- E **cinco**, quando você age de acordo com seus valores, eles lhe dão uma sensação de realização — um sentimento de ser verdadeiro consigo mesmo, viver a vida do seu jeito, comportar-se como o tipo de pessoa que realmente quer ser.

É importante saber a diferença entre valores e metas. Um valor é uma qualidade que desejamos trazer para o nosso comportamento, que orienta as palavras que usamos e como as dizemos e as ações que tomamos e como as executamos. Por outro lado, uma meta descreve o que queremos ter, obter, alcançar ou concluir. Portanto, se você deseja "ter um ótimo trabalho", esse é um objetivo; mas se quer "ser responsável e confiável", esses são valores. Aqui estão mais alguns exemplos:

- "Encontrar um parceiro": meta. "Ser amoroso" (tendo ou não um parceiro): valor.

- "Comprar uma casa" para sua família: meta. "Ser solidário e atencioso" com sua família (comprando ou não uma casa): valores.

- "Viajar para o exterior": meta. "Ser curioso, aberto, agradecido" enquanto viaja (mesmo que seja apenas a caminho do trabalho): valores.

- "Ter um filho": meta. "Ser amoroso e carinhoso" (quer você tenha ou não um filho): valores.

- "Ter muitos amigos", "fazer as pessoas gostarem de mim" ou "ser popular": metas. "Ser caloroso, solícito e compreensivo" (tendo ou não muitos amigos): valores.

- "Recuperar-se de uma doença física" ou "curar-se de uma lesão": metas. "Praticar autocuidado e autocompaixão" (não importa em que estado esteja sua saúde física): valores.

Observe em cada exemplo acima que você pode viver de acordo com seus valores, atingindo ou não a meta em questão. Portanto, se deseja obter um diploma, ficar rico, tornar-se famoso ou poderoso, comprar uma casa ou um carro, ter um físico melhor, receber melhor tratamento das outras pessoas ou se recuperar de uma doença… essas são metas. Valores são o modo como você deseja tratar a si mesmo, aos outros e ao mundo ao seu redor — tanto agora quanto no futuro — enquanto persegue suas metas, quando as atinge e quando *não* as atinge.

Pense em valores como "o que você quer trazer para a mesa da vida". Na vasta mesa da vida, há muitos pratos. Alguns são pratos que amamos, como nossa comida ou música favorita ou uma conexão calorosa e carinhosa com um companheiro próximo. Alguns são pratos que odiamos, como uma doença terrível ou a morte de um ente querido. E o resto dos pratos está em algum lugar no meio.

Os pratos na mesa da vida mudam continuamente a cada momento. E podemos reclamar sobre os pratos que queremos e que não estão lá ou nos enfurecer por causa daqueles que gostaríamos que não tivessem sido servidos. Mas, embora sejam reações normais, elas não são úteis. Considere uma abordagem mais benéfica: *O que queremos trazer para a mesa da vida?* Não importa como a mesa esteja posta, sempre há muito que podemos trazer para ela: amor, gentileza, carinho, curiosidade, solicitude, coragem, sabedoria, autocompaixão ou quaisquer outros valores que escolhermos. Podemos conscientemente realizar essas qualidades por meio de nossas palavras e ações. É isso o que queremos dizer quando falamos de "viver de acordo com nossos valores".

No Capítulo 10, falamos sobre as pessoas que vivem em campos de refugiados em condições de escassez e adversidade que a maioria de nós mal pode imaginar, onde todos os tipos de privilégios que tomamos como garantidos — como liberdade, comida, água, moradia, acesso à saúde e eletricidade — estão completamente fora de alcance. No entanto, de pequenas maneiras, elas ainda são capazes de viver de acordo com seus valores todos os dias; e quanto mais o fazem, melhor a qualidade de vida dentro do acampamento. Esse é um *insight* muito importante, especialmente se você estiver sendo privado do que mais deseja ou impedido de fazer muitas das coisas que gostaria (por exemplo, se estiver em uma prisão ou em um hospital, preso em um trabalho horrível ou sofrendo com uma doença crônica ou lesão).

No entanto, viver de acordo com nossos valores não significa desistir de todos os nossos objetivos. Voltemos ao Fred. Ele permaneceu naquele emprego porque precisava ganhar dinheiro para sobreviver; e, no trabalho, continuou a viver todos os dias com base em seus valores. No entanto, ele não desistiu de sua meta de encontrar um trabalho que realmente desejasse. Sempre foi um excelente organizador e administrador, com um interesse particular em eventos teatrais e musicais, e essa era a área em que mais queria trabalhar. Até que, depois de muitos meses se candidatando sem sucesso a todos os tipos de vagas, Fred encontrou um emprego como organizador de um festival de artes local. Era um trabalho que o satisfazia, pagava bem e permitia que ele passasse muito mais tempo com sua esposa.

A história de Fred serve como um grande exemplo de como podemos viver de acordo com nossos valores, mesmo quando continuamos a perseguir nossos objetivos. Também é um bom exemplo de como podemos melhorar qualquer trabalho — mesmo um que não desejemos — trazendo nossos valores para a mesa. Assim, mesmo enquanto buscamos ou treinamos para um emprego melhor, podemos obter mais satisfação no que já temos. No Capítulo 22, veremos como definir metas realistas e maximizar suas chances de alcançá-las — mas, por enquanto, manteremos o foco nos valores. Por quê? Porque uma vida fortemente focada em objetivos é uma vida de descontentamento crônico. Para entender o porquê, consideraremos...

Duas crianças no banco de trás de um carro

Há duas crianças no banco de trás de um carro, e a mãe as levará para a Disneylândia em um trajeto de três horas. Uma das crianças está totalmente concentrada no objetivo: *Chegar à Disneylândia!* Ela está sentada na ponta do banco, impaciente, frustrada. A cada poucos minutos, reclama: "Já chegamos?", "Estou entediada", "Quanto tempo falta?" (Isso soa familiar?)

A segunda criança tem exatamente o mesmo objetivo — *chegar à Disneylândia!* —, mas também está em contato com seus valores de brincadeira e curiosidade; então está jogando jogos como "eu vejo com meus olhinhos" e olhando pela janela, reparando em vacas e ovelhas nos campos, admirando os caminhões gigantes que passam zunindo, acenando para pedestres amigáveis. Está vivendo o momento, apreciando onde está, em vez de se fixar onde não está.

Quando chegarem à Disneylândia, as duas crianças ficarão felizes porque alcançaram seu objetivo — mas apenas uma delas terá apreciado a viagem. Então, a caminho de casa, a primeira criança choramingará: "Já chegamos?", enquanto a outra novamente aproveitará ao máximo a jornada.

Agora suponha um cenário diferente: o carro quebra no caminho para a Disneylândia, então as crianças nunca chegam lá; ambas ficarão desapontadas, mas qual teve a jornada mais gratificante?

Viver como a primeira criança é exaustivo: perseguir continuamente objetivo após objetivo após objetivo. A mente nos fisga com essa história: "Vou ser feliz depois que conseguir esse emprego, emagrecer, encontrar um companheiro, conseguir uma promoção, ter um filho, comprar um carro, terminar esse projeto..." E se deixarmos essa história nos dominar, passaremos por longos períodos de insatisfação e frustração, enquanto perseguimos freneticamente esses objetivos — pontuados por breves momentos de felicidade, se os alcançarmos. (E mesmo esses sentimentos agradáveis evaporam rapidamente assim que o próximo objetivo se aproxima). A vida focada em valores sempre será mais gratificante do que a vida focada em metas, porque podemos apreciar cada passo da jornada à medida que avançamos em direção aos nossos objetivos (mesmo que não os alcancemos).

Uma vida que vale a pena ser vivida

Muitos de meus clientes fazem perguntas como: "Qual é o sentido da vida?", "Isso é tudo o que existe?", "Por que não me sinto animado com nada?", "Por que minha vida é tão chata/vazia/entediante?". Outros dizem coisas como: "A vida é uma droga!", 'Talvez o mundo fosse melhor sem mim", 'Não tenho nada a oferecer", "Às vezes eu gostaria de ir para a cama e nunca mais acordar". Tais pensamentos são comuns não apenas entre os 10% de adultos que sofrem de depressão em um determinado momento, mas também entre o restante da população. E os valores fornecem um poderoso antídoto: uma maneira de dar propósito e significado à sua vida.

Qualquer atividade que fizermos será mais significativa e gratificante se for motivada principalmente por nossos valores. Podemos ir trabalhar no modo ACATAR, fisgados por regras como "tenho que fazer esse trabalho para pagar as contas". E podemos ir trabalhar no modo LUTA, tentando evitar pensamentos e sentimentos difíceis: "Trabalhar me ajuda a evitar me sentir um perdedor."

Alternativamente, podemos ir trabalhar motivados por nossos valores: "Estou vivendo meus valores: sendo solidário e cuidando da minha família."

Da mesma forma, quando estamos no trabalho, podemos passar o dia fisgados pelo pensamento de que "esse trabalho é uma merda". Ou podemos tratar cada dia como uma oportunidade de viver de acordo com nossos valores, como ser prestativo, honesto e cooperativo. Isso não transformará um trabalho monótono em um emprego dos sonhos, mas o tornará mais significativo e gratificante. E o mesmo vale para tudo o que fazemos, especialmente aquelas coisas monótonas, tediosas ou estressantes que precisamos fazer para tornar nossa vida melhor.

Mas, ei, já falamos bastante sobre a parte teórica. Avancemos para a prática.

Conectar e refletir

O exercício "conectar e refletir" envolve pensar em alguém de quem você gosta e refletir sobre o que vocês gostam de fazer juntos. (Se não consegue visualizar, não tem problema; apenas tenha uma noção da atividade.)

Parte A

Pense em alguém de quem você gosta e que está presente em sua vida hoje — alguém que o trata bem, com quem gosta de passar tempo. E lembre-se de um momento, recente ou distante, em que estavam juntos, fazendo uma atividade de que gostam. Não precisa ser nada grandioso; pode ser simplesmente sair juntos, tomar uma bebida ou comer uma refeição, jogar um jogo, fazer uma caminhada, ir à praia, bater papo, dar um passeio de carro, abraçar e beijar, chutar uma bola, brincar com as crianças… qualquer atividade de que você goste.

Depois de escolher uma lembrança, torne-a o mais vívida possível. Reviva-a como se estivesse acontecendo agora. Sinta, absorva, recrie. Onde você está? O que está fazendo? O que pode ver, ouvir, tocar, provar ou cheirar?

Observe a outra pessoa nessa lembrança — como ela está? O que está vestindo? O que ela diz ou faz? Qual é o tom de voz dela, a expressão no seu rosto, sua postura corporal?

Aproveite ao máximo essa memória. *Sinta-a*. Qual é a sensação de fazer algo que você gosta com alguém que o trata bem? Aprecie. Saboreie.

Por favor, faça isso por, pelo menos, um minuto, antes de prosseguir.

Parte B

Agora, dê um passo para trás e olhe para a lembrança como se a estivesse assistindo na tela da TV (ou tenha a sensação de estudá-la/examiná-la).

Dessa vez, concentre-se em si mesmo enquanto está *dentro* dessa lembrança. O que está dizendo e fazendo? Como está interagindo com a outra pessoa?

Em especial, perceba: como está tratando a outra pessoa? Como está respondendo a ela?

Por exemplo: está sendo solícito, amoroso, gentil, divertido, brincalhão, despreocupado, conectado, engajado, interessado, agradecido, honesto, real, curioso, corajoso, íntimo, sensual, criativo, entusiasmado?

Realmente pense sobre isso por um minuto: quais qualidades está trazendo para a mesa?

Agora considere: o que isso o lembra sobre a maneira como deseja tratar as outras pessoas? E sobre o tipo de relacionamento que deseja construir?

Por favor, pense nisso com cuidado por um ou dois minutos.

Agora, por favor, faça essa experiência novamente, mas, dessa vez, escolha outra lembrança agradável que envolva uma pessoa diferente.

Novamente: o que isso lhe diz sobre a maneira como você deseja tratar os outros e o tipo de relacionamento que deseja construir?

Agora, por favor, repita uma última vez, mas dessa vez escolha a lembrança de algo agradável, significativo ou satisfatório que você *fez sozinho*.

Em seguida, considere: o que isso o lembra sobre a maneira como deseja tratar a si mesmo? E o tipo de relacionamento que quer construir consigo mesmo?

Como você foi? Para algumas pessoas, esses experimentos dão origem a sentimentos "calorosos e fofinhos". Para outras, desencadeiam pensamentos e sentimentos dolorosos. E ambos os tipos de reação são completamente normais.

Mas o objetivo desses exercícios não é desencadear nenhum sentimento específico; e sim ajudá-lo a se conectar com alguns valores. Você foi capaz de fazer isso? Teve uma noção de quem quer ser no relacionamento que escolheu? Uma noção de como quer tratar a outra pessoa e/ou a si mesmo? Veja se consegue chegar a pelo menos três ou quatro valores com os quais se conectou. (E se pensamentos e sentimentos difíceis estiverem aparecendo, use suas habilidades de desprendimento: agradeça à sua mente, abra espaço e trate-se com gentileza.)

Agora, antes do próximo experimento, tocaremos rapidamente em dois pontos importantes sobre valores.

Valores não são regras

"Regras" são basicamente comandos, ordens, leis impostas pela mente. Como um tirano, sua mente lhe diz: "Você deve ACATAR estas regras. E se não fizer isso, algo muito ruim vai acontecer!" Então, se você está se sentindo pesado, sobrecarregado ou preso, provavelmente foi fisgado por regras em vez de se conectar a seus valores. Aqui estão alguns exemplos para ilustrar a diferença:

> Ser amoroso = valor
>
> EU DEVO sempre ser amoroso, aconteça o que acontecer! = regra
>
> Ser gentil = valor
>
> EU DEVO ser gentil o tempo todo, mesmo quando as pessoas forem abusivas comigo = regra
>
> Ser eficiente = valor
>
> TENHO SEMPRE DE ser eficiente e NUNCA DEVO cometer erros = regra

Basicamente, as regras são instruções estritas que sua mente diz que você tem que obedecer. Elas geralmente contêm palavras como *tenho que, devo, preciso, certo, errado, sempre, nunca, faça isso, não faça aquilo, não pode até, não pode a menos que, não pode por tal motivo* e assim por diante. Sempre há muitas maneiras de agir de acordo com nossos valores, mesmo nas situações mais difíceis. As regras, por sua vez, estreitam demais nossas opções: quanto mais rigorosamente as ACATARMOS, menos escolha teremos.

É claro que as regras costumam ser úteis; é bom saber de que lado da estrada temos que dirigir. Mas muitas das regras autoimpostas nos mantêm presos: "Devo fazer isso com perfeição — e se não conseguir, não há sentido em fazer", "Tenho que beber para aguentar", "Não devo deixar as pessoas se aproximarem porque elas vão me machucar", "Tenho que sempre colocar os outros em primeiro lugar; suas necessidades são mais importantes do que as minhas". Quanto mais somos fisgados pelas regras, mais forte é a compulsão de segui-las — e maior a ansiedade que aparece quando as flexibilizamos ou desobedecemos.

Além disso, quando as regras nos aprisionam, elas "sugam" a vida de nossos valores. Quando vivemos de acordo com nossos valores de forma flexível, temos um senso de significado, propósito, capacitação ou vitalidade; mas quando somos fisgados por regras, experimentamos pressão, obrigação, peso, vergonha, culpa, ansiedade, uma sensação de prisão.

Naturalmente, então, queremos nos desprender das regras, enquanto desenterramos os valores que estão em baixo delas. Todos os métodos usuais de desprendimento podem ajudar. Por exemplo, podemos "perceber e nomear": "Estou notando a regra que tenho de XYZ" ou "A-ha! Aqui está a regra novamente". Ou podemos "agradecer à nossa mente": "Obrigado, Mente. Sei que você está tentando ajudar, dando-me orientações sólidas sobre como viver. Vou adotar uma abordagem diferente e ver como funciona." Ou, se a compulsão de obedecer à regra for muito forte, podemos lançar âncora.

Valores se "movem" continuamente

Nossos valores são como os continentes em um globo. Não importa o quão rápido você gire, nunca poderá ver todos os continentes ao mesmo tempo; alguns estão sempre se movendo para trás, outros para a frente. Assim, ao longo do dia, as posições de seus valores mudam: à medida que você troca de papel e se encontra em diferentes situações, alguns valores vêm para o primeiro plano, enquanto outros ficam em segundo plano.

Isso significa que, muitas vezes, precisamos priorizar quais valores acataremos em uma determinada situação. Por exemplo, quando se trata de relacionamentos íntimos, podemos ter valores como amar e cuidar. Mas se tivermos um pai que é continuamente hostil e abusivo conosco, podemos cortar todo contato com essa pessoa, porque nossos valores de autoproteção e autorrespeito têm prioridade. Porém, nossos valores de amar e cuidar não desapareceram; apenas os movemos para o "fundo do globo" nesse relacionamento específico. Enquanto isso, em nossos relacionamentos bons e saudáveis, amar e cuidar permanecem "na frente do globo".

Checklist de valores: um novo olhar

No Capítulo 10, pedi para que você lesse um checklist de valores e avaliasse quais pareciam importantes para você e quais não. Dadas todas as habilidades e conhecimentos extras que você tem agora, eu o encorajo a voltar e fazer isso de novo. Você pode descobrir que o experimento fornecerá resultados diferentes desta vez. Ou talvez não. De qualquer forma, vale a pena fazer novamente, mesmo se apenas para lhe dar mais clareza sobre quais são seus valores. Então, por favor, faça isso agora antes de continuar lendo.

Você fez? Foi fácil ou difícil? Surgiram pensamentos e sentimentos desconfortáveis? Foi igual ou diferente da última vez? As pessoas têm experiências muito diferentes ao abordar os valores; alguns acham fácil, a maioria acha desafiador e alguns acham incrivelmente doloroso ou uma causa de ansiedade. Então, se pensamentos e sentimentos dolorosos aparecerem, por favor, não desista; utilize todas as habilidades de desprendimento e trate-se com gentileza.

Barreiras

Nossa mente pode criar todos os tipos de barreiras para nos afastar de nossos valores. Depois de fazer este exercício, Karl disse, com tristeza:

— Vou ser honesto com você, Russ. Quero responder "amoroso" e "gentil", mas quando olho para o que tenho feito… como tenho sido mal-humorado, mesquinho e egoísta… fica bem óbvio que esses não são meus valores.

Esse é um mal-entendido comum. Muitas pessoas acreditam que comportamentos problemáticos ou autodestrutivos refletem nossos valores fundamentais. Mas as pesquisas nos mostram exatamente o oposto; tais comportamentos raramente ou nunca refletem nossos valores. A razão pela qual fazemos essas coisas é porque somos fisgados por pensamentos e sentimentos e nos *afastamos* de nossos valores.

Então lembrei a Karl que valores são qualidades de comportamento *desejados*. Eu lhe disse:

— Os valores descrevem como *queremos* nos comportar em um mundo onde podemos escolher. Portanto, se houver algum valor que você *deseja*, *aspira* ou *gostaria* de ter… então, por definição, esse *já* é o seu valor; é uma qualidade de comportamento que você *deseja*. Se você gostaria de ser amoroso, então "ser amoroso" é um dos seus valores. Se você quer ser gentil, então "gentileza" é um dos seus valores.

— Mas eu não estou fazendo nada gentil ou amoroso — falou Karl.

— Então você destacou algo importante — respondi. — Tocou na diferença fundamental entre valores e ações. Você pode agir ou não sobre qualquer valor. Se quer agir de acordo com os valores da gentileza ou do amor, então, mesmo que nunca tenha feito isso na vida, pode começar hoje.

— Mas como posso saber se esses são meus valores reais? — perguntou Karl.

Esta é uma pergunta comum, e eu costumo respondê-la com um velho ditado inglês...

"A verdade do pudim está em prová-lo"

Suponha que haja um pudim delicioso (ou alguma outra sobremesa, se você não gosta de pudim... ou uma pizza, se não gosta de sobremesa... ou uma salada de frutas, se não gosta de pizza) ali, fresquinho, bem na mesa à sua frente. A aparência e o cheiro são deliciosos — mas realmente está bom? Você pode analisá-lo, ponderá-lo, questioná-lo, contemplá-lo, filosofar sobre ele por horas a fio... Mas não importa o quanto o faça, continuará sem saber se o gosto é bom ou ruim. A única maneira de saber é provando.

O mesmo acontece com seus valores. Se você não sabe se eles são "realmente seus", não resolverá esse problema ruminando ou filosofando sobre isso. A única maneira de saber é agir de acordo com esses valores; experimente trazê-los para sua vida e observe o que acontece quando você o faz. Se descobrir que, quando age de acordo com eles, tem a sensação de ser mais parecido com a pessoa que deseja ser, então saberá que está no caminho certo; caso contrário, poderá experimentar alguns valores diferentes.

Temperando e saboreando

As pessoas geralmente ficam sobrecarregadas porque tentam mudar a vida inteira da noite para o dia. Essa é uma receita para o estresse e o fracasso. O truque é pensar pequeno; dar passos de bebê. Procure pequenas maneiras de ser capaz de viver de acordo com seus valores. Com o tempo, esses pequenos passos terão grandes efeitos. Pensando nisso, sugerirei outra prática, chamada "temperar e saborear".

Todas as manhãs, escolha um ou dois valores que deseja exercitar. Por exemplo, você pode escolher os valores de "ser prestativo" e "ser aberto" ou os valores de "ser gentil" e "ser corajoso". Esse é um experimento contínuo, então fique à vontade para alterar os valores que está exercitando diária ou semanalmente, conforme desejar.

(Se não conseguir decidir quais valores escolher, trabalhe em ordem alfabética na lista. Experimente-os e observe o que acontece. Prove-os para ver se o tamanho lhe cabe, como um terno novo. Se cair bem, ótimo. Mas, se não, experimente outros.)

Ao longo do dia, procure oportunidades para "temperar" suas atividades com esses valores — especialmente seus relacionamentos com outras pessoas. Em outras palavras, o que quer que esteja dizendo ou fazendo, sozinho ou com os demais, tente dar a isso o sabor desses valores (desde que pareça apropriado para a situação).

E, ao temperar, saboreie! Perceba o que está fazendo, dedique toda a atenção, esteja totalmente presente e aprecie ativamente a experiência — como ao saborear sua comida ou música favorita.

23
UM PASSO DE CADA VEZ

Você já esculpiu uma bela estátua a partir de um bloco bruto de mármore? Não? Nem eu. Mas já vi escultores em filmes, e uma coisa é certa: eles não lascam o mármore em dez lugares diferentes ao mesmo tempo. Eles fazem *um corte de cada vez*. E, pouco a pouco, uma pequena lasca por vez, aquele bloco bruto de pedra se torna algo maravilhoso.

O mesmo princípio se aplica à construção de uma vida melhor. Se você tentar trabalhar em muitas áreas simultaneamente, acabará muito estressado, cada vez mais ansioso ou ficará sobrecarregado e desistirá. O truque é pensar pequeno: concentre-se em fazer pequenas mudanças em um aspecto da vida por vez. Com o tempo, essas pequenas mudanças exercerão grandes efeitos. (E se sua mente começar a protestar: "Não! Isso não é bom o suficiente. Preciso resolver toda a minha vida *agora*!" … bem, você sabe o que fazer.)

Às vezes as pessoas me dizem: "Sim, isso parece bom na teoria, mas não funcionará na *minha situação*. Quando você se depara com o que tenho que lidar, não há nada que possa fazer." Nunca tento debater em casos como esses; em vez disso, apresento a eles…

A fórmula do desafio

Não importa quão difícil seja nossa situação, sempre temos escolhas. Seja qual for o tipo de desafio que enfrentemos, nossas três opções são:

1. Sair.

2. Ficar e viver de acordo com seus valores: fazer o que puder para melhorar a situação, abrir espaço para a dor que a acompanha e tratar-se com gentileza.

3. Ficar, mas fazer coisas que não fazem diferença ou que pioram a situação.

A opção 1 — sair — nem sempre é possível, claro. Por exemplo, se você está na prisão, não pode simplesmente sair. Mas se sair da situação for uma opção, considere-a seriamente. Se estiver em um relacionamento muito turbulento, em um trabalho sem sentido ou vivendo em uma vizinhança indesejável, sua vida ficará melhor se você sair em vez de ficar?

Se não puder sair, não quiser sair ou não ver isso como a melhor opção disponível, então suas opções são 2 e 3. E, infelizmente, a opção 3 vem naturalmente para todos nós; em situações desafiadoras, somos facilmente fisgados por pensamentos e sentimentos difíceis e levados a padrões de comportamento autodestrutivos, que nos mantêm presos ou pioram as coisas.

Então, se a opção 1 não estiver na mesa, o caminho para uma vida melhor está na opção 2: fazer o possível para melhorar a situação. Muito importante: isso inclui entrar em contato com outras pessoas que podem ajudá-lo e apoiá-lo. E também pode envolver se juntar a grupos ou movimentos que trabalham ativamente para fazer mudanças positivas em sua cultura, sociedade ou comunidade.

Claro, você não pode esperar se sentir feliz quando estiver em uma situação difícil; inevitavelmente terá muitos pensamentos e sentimentos dolorosos. Portanto, a segunda metade da opção 2 — abrir espaço para sua dor e tratar-se com gentileza — é essencial.

No Capítulo 10, mencionei um programa da ACT usado pela Organização Mundial da Saúde em campos de refugiados ao redor do mundo. A fórmula do desafio é um dos pilares desse programa. Obviamente, os refugiados não podem simplesmente deixar o acampamento, parar a guerra ou acabar com a perseguição da qual fugiram, então a opção 1 não está disponível. Mas a opção

2, sim. Dentro do acampamento, as muitas pequenas ações baseadas em valores que alguém faz ao longo do dia — como ser amigável e solidário com outras pessoas, praticar a autocompaixão ou saborear ativamente uma refeição — têm um impacto significativo em sua vida. E o mesmo é verdade para todos nós. Então, veremos agora como podemos praticar isso.

Quatro domínios da vida

Para garantir que você não fique sobrecarregado tentando trabalhar em muitas áreas simultaneamente, dividiremos a vida em quatro domínios principais: Trabalho, Amor, Entretenimento, Saúde. O objetivo é trabalhar em apenas *uma área por vez*. Estamos usando esses termos de forma bem ampla, como segue:

- **"Trabalho"** é um termo abrangente para trabalho remunerado, trabalho voluntário ou trabalho doméstico/cuidador. Também inclui capacitação e educação, tanto formal (como um curso ou aprendizado) quanto informal (por exemplo, ler livros, assistir a documentários ou contar com um amigo para ensiná-lo a fazer algo).

- **"Amor"** é uma palavra que abrange todos os relacionamentos com pessoas que você considera importantes na vida. Isso pode incluir seu parceiro, seus pais, seus amigos ou parentes ou até mesmo seus colegas de trabalho; qualquer pessoa com quem você tem (ou deseja construir) um forte vínculo.

- **"Entretenimento"** engloba tudo o que você faz para descansar e se divertir: esportes, *hobbies* ou passeios; as coisas que você faz para se divertir, relaxar ou explorar o mundo ao seu redor.

- **"Saúde"** refere-se a todas as coisas que você faz para cuidar do seu bem-estar físico, psicológico e (se relevante) espiritual/religioso. Isso pode incluir exercícios físicos, culinária e alimentação saudável, entrar em contato com a natureza, ler livros como este, consultar um *coach* ou terapeuta, praticar suas habilidades de desprendimento, autocompaixão, oração, meditação, ioga, trabalho comunitário e assim por diante.

Esses quatro domínios se sobrepõem, o que é bom, porque facilita o "efeito dominó": pequenas mudanças em uma área da vida exercem efeitos positivos de "dominó" em outras.

A tabela a seguir possui quatro quadrados, um para cada domínio da vida. Sinta-se à vontade para subdividir os quadrados, se desejar. Por exemplo, algumas pessoas dividem a caixa "Amor" em amigos/companheiros/filhos, ou a caixa "Saúde" em física/psicológica, ou a caixa "Trabalho" em pago/voluntário.

Por favor, escreva entre um e três valores dentro de cada quadrado (ou subdivisão). Escolha os valores que lhe parecem mais importantes; valores que você deseja iniciar ou continuar colocando em prática dentro desse domínio. (Talvez você descubra que alguns valores aparecem em vários quadrados ou subdivisões, enquanto outros aparecem em apenas um).

Depois de fazer isso, dê uma nota para o quão bem, *em média*, você viveu de acordo com esses valores (ou seja, o quanto eles influenciaram suas palavras e ações) na última semana, sendo: 10 = muito bem e 0 = nada. Eu enfatizo "em média" porque o quão bem vivemos nossos valores varia imensamente. Em um momento, estamos sendo quem queremos ser; no próximo, somos fisgados por nossos pensamentos e sentimentos e levados a movimentos para trás, dizendo e fazendo coisas que estão muito distantes da pessoa que queremos ser. (E se você subdividiu uma caixa, dê uma nota para cada subdivisão.)

A tabela dos valores

Trabalho	Amor
Valores que quero começar ou continuar a exercitar:	Valores que quero começar ou continuar a exercitar:
Como tenho vivido de acordo com esses valores, em média, na última semana: 0 = nada; 10 = muito bem	Como tenho vivido de acordo com esses valores, em média, na última semana: 0 = nada; 10 = muito bem
Minha pontuação: ◯	**Minha pontuação:** ◯
Saúde	**Entretenimento**
Valores que quero começar ou continuar a exercitar:	Valores que quero começar ou continuar a exercitar:
Como tenho vivido de acordo com esses valores, em média, na última semana: 0 = nada; 10 = muito bem	Como tenho vivido de acordo com esses valores, em média, na última semana: 0 = nada; 10 = muito bem
Minha pontuação: ◯	**Minha pontuação:** ◯

Por favor, faça esse exercício antes de continuar lendo.

Como você foi? Alguns pensamentos e sentimentos difíceis surgiram no processo? Se sim, isso é completamente normal; quase todos descobrem que suas pontuações são mais baixas do que gostariam, e a mente é rápida para nos julgar, então culpa, vergonha ou ansiedade geralmente surgem. E você conhece a rotina: permita que esses pensamentos e sentimentos estejam lá, agradeça à sua mente pelo que disse, seja gentil consigo mesmo e concentre-se no que está fazendo. O próximo passo é definir…

Uma meta de curto prazo para apenas uma área

Escolha uma dessas quatro áreas (ou uma subdivisão de área) para trabalhar na próxima semana. Isso mesmo, *apenas uma* área, e apenas para a próxima semana. É importante começar pequeno, porque se tentarmos fazer muitas mudanças de uma só vez, ficaremos sobrecarregados e desistiremos.

Com o tempo, a ideia é trabalhar em todas as áreas da nossa vida e também definir metas de médio e longo prazo (falaremos disso em capítulos posteriores). Mas se quisermos ser bem-sucedidos nessa empreitada, precisamos ir devagar. Lembre-se daquele antigo provérbio chinês: "*Uma jornada de mil quilômetros começa com um passo.*" E o famoso: "*De grão em grão, a galinha enche o papo.*" E o velho provérbio: "*Grandes carvalhos crescem de pequenas sementes.*" E o conhecido ditado… ah, já chega; tenho certeza de que você entendeu.

Portanto, seu objetivo agora é definir uma meta de curto prazo para o domínio escolhido — algo que você pode fazer nas próximas horas ou dias, de acordo com os valores que escolheu. Mas, primeiro, algumas dicas importantes sobre a definição de metas:

Nem tão fácil, nem tão difícil

Se sua meta for muito fácil, não haverá crescimento pessoal. Ela precisa fazer você ir além, tirá-lo da sua zona de conforto. Mas se for muito difícil, você desistirá ou tentará e falhará. Portanto, encontre o meio-termo.

Sem metas emocionais

Não estabeleça metas emocionais que descrevam como você quer se sentir. Elas apenas o levarão a estratégias de luta autodestrutivas.

Nenhum "objetivo cadáver"

Um "objetivo cadáver" é aquele que até alguém que está morto pode fazer melhor do que você. Por exemplo, se você quer parar de fumar — isso é algo que um cadáver pode fazer melhor do que você, porque, não importa o que aconteça, eles definitivamente nunca mais fumarão. (A menos que sejam cremados.)[1]

Qualquer meta que diga respeito a não fazer algo é um objetivo cadáver; cadáveres são realmente ótimos em não fazer coisas. Então, para convertê-lo em um "objetivo vivo" (ou seja, algo que uma pessoa viva pode fazer melhor do que alguém que está morto), você precisa se perguntar: "Se eu *não* fizer esta atividade, o que farei em vez dela?" Por exemplo: "Em vez de fumar um cigarro, vou ancorar e surfar no impulso de fumar, vou fazer alongamentos, ou dar uma caminhada, ou beber um copo d'água conscientemente." (Isso com certeza é algo que você consegue fazer melhor do que um cadáver.)

Especifique a meta

É importante ser específico sobre as ações que você realizará. Por exemplo: "Vou nadar por trinta minutos, duas vezes por semana" ou "Farei uma caminhada de dez minutos todos os dias na hora do almoço", em vez de fazer afirmações vagas como "Farei mais exercícios".

Especifique também quando e onde você fará isso. Por exemplo: "Vou correr no parque logo após o trabalho na quarta-feira".

Crie uma meta realista

Certifique-se de que o objetivo seja realista, considerando seus recursos atuais. Seus recursos incluem tempo, dinheiro, energia, saúde física, habilidades, conhecimento, ajuda e apoio de outras pessoas. Assim, por exemplo, se a sua saúde estiver prejudicada, correr ou malhar na academia pode não ser realista, mas pode ser realista dar uma caminhada. E lembre-se, esse é um objetivo de *curto prazo*: você precisa ser capaz de fazer isso de forma realista na próxima semana.

Antecipe pensamentos e sentimentos difíceis

Quando você sai da zona de conforto, o que aparece? Sim, isso mesmo: desconforto. Portanto, espere que a máquina de razões da sua cabeça apresente todos os tipos de razões para não fazer isso. Da mesma forma, espere que sentimentos desconfortáveis — especialmente ansiedade — apareçam em seu corpo. Quais pensamentos e sentimentos acha que provavelmente aparecerão para você? (Muitas vezes, eles aparecem enquanto você está fazendo este exercício.)

---

1   Desculpe! Piada de mau gosto. Não resisti.

Está disposto a abrir espaço para esses pensamentos e sentimentos difíceis a fim de seguir em direção à vida que deseja? (Se a resposta for "não", você precisará voltar e mudar seu objetivo: reduzir a dificuldade; torná-lo menor, mais simples, mais fácil.)

Então, está pronto para seguir em frente? Estudos mostram que é muito mais provável agir se você anotar seus objetivos em vez de apenas pensar neles. Então, por favor, em prol de uma vida melhor, pegue uma caneta — e escreva no livro ou copie o diagrama a seguir em algum papel.

Área da vida:

Valores:

Objetivo:

Quando e onde farei isso e quais ações específicas tomarei?

Quais pensamentos e sentimentos difíceis provavelmente surgirão?

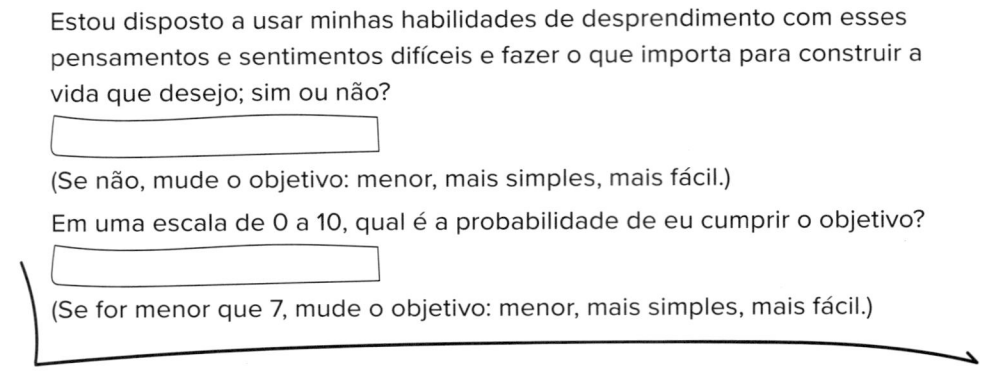

Estou disposto a usar minhas habilidades de desprendimento com esses pensamentos e sentimentos difíceis e fazer o que importa para construir a vida que desejo; sim ou não?

(Se não, mude o objetivo: menor, mais simples, mais fácil.)

Em uma escala de 0 a 10, qual é a probabilidade de eu cumprir o objetivo?

(Se for menor que 7, mude o objetivo: menor, mais simples, mais fácil.)

Por favor, faça isso agora, antes de continuar lendo.

Colocando seus valores em prática

Você fez o exercício anterior? Às vezes, as pessoas tentam pular essa parte. Se foi o caso, te peguei! Você será rastreado, capturado e atormentado impiedosamente até que se arrependa de seu pecado. Sério, por favor, não pule. Pode parecer muita coisa agora, mas com a prática, começará a fluir naturalmente, sem a necessidade de todo esse planejamento.

Anteriormente, falamos sobre o estabelecimento eficaz de metas e o planejamento de ações como uma alternativa à preocupação. Isto é o que eu quis dizer. Pode parecer um aborrecimento, mas você descobrirá que isso consome muito menos tempo do que se preocupar. E é muito mais produtivo. E como qualquer habilidade, fica mais fácil com a prática. Com o tempo, você conseguirá ir direto dos valores às ações em três passos rápidos:

1. Primeiro, você se pergunta, enquanto lida com esse aspecto da sua vida: "Quem eu quero ser?" ou "O que eu quero defender?".

2. Então, uma vez que tenha pensado em alguns valores, você se pergunta: "Como vou colocá-los em prática? O que posso dizer ou fazer?"

3. Por fim, você se pergunta: "Estou disposto a abrir espaço para o desconforto que isso envolverá?"

Tudo isso soa um pouco artificial — muito ordenado, detalhado, estruturado? Quer saber o que aconteceu com a boa e velha espontaneidade, com aceitar a vida como ela é? Fique tranquilo, haverá muito espaço para a espontaneidade quando você estiver se movendo na direção certa. Mas, primeiro, você precisa se mexer!

Alguns exemplos

Lembram-se de Soula? Ela tinha acabado de completar 33 anos e estava se sentindo triste e solitária porque ainda era solteira enquanto todos os amigos mantinham relacionamentos longos. Na área do "Amor", os valores de Soula eram amorosidade, atenção, abertura, sensualidade e diversão. Ela era capaz de viver esses valores em seus relacionamentos mais próximos com amigos, familiares e consigo mesma. No entanto, também queria vivê-los com um parceiro — o que ela não tinha no momento. Portanto, seu principal objetivo de longo prazo era encontrar um parceiro. Então, pedi a ela que apresentasse uma meta de curto prazo que pudesse cumprir na próxima semana; algo que a levaria um passo mais perto do objetivo de longo prazo. Ela decidiu se cadastrar em um site de namoro, criar seu perfil e passar pelo menos uma hora procurando candidatos.

Quando começou a tarefa, ficou surpresa com quanta ansiedade sentiu. Sua máquina de razões lhe disse que seria uma total perda de tempo e dinheiro e que todos os caras seriam perdedores, vigaristas ou psicopatas. Mas ela agradeceu à mente por tentar mantê-la segura, abriu espaço para a ansiedade e seguiu em frente.

Agora, voltaremos para Donna. Depois de aceitar a morte de seus entes queridos e parar de beber álcool, Donna enfrentou a difícil tarefa de reconstruir sua vida, peça por peça. Ela havia perdido muito peso e seu corpo estava em péssimas condições, então agora, além de tudo, estava continuamente preocupada com a saúde e com os danos que havia causado ao fígado. Por isso, optou por focar a área da "Saúde". Seus principais valores eram o autocuidado e o autoencorajamento. Seus objetivos de curto prazo eram: comer um almoço saudável; seguido de uma caminhada de quinze minutos; e ir para a cama às 23h (em vez de às 2h). Agora, tenho certeza de que você notou que na verdade são três metas, não uma. Não há problema em definir mais de um objetivo, se preferir, desde que pareça algo realista e não opressor.

Em sua primeira semana, Donna conseguiu comer o almoço saudável, fazer a caminhada em cinco dos sete dias e ir para a cama às 23h em quatro noites. Ela ficou muito satisfeita com isso. Sim, não foi perfeito. Mas e daí? Foi uma melhora significativa no cuidado com sua saúde física. E tentar ser perfeito é uma receita para o fracasso.

Então, de volta a você: já completou o exercício acima? Se não, por favor, faça isso agora. E aqui vai uma dica: estudos mostram que é muito mais provável cumprir uma meta ao se assumir um compromisso com outra pessoa (que seja solidária e confiável). Então, há alguém para quem você possa ligar, enviar mensagem de texto ou e-mail ou alguém com quem possa fazer uma chamada de vídeo ou falar pessoalmente e dizer o que fará? (Se não, tudo bem; mas se sim, sugiro que faça isso, mesmo que seja desconfortável.)

Minha garantia para você

Soula e Donna foram capazes de atingir seus objetivos porque fizeram o trabalho necessário: aprender a se desprender, entrar em contato com seus valores e estabelecer metas realistas. E aqui está a minha garantia para você.

Eu garanto que, se você fizer tudo o que abordamos neste capítulo...

Quando se trata de atingir seu objetivo...

Eu dou 100% de garantia de que...

Você *vai* conseguir...

Ou não vai!

100% GARANTIDO, OU SEU DINHEIRO DE VOLTA!

Há um lado humorístico nesse comentário, mas também um lado sério. Às vezes, você usará as estratégias que sugeri e seguirá em frente, e as coisas correrão bem. Mas, em outros momentos, isso não acontecerá. Por quê? Porque você é humano. E falível. E maravilhosamente imperfeito, como todos nós. Não é um super-herói fictício que sempre segue seus objetivos, sempre faz "a coisa certa" diante de todos os obstáculos. Você é um ser humano. E isso significa que, assim como todos nós, às vezes cumprirá seus objetivos — e, outras vezes, não.

Portanto, se cumprir esse objetivo, muito bem. Observe como é agir de acordo com seus valores, caminhando em direção à vida que deseja construir; esteja totalmente presente e saboreie a experiência.

E se você não cumprir? Bem, chamaremos seu objetivo original de "plano A". Agora, se o plano A falhar, por qualquer motivo, então o plano B é *encontrar outra maneira de agir de acordo com esses valores.*

Afinal, a vida é complexa e os planos mudam. Nosso objetivo não é atingir todas as metas que estabelecemos; isso seria ridículo. Nosso objetivo é melhorar a vida de acordo com nossos valores. Portanto, se o plano A está fora de questão, mude para o plano B — e conforme você age de acordo com esses valores, observe como isso faz você se sentir; aprecie a experiência de seguir em uma direção significativa.

Agora, se você não conseguir seguir nenhum dos dois planos, a) seja gentil consigo mesmo; lembre-se de que você é humano e imperfeito, e todos nós fazemos coisas semelhantes às vezes; e b) perceba o que atrapalha; especialmente quais pensamentos e sentimentos o fisgam. Essa será a informação de ouro para o próximo capítulo, que trata da superação de nossas barreiras à mudança.

Muito bem, já disse o suficiente. Siga em frente, e boa sorte!

24

AS QUATRO BARREIRAS DIFÍCEIS

Pergunte a qualquer terapeuta, *coach* ou consultor, e eles dirão que isso aconteçe *o tempo todo*. Na sessão, um cliente fica todo empolgado, cheio de entusiasmo, dizendo: "Vou fazer isso, aquilo e aquilo outro." Então, eles voltam para a próxima sessão sentindo-se culpados ou envergonhados porque não fizeram nada. Quando meus clientes fazem isso, sabe o que lhes digo? Eu digo:

— Você é tão parecido comigo!

(Queria que pudesse ver o olhar de choque em seu rosto.)

— Sim — continuo. — Sabe quantas vezes eu digo que vou fazer alguma coisa, mas, na verdade, não faço?

— Você?! — exclamam eles, atônitos. — Mas, mas, mas… você é um doutor… você é um autor… você… se parece muito com o Chris Hemsworth! (Está bem, eles não dizem essa última parte.)

— Nós estamos todos no mesmo barco — digo-lhes. — Esta é a condição humana. Ficamos entusiasmados e dizemos que vamos fazer essas coisas... e, às vezes, fazemos... outras, não.

Então eu os ajudo a se desprender das autocríticas severas e a praticar a autocompaixão. *Aí nós investigamos o que atrapalhou.*

Então, de volta a você. Se conseguiu cumprir o plano A ou o plano B, muito bem. Mas se não o fez, fique tranquilo: você tem muita companhia. Todos nós não conseguimos cumprir metas às vezes. E nos culpar por isso não ajuda. Portanto, desprenda-se da ideia de "isso não é bom o suficiente", continue sendo gentil consigo mesmo e exploraremos...

O que atrapalha?

Repetidamente, à medida que avançamos em direção a uma vida mais significativa, temos que lidar com quatro barreiras difíceis. São barreiras em que estaremos:

Fisgados

Essa máquina de razões dentro de nossa cabeça é tão incrivelmente inventiva; tem tantas maneiras de nos convencer a não agir: "Não mereço uma vida melhor", "Vou fracassar", "Vou estragar tudo", "Algo ruim vai acontecer", "Não tenho o que é preciso", "Estou muito ocupado/cansado/deprimido/ansioso", "Faço isso mais tarde" e assim por diante.

E nada disso é um problema... a menos que sejamos fisgados. Se esses pensamentos nos fisgarem, eles com certeza nos tirarão do caminho certo. Mas não o farão se nos desprendermos. Portanto, o antídoto é fazer bom uso de suas habilidades de desprendimento: perceba e nomeie esses pensamentos, agradeça à sua mente ou, se estiver muito fisgado, lance âncora.

Evitando o desconforto

Crescimento pessoal e mudanças significativas exigem deixar a zona de conforto. Isso inevitavelmente traz desconforto na forma de pensamentos, sensações, emoções, memórias e impulsos difíceis. Se não estivermos dispostos a abrir espaço para essas experiências, não faremos as coisas desafiadoras que são importantes para nós.

O antídoto? Sim, mais habilidades de desprendimento. DOME esses sentimentos difíceis: permita-os, respire, abra espaço para eles e seja gentil consigo mesmo. Adquira o hábito de se perguntar: "Estou disposto a abrir espaço para esse desconforto, a fim de fazer o que importa?"

Afastados de nossos valores

Não há muito sentido em fazer essas coisas desafiadoras se não for importante ou significativo. Portanto, se estivermos ignorando, negligenciando ou esquecendo nossos valores, teremos falta de motivação. O antídoto é nos conectarmos verdadeiramente com nossos valores; eles estão sempre lá no fundo, não importa o quão longe estejamos deles. (Um valor é como o seu corpo: mesmo que o tenha negligenciado totalmente por anos, ele ainda está lá e nunca é tarde demais para fazer uso dele.) Reconheça que a cada passo que dá, não importa o quão pequeno possa ser, está vivendo seus valores. É isso o que realmente importa.

Com objetivos duvidosos

Seu objetivo é genuinamente realista? Você está tentando fazer coisas demais ou agir muito rapidamente? Tentando fazer algo com perfeição? Tentando fazer coisas para as quais não tem os recursos necessários (por exemplo: tempo, dinheiro, energia, saúde, apoio social ou habilidades necessárias)?

Se seus objetivos forem excessivos, você se sentirá sobrecarregado e provavelmente desistirá; ou tentará e falhará. A solução é dividir seus objetivos: torná-los menores, mais simples, mais fáceis, para que sejam realistas para o seu nível atual de recursos. Pergunte-se: "Qual é o menor e mais fácil passo que eu poderia dar que me deixaria um pouquinho mais perto de alcançar esse objetivo?" Então, vá em frente e faça isso.

Depois de dar esse passo, pergunte-se novamente: "Qual é o próximo passo pequeno e fácil que me deixaria um pouco mais perto do meu objetivo?" (É como aquela velha piada: como você come um elefante? Um bocado de cada vez!)

E se você não tiver as habilidades necessárias para atingir seus objetivos? Então, seu novo objetivo será aprendê-las. (Você não pode esperar pedalar uma maratona se não tiver aprendido a andar de bicicleta primeiro.)

E se não tiver outros recursos de que precisa (como tempo, dinheiro, saúde, energia, apoio social ou equipamento) e não for possível obtê-los no momento? Nesse caso, será preciso abandonar esse objetivo (pelo menos por enquanto; você sempre poderá voltar a ele mais tarde) e definir um diferente que seja realista.

A máquina de razões nunca ficará em silêncio por muito tempo

Não espere que sua mente se torne uma líder de torcida: "Vai! Vai! Você consegue! Vai! Vai! Vamos lá!" É *muuuito* improvável que isso aconteça. Com certeza, isso ocasionalmente acontece, como quando você define uma meta que está muito distante: "Eu farei isso no ano que vem!" ("Sim!", diz sua mente.) Ou quando define um objetivo que é fácil, sem desconforto envolvido. Mas quando é uma meta de curto prazo e que o tira da sua zona de conforto, a máquina de razões falará. Aqui estão alguns de seus clássicos:

"Vou estragar tudo"

"Vou falhar", "Vou fazer tudo errado". Mais uma vez, essa é a nossa mente sendo uma amiga excessivamente prestativa. O que ela está tentando dizer é: a) preste atenção no que você está fazendo e b) é importante praticar.

A realidade é que todos nós cometeremos erros com frequência; isso é uma parte fundamental de ser humano. Quase todas as atividades que você considera normais hoje — ler, conversar, caminhar, andar de bicicleta — já foram difíceis de fazer. (Pense em quantas vezes um bebê cai de bunda enquanto aprende a andar.) Mas a questão é que você aprendeu cometendo erros. Aprendeu o que não fazer e como fazer diferente e assim se tornou mais eficaz. Cometer erros é uma parte essencial do aprendizado, então abrace-a. Agradeça a sua mente e pare de buscar a perfeição — é muito mais satisfatório e gratificante ser humano.

"Não sei se consigo fazer isso"

Citando o autor Henry James: *"Até tentar, você não sabe o que não pode fazer."* Ao estabelecermos metas para nós mesmos, estamos falando sobre o que é possível, não o que é certo. Há pouquíssima certeza neste mundo. Não podemos nem ter certeza de que ainda estaremos vivos amanhã. Portanto, nenhum de nós pode ter certeza de que alcançaremos nossos objetivos. Mas podemos ter certeza do seguinte: se nem mesmo tentarmos alcançá-los, não haverá possibilidade de sucesso. Para citar o lendário jogador de hóquei Wayne Gretzky: *"Você erra 100% das tacadas que não dá."*

"Mas e se...?"

A máquina de razões adora histórias do tipo "e se?". "E se eu tentar e falhar?"; "E se eu investir todo esse tempo, energia e dinheiro e não der em nada?"; "E se eu fizer papel de bobo?". Ao se deixar ser fisgado por essas histórias, é fácil perder horas intermináveis debatendo consigo mesmo em vez de agir. Portanto, perceba e nomeie a história, "saia do fluxo" e coloque seus valores em prática.

Tenho certeza de que sua mente consegue apresentar muito mais razões do que essas. E elas podem ser muito persuasivas. Mas não é necessário ACATÁ-las. Por exemplo, com que frequência você teve pensamentos como "Não consigo fazer isso!" — e então foi em frente e fez? Com que frequência pensou em realizar ações prejudiciais ou autodestrutivas — mas na verdade *não* agiu assim? (Ainda bem que nem sempre ACATAMOS todos os nossos pensamentos, caso contrário, a maioria de nós estaria na prisão ou no hospital.)

Para provar que você não precisa ACATAR seus pensamentos, aqui estão dois breves experimentos:

1. Diga silenciosamente para si mesmo: "Não consigo coçar a cabeça! Não consigo coçar a cabeça!" — e, ao fazer isso, levante o braço e coce a cabeça.

2. Diga silenciosamente para si mesmo: "Tenho que fechar este livro! Eu tenho que fechar este livro!" — e, ao fazer isso, mantenha o livro aberto.

Como você foi? Sem dúvida, descobriu que, na verdade, não precisava ACATAR esses pensamentos; tinha alguma escolha sobre o que fazer. E quanto melhores forem suas habilidades de desprendimento, mais opções você terá.

Anteriormente, mencionei um jovem chamado Marco que estava acima do peso e fora de forma, e queria melhorar isso. Marco escolheu "Saúde" como área e "Autocuidado" como valor. Seu primeiro objetivo de curto prazo era: *Levantar meia hora mais cedo na manhã do dia seguinte e sair para correr*. Instantaneamente, a máquina de dar razões disparou: "Mas eu gosto de dormir até tarde, vai estar muito frio, estou muito fora de forma, vai machucar meus joelhos, não sei onde estão meus tênis, fico estranho em roupas esportivas."

Eu lhe disse:

— Essas são razões perfeitamente válidas para não correr. Agora... suponha que a pessoa que você mais ama no mundo foi sequestrada. E os sequestradores dizem que nunca libertarão essa pessoa a menos que você cumpra esse objetivo. Você o cumpriria?

— Sim, claro — disse ele.

— O quê? Quer dizer que acordaria cedo e sairia para correr, mesmo tendo todos esses motivos perfeitamente válidos para não fazer isso?

Marco entendeu que não precisamos esperar até que a máquina de razões fique silenciosa (ou se transforme em uma líder de torcida) antes de agirmos. Podemos ter dez, vinte ou trinta razões perfeitamente válidas para *não* fazer algo — e *mesmo assim* podemos seguir em frente e fazer. Podemos perceber e nomear essas razões e deixar nossa mente tagarelar como um rádio tocando ao fundo enquanto entramos em contato com nossos valores, começamos a agir e nos concentramos no que estamos fazendo.

Às vezes, as pessoas protestam quando faço a "pergunta do sequestro". "Mas isso é bobagem!", dizem elas. "A pessoa que eu amo não foi sequestrada!"

E eu respondo: "Você tem razão. Mas a questão é que uma parte importante da sua vida foi 'sequestrada'. Foi 'tirada' de você. Então, quer recuperá-la? Em caso afirmativo, está disposto a *fazer o que importa*, mesmo que a máquina de razões se esforce para dissuadi-lo?"

As barreiras difíceis

Então, agora você conhece as quatro barreiras difíceis: ser fisgado, evitar o desconforto, afastar-se de seus valores e ter objetivos duvidosos. (E se por acaso ainda não as encontrou, não se preocupe — logo as encontrará.) E agora?

Bem, se você *cumpriu* o plano A ou B do capítulo anterior, defina *outra* meta de curto prazo (ou até duas, ou três — contanto que seja realista e não opressiva). Pode estar na mesma área (ou subdivisão) ou em outra, conforme preferir. O objetivo é usar todas as mesmas etapas de antes. E se as barreiras difíceis aparecerem, você sabe o que fazer.

Por outro lado, se *não conseguiu* da última vez, descubra qual das barreiras difíceis o impediu (às vezes são todas) e aplique os antídotos recomendados. Então, faça outra tentativa com seu objetivo anterior ou estabeleça um novo.

E, novamente, se o plano A falhar, mude para o plano B. Encontre outra maneira — não importa quão pequena seja — de viver esses valores.

25
DECISÕES DIFÍCEIS

Rebecca acredita ter um conflito de valores. Mas será que tem mesmo?

Ela é uma mãe solo de 40 anos que trabalha como corretora de imóveis. O trabalho exige muito dela, mas Rebecca gosta do que faz e quer se destacar. Ela tem dois filhos pequenos para cuidar — Sammie, de 7 anos, e Nina, de 9 anos — e acha difícil equilibrar as demandas do trabalho e da família.

Então, Rebecca tem um conflito de valores?

Com certeza não. O que ela tem é um conflito de gerenciamento de tempo: quanto tempo investe na família e quanto tempo investe na carreira?

Seus principais valores como mãe são amar, cuidar e brincar. Esses valores não mudarão se ela passar dez, vinte ou cinquenta horas por semana com a família. Seus principais valores no trabalho são ser amigável, eficiente e responsável. Esses valores não mudarão se ela passar dez, vinte ou cinquenta horas por semana no trabalho.

Não importa quanto tempo ela invista na família ou na carreira, seus valores continuarão os mesmos. Não é um conflito de valores, mas um conflito de gerenciamento de tempo: como dividir seu tempo entre duas áreas importantes da vida. E não importa quanta clareza tenha sobre seus valores, isso não resolverá o problema. Rebecca precisa escolher quanto tempo gastar em cada área da vida — e não haverá uma resposta perfeita. Precisará experimentar, descobrir o que funciona melhor para ela. E o que quer que escolha, sua mente provavelmente a criticará por não gastar tempo suficiente em uma área ou outra (ou talvez até em ambas).

No entanto, não importa como ela divida o tempo entre trabalho e família, Rebecca pode ter a satisfação de viver plenamente seus valores. Quando está com seus filhos, pode ser amorosa, carinhosa e brincalhona. E quando está no trabalho, pode ser amigável, eficiente e responsável. E quando sua mente a criticar por gastar muito tempo em uma área ou não o suficiente em outra, ela poderá se desprender da história de "não ser boa o suficiente", abrir espaço para a culpa ou a ansiedade e tratar-se com gentileza, reconhecendo que há não há uma resposta perfeita para essa situação complexa.

Decisões e dilemas difíceis

Todos nós, às vezes, temos de enfrentar um dilema ou uma decisão difícil. "Fico nesse relacionamento ou saio?", "Deixo esse emprego ou fico?", "Inscrevo-me nesse curso ou no outro?", "Começo o tratamento médico ou não?", "Devemos tentar ter filhos ou não?", "Devo contar a verdade/revelar meu segredo ou escondê-lo(a)?"

Quando estamos nessas situações, nossa mente começa a trabalhar em dobro, tentando desesperadamente descobrir o que devemos fazer, como "tomar a decisão certa". O problema é que pode levar dias, semanas, meses — ou mesmo anos em alguns casos, como casamentos infelizes ou empregos insatisfatórios — antes de por fim escolhermos uma opção em detrimento da outra. E, nesse ínterim, podemos facilmente passar nossos dias vagando por aí em meio a uma densa névoa psicológica — pensando sem parar "devo ou não devo?" — e, no processo, ficamos ansiosos ou estressados, e perdemos na vida o aqui e agora.

Então, como a ACT pode nos ajudar?

Passo 1: Reconheça que você tem um dilema

Se você está enfrentando um grande dilema ou uma decisão muito difícil, é altamente improvável que resolva tudo nas próximas horas. Você pode abrir espaço para essa realidade? Lutar contra ela só piorará a situação.

Passo 2: Etapas de bom senso — custos, benefícios e mais informações

Às vezes, um dilema pode ser resolvido pelo antigo método de "bom senso" de fazer uma "análise de custo-benefício". Em outras palavras, escreva uma lista com todos os prós e contras de cada opção. Se já fez isso e não foi de ajuda, tudo bem — pelo menos você tentou. Mas se ainda não fez, ou se fez sem empenho, ou apenas mentalmente, mas não no papel, vale a pena tentar.

Escrever e evidenciar as ideias é uma experiência radicalmente diferente de pensar no assunto ou conversar com um amigo — e pode ajudá-lo a finalizar sua decisão ou resolver seu dilema.

Além disso, lembre-se de que, às vezes, o problema pode ser resolvido obtendo mais informações de uma fonte confiável (um livro, uma pessoa, um site, uma organização etc.). Portanto, certifique-se de reunir informações suficientes para tomar uma decisão bem embasada. Se tiver sorte, essas novas informações tornarão os prós e contras de cada opção mais claros e o ajudarão a decidir o que fazer.

No entanto, a verdade inconveniente é esta: quanto maior o dilema, mais difícil a decisão, e será menos provável que esses métodos do senso comum sejam úteis. Por quê? Porque se uma opção fosse obviamente muito melhor do que a outra, você não estaria em um dilema para início de conversa!

Passo 3: Não há solução perfeita

Em seguida, reconheça que não há solução perfeita. Portanto, seja qual for a escolha que você fizer, é provável que se sentirá ansioso e que sua mente lhe dirá que essa foi a decisão errada e, em seguida, apontará todas as razões pelas quais você não deveria tê-la tomado. Se estiver esperando até o dia em que não haverá sentimentos de ansiedade e nem pensamentos sobre tomar a decisão errada, provavelmente esperará para sempre.

Passo 4: Não há como não escolher

Reconheça que qualquer que seja o seu dilema, você já está fazendo uma escolha. A cada dia que não pede demissão do emprego, escolhe ficar. (Até o dia em que entregar seu aviso prévio, permanecerá naquele emprego.) A cada dia que não termina seu casamento, escolhe ficar. (Até o dia em que fizer as malas e sair de casa, permanecerá nesse casamento.) A cada dia que não assina o formulário de consentimento para a operação, está optando por não fazer a cirurgia. A cada dia que fica em silêncio sobre o segredo que está guardando, está optando por não revelá-lo.

Passo 5: Reconheça a escolha de hoje

Seguindo a linha do que foi dito anteriormente, comece cada dia reconhecendo a escolha que você está fazendo para o dia. Por exemplo, diga a si mesmo: "Muito bem, nas próximas 24 horas, eu escolho continuar neste casamento" ou "Nas próximas 24 horas, eu escolho guardar este segredo". Se 24 horas parecerem muito longas, faça uma escolha pelas próximas 12 horas ou 6 horas (ou mesmo pelos próximos sessenta minutos). No final desse período, reavalie; e então faça outra escolha para as próximas 24 (ou 12, ou 6) horas.

Passo 6: Assuma uma posição

Dada a sua escolha na etapa 5, o que você deseja defender nas próximas 24, 12 ou 6 horas? De acordo com quais valores quer viver nessa área da vida? Caso permaneça no casamento por mais um dia (ou pelas próximas horas), que tipo de parceiro quer ser naquele dia (ou horas)? Caso permaneça no seu emprego por mais um dia (ou pelas próximas horas), que tipo de funcionário quer ser naquele dia (ou horas)?

Não importa em que situação você esteja, sempre pode encontrar maneiras de agir de acordo com seus valores. Por exemplo, suponha que opte por guardar um segredo, mas seu valor de ser honesto seja muito importante. Se assim for, existem zilhões de outras maneiras de viver o valor da honestidade na vida cotidiana. Por exemplo, você pode praticar a autocompaixão, que envolve ser honesto consigo mesmo sobre o quanto está sofrendo. Ou pode escrever honestamente sobre seus sentimentos em um diário. Ou pode ser sincero com alguém e falar como é difícil manter esse segredo.

Passo 7: Arranje tempo para refletir

Regularmente, reserve um tempo para refletir sobre a situação. A melhor maneira de fazer isso é como na etapa 2: usando um diário ou bloco de notas virtual, anote os prós e contras de cada opção e veja se algo mudou desde a última vez que você fez isso. Também pode tentar imaginar como seria a vida — tanto os aspectos positivos quanto os negativos — a) se seguisse certo caminho e b) se seguisse outro caminho.

Para a maioria das pessoas, dez a quinze minutos, três ou quatro vezes por semana, é tempo de reflexão mais do que suficiente — mas você pode reservar menos ou mais, o que desejar. O principal é ter foco; em outras palavras, não tente fazer isso ao mesmo tempo em que assiste à TV, faz as tarefas domésticas, dirige para casa, vai à academia ou prepara o jantar. Sente-se em silêncio com sua caneta e papel ou um computador e não faça nada além de refletir, como mencionado, pelo tempo determinado.

Passo 8: Nomeie a história

Ao longo do dia, sua mente tentará puxá-lo de volta para o dilema repetidas vezes. Mas se isso realmente ajudasse, você já o teria resolvido, não é? Portanto, pratique "nomear a história". Por exemplo, tente dizer a si mesmo: "A-ha! Aqui está ela novamente. A história do 'ficar ou ir embora'. Obrigado, Mente. Sei que está tentando ajudar e está tudo bem. Eu cuido disso." Em seguida, concentre sua atenção em fazer alguma atividade significativa e guiada por valores. Você provavelmente achará útil lembrar-se: "Vou pensar sobre isso mais tarde, no meu tempo de reflexão."

Passo 9: Abra espaço

É quase certo que a ansiedade surgirá — de novo, e de novo, e de novo — seja qual for a opção que você escolher. Portanto, dê espaço para esse sentimento. Reconheça para si mesmo: "Aqui está a ansiedade." Lembre-se: "Isso é normal. É o que todos sentem em uma situação desafiadora com um resultado incerto."

Passo 10: Autocompaixão

Por último, mas não menos importante, seja compassivo consigo mesmo. Trate-se com gentileza. Fale consigo mesmo gentilmente. Desprenda-se de toda a tagarelice mental inútil e autocrítica usando as técnicas que achar melhores.

Lembre-se de que você é um ser humano com emoções; não é um computador de alta tecnologia que pode analisar friamente as probabilidades e lançar uma resposta. Lembre-se de que essa é uma decisão *muito difícil* — se fosse fácil, você não estaria em um dilema, em primeiro lugar!

Reconheça que sente dor, está sofrendo. E tenha atitudes gentis, cuidadosas e atenciosas consigo mesmo; faça coisas que o acalmam, nutrem ou apoiam nesse momento de dificuldade. Isso pode incluir qualquer coisa, desde passar bons momentos com os amigos, cuidar do corpo, dedicar-se a um *hobby*, reservar tempo para praticar um esporte ou fazer alguma atividade criativa, preparar um jantar saudável ou fazer o exercício das "mãos gentis" do Capítulo 15.

Repita essas etapas todos os dias (ou várias vezes ao dia, se necessário), e uma dessas três coisas acontecerá:

1. Com o tempo, uma opção se tornará obviamente mais atraente do que a outra.

2. Com o tempo, uma opção desaparecerá; não estará mais disponível.

3. Com o tempo, seu dilema permanecerá sem solução.

Se a 1 ou a 2 acontecer, a decisão está tomada; dilema resolvido.

Se a 3 acontecer, pelo menos você passará cada dia vivendo conscientemente de acordo com seus valores e se tratando com gentileza, em vez de se perder em uma névoa de indecisão ansiosa.

26
ACABANDO COM OS MAUS HÁBITOS

Todos temos maus hábitos. E muitos. "Maus hábitos" (coisas que fazemos repetidamente e que nos afastam da vida que queremos) são naturais para todos nós e raramente são fáceis de mudar. Para citar o famoso autor Mark Twain: *"Hábito é hábito, e não deve ser jogado pela janela, mas levado escada abaixo, um degrau de cada vez."* (Twain também disse: *"Deixar de fumar é fácil... eu já fiz isso centenas de vezes."*)

Portanto, é um tanto enganoso falar sobre "acabar" com um hábito — como se pudéssemos simplesmente quebrá-lo ao meio, jogá-lo no lixo e pronto. Lembre-se: o cérebro funciona por adição, não por subtração; não podemos simplesmente deletar os velhos caminhos neurais que sustentam nossos "maus hábitos". Tais caminhos permanecerão e darão origem a impulsos e estímulos para continuar fazendo o que quer que seja esse movimento para trás. Mas podemos estabelecer novos caminhos neurais por cima dos antigos. Podemos desenvolver padrões de comportamento novos e mais eficazes e escolher conscientemente fazer esses novos movimentos para frente em vez dos antigos movimentos para trás.

Se praticarmos repetidamente os novos comportamentos, mais cedo ou mais tarde, com o tempo e muita, muita repetição, chegaremos a um ponto em que começaremos a fazê-los de forma automática, natural e prontamente — nesse ponto, poderemos dizer que desenvolvemos um "novo hábito". No entanto, leva *muuuuito* tempo para que um novo comportamento se torne um hábito. Não acredite nos blogueiros, livros de autoajuda e palestrantes motivacionais que afirmam que leva 21 (ou 28, ou 35) dias para criar um hábito. Esses números parecem bons, mas não há comprovação científica para eles. Alguém literalmente apenas inventou essa teoria porque soa bem — e agora todo mundo a repete como se fosse fato. Mas basta olhar atentamente para sua própria experiência para perceber que geralmente leva muitos meses, senão anos, de prática contínua até que um novo padrão de comportamento se torne habitual. Então, até chegarmos ao ponto em que nosso novo comportamento seja automático, precisaremos fazer um esforço consciente para "nos pegar no ato" várias vezes: perceber que estamos prestes a começar (ou já começamos) a fazer esse movimento para trás, interrompê-lo e escolher fazer um movimento para frente.

A boa notícia é que, quando aplicamos as habilidades abordadas neste livro, podemos interromper praticamente qualquer "mau hábito" e substitui-lo por um mais eficaz (conforme ilustrado a seguir).

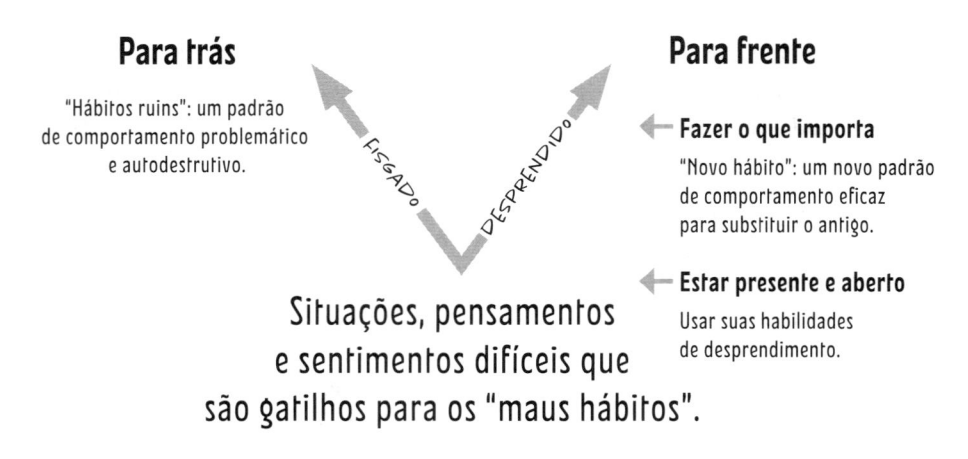

Para trás

"Hábitos ruins": um padrão de comportamento problemático e autodestrutivo.

FISGADO

DESPRENDIDO

Para frente

← **Fazer o que importa**

"Novo hábito": um novo padrão de comportamento eficaz para substituir o antigo.

← **Estar presente e aberto**

Usar suas habilidades de desprendimento.

Situações, pensamentos e sentimentos difíceis que são gatilhos para os "maus hábitos".

Uma boa maneira de iniciar esse processo é percorrer estas cinco etapas:

1. Quais são os gatilhos?
2. Quais são as recompensas e os custos?
3. Qual seria um bom comportamento alternativo e por quê?
4. Quais habilidades de desprendimento são necessárias?
5. O que ou quem pode ajudar?

Trabalharemos nisso agora. Escolha um mau hábito que você gostaria de trabalhar (qualquer padrão de comportamento ineficaz, problemático ou autodestrutivo que faz repetidamente) e anote suas respostas para cada pergunta. Para ajudá-lo, fornecerei exemplos de um comportamento problemático extremamente comum: a procrastinação.

Pronto? Caneta e papel em mãos? Muito bem, primeiro anote o comportamento que você deseja reduzir e depois considere…

Pergunta 1: Quais são os gatilhos?

Que situações, pensamentos e sentimentos normalmente desencadeiam esse comportamento? Quais pessoas, lugares, eventos, pensamentos, lembranças, impulsos ou emoções em particular? (Se você não tem certeza do que o desencadeia, por enquanto, apenas escreva "não tenho certeza". Então, nos próximos dias, use suas habilidades de "estar presente" para observar cuidadosamente quando e onde você faz isso, e quais pensamentos e sentimentos aparecem imediatamente antes.)

Por exemplo: meu comportamento problemático é procrastinar em tarefas importantes. Os gatilhos geralmente são: a) pensar em uma tarefa chata, difícil ou que provoca ansiedade e b) ansiedade, medo ou outros sentimentos desagradáveis que aparecem quando penso nela.

Pergunta 2: Quais são as recompensas e os custos?

Qualquer tipo de comportamento tem recompensas e custos. (Por "recompensas", quero dizer "benefícios" ou "ganhos".) E se quisermos saber por que continuamos tendo algum comportamento problemático, primeiro notamos os gatilhos e depois identificamos as recompensas. Basicamente, as recompensas de qualquer comportamento (seja um movimento para frente ou para trás) se resumem a:

- evitar ou fugir de algo que não deseja (dentro ou fora de você ou em ambos);

- conseguir algo que deseja (dentro ou fora de você ou em ambos).

A seguir estão algumas recompensas extremamente comuns. O comportamento nos ajuda a:

- escapar ou evitar pessoas, lugares, situações ou atividades desafiadoras;

- escapar ou evitar pensamentos, emoções, lembranças, impulsos ou sensações indesejadas;

- satisfazer nossas necessidades;

- obter atenção ou aprovação;

- fazer com que os outros façam o que queremos;

- "parecer bem" ou se "encaixar" em relação aos outros;

- sentir-se melhor (por exemplo, relaxado, aliviado, calmo, feliz, seguro);

- sentir-se com razão (estamos "certos" e os outros estão "errados");

- sentir que estamos trabalhando duro em nossos problemas.

Existem muitos ganhos possíveis para qualquer comportamento, mas a maioria deles se encaixa em uma ou mais dessas amplas categorias (geralmente várias). Às vezes, apesar de nossos melhores esforços, simplesmente não conseguimos mensurar as recompensas — e tudo bem. Não precisamos. É muito mais importante esclarecer os custos.

É claro que, quando pensamos em mudar nosso comportamento, já estamos cientes de alguns dos custos — caso contrário, por que nos incomodaríamos em mudar? No entanto, devemos refletir mais profundamente e nos conectar de verdade com o que esse comportamento está nos custando; caso contrário, podemos não estar "incomodados o suficiente" para fazer o trabalho árduo necessário. Então, devemos nos perguntar, honestamente:

- Esse comportamento tem custos ou inconveniências? Alguma consequência negativa não intencional?

- Existe algo importante que perdemos ou não aproveitamos quando fazemos isso?

- Ele nos afasta de alguém ou de algo importante?

- Exerce algum impacto negativo na saúde, no bem-estar, no trabalho, nos relacionamentos ou na satisfação com a vida?

Exemplo: minhas recompensas por procrastinar são:

- *Evito tarefas que são chatas, desafiadoras ou que geram ansiedade.*

- *Evito ansiedade, pavor e outros sentimentos desagradáveis.*

- *Em vez disso, faço outras coisas que são mais interessantes, fáceis ou divertidas.*

- *Cada vez que decido adiar um pouco mais, sinto alívio.*

Exemplo: os custos da procrastinação são:

- *Tarefas importantes que poderiam melhorar minha vida não estão sendo realizadas.*

- *Estou perdendo os benefícios que obteria ao realizar essas tarefas, como A, B e C (por exemplo, sentimento de satisfação ou conquista, ser fiel a mim mesmo, melhorar minha saúde ou relacionamentos, aproximar-me de um importante objetivo de longo prazo).*

- *A longo prazo, adiar está aumentando minha ansiedade, reduzindo minha sensação de bem-estar e sobrecarregando X, Y e Z (por exemplo, minha saúde, minhas finanças, meus relacionamentos).*

- *Estou perdendo tempo e energia preciosos me distraindo com outras atividades.*

Depois de fazer isso, pergunte-se: os custos superam os ganhos?

Se a resposta for "não" (e estiver sendo genuinamente honesto consigo mesmo), você claramente não vê esse comportamento como um problema significativo, então escolha um diferente para trabalhar.

Se a resposta for sim, considere...

Pergunta 3: Qual é um bom comportamento alternativo e por quê?

Uma vez que tenha certeza de que o hábito está custando mais do que recompensando, o próximo passo é considerar qual comportamento novo e eficaz você adotará no lugar. Por exemplo:

- Se você não gritar com seus filhos ou parceiro quando estiver frustrado, aborrecido ou zangado com o comportamento deles — o que fará em vez disso?

- Se não beber ou usar drogas, comer demais ou fumar quando estiver se sentindo infeliz, estressado, ansioso, entediado etc. — o que fará em vez disso?

- Se quiser passar menos tempo assistindo à TV, jogando no computador, navegando nas redes sociais ou "dormindo até tarde" — o que fará em vez disso?

Voltamos então às habilidades de definição de metas: nesse caso, a escolha de comportamentos novos e eficazes guiados por valores. Por exemplo, em relação aos pontos acima:

a) Em vez de gritar, poderá pedir com calma e paciência que mudem o que estão fazendo; ou poderá aceitar o que aconteceu e fazer disso uma piada; ou poderá falar com calma e honestidade sobre como se sente quando eles fazem isso.

b) Em vez de recorrer a bebidas, drogas, comida ou tabaco, primeiro DOME seus sentimentos difíceis e, em seguida, faça qualquer atividade que considere significativa e gratificante, seja brincar com seu animal de estimação, ler um livro, assistir a um filme enquanto se exercita, planejar férias, fazer algo criativo, ver fotos antigas, passar bons momentos com amigos ou família etc. (É importante DOMÁ-los primeiro — para se abrir e dar espaço ao sentimento —; caso contrário, todas essas atividades funcionarão como distração.)

c) Em vez de gastar tanto tempo fazendo essas atividades, programe outras coisas que ache mais significativas, como os exemplos citados na letra b.

Também queremos esclarecer *por que* essa é uma boa alternativa. Em outras palavras, quais são as recompensas desse comportamento? Como ele pode ajudar tópicos como saúde, bem-estar, relacionamentos e trabalho? Ele levará nossa vida na direção que queremos? Quais valores viveremos? Para quais objetivos de longo prazo ele nos conduz?

> *Por exemplo: em vez de procrastinar esta tarefa, vou começá-la.*
>
> *Em (especificar dia, data, hora) _____*
>
> *Vou gastar (especificar a duração) _____ minutos trabalhando nisso.*
>
> *Vou começar com (especificar o primeiro passo) _____*
>
> *Em uma escala de 0 a 10, quão realista é isso? _____*
>
> *As recompensas são: estou vivendo meus valores; uma tarefa importante está sendo realizada; e obterei benefícios como A, B e C (por exemplo, sentimento de satisfação ou conquista, melhorias na minha saúde, bem-estar ou relacionamentos, levar minha vida para uma direção significativa, aproximar-me de um importante objetivo de longo prazo).*

Pergunta 4: Quais habilidades de desprendimento são necessárias?

Como esse novo comportamento nos tira de nossa zona de conforto, pensamentos e sentimentos difíceis certamente surgirão. Portanto, é aconselhável planejar com antecedência; como diz o ditado: *"É melhor prevenir do que remediar."*

- Que pensamentos inúteis (por exemplo, razões para não fazer, regras rígidas, autojulgamentos severos) surgirão?

- Que sentimentos desagradáveis (por exemplo, ansiedade, raiva, vergonha) você sentirá?

- Que habilidades de desprendimento precisaremos aplicar? (Agradecer à mente, nomear a história, lançar âncora, mãos gentis?)

Nem é preciso dizer que, se nossas habilidades de desprendimento forem fracas, precisaremos praticá-las. E o legal é que, quanto mais praticarmos toda a gama de habilidades de desprendimento, com menos desconforto teremos de lidar. Se vermos o pensamento de "Você vai falhar" apenas como palavras, ele será muito menos incômodo do que quando respondemos no modo ACATAR. E quando desligamos esse interruptor de luta, torna-se muito mais fácil conviver com nossos sentimentos, porque eles não são amplificados.

Por exemplo, quando estou prestes a iniciar essa tarefa, pensamentos inúteis surgem como: "Deixa para depois. Isto pode esperar. Eu não tenho energia. Não estou no clima. Odeio fazer isso. É tão chato. Adiar mais um dia não vai ter importância." E sentimentos difíceis surgirão, como ansiedade, nó no estômago e vontade de fazer outras coisas (como comer um lanche, fazer uma xícara de café, navegar na internet ou checar meus e-mails).

Vou me desprender desses pensamentos e sentimentos lançando âncora e abrindo espaço.

Pergunta 5: O que ou quem pode ajudar?

Muitas coisas podem nos ajudar a desenvolver novos padrões de comportamento: obter apoio e incentivo de outras pessoas, estabelecer sistemas de recompensa, reestruturar o ambiente físico e assim por diante. Exploraremos essas estratégias e muito mais no próximo capítulo. Aqui, quero mencionar apenas duas estratégias que são incrivelmente úteis: começar aos poucos e ter uma conversa interna gentil. Vejamos brevemente cada uma delas.

Começar aos poucos

Quando você entra em uma academia, não vai direto para os pesos mais pesados da sala; começa com pesos leves e gradualmente desenvolve seus músculos. O mesmo princípio se aplica ao desenvolvimento de qualquer novo comportamento. Comece com metas menores e menos desafiadoras e vá aumentando o desafio ao longo do tempo. Portanto, reflita: que maneira de começar não seria muito difícil? O que seria viável, realista e não muito longe da sua zona de conforto?

Acontece que esse princípio é a estratégia

PADRÃO-OURO-MAIS-INCRÍVEL-DE-TODOS-OS-TEMPOS

para a procrastinação. Não tente concluir toda a tarefa ou projeto de uma só vez: mordisque-a, um pequeno pedaço de cada vez. Defina a meta de se dedicar à tarefa por apenas um breve período — após o qual você pode parar. (Ou continuar, se desejar.)

Por exemplo: Vou trabalhar nesta tarefa por apenas vinte minutos. No final desse tempo, posso parar. (Ou continuar, se eu quiser.)

Ter uma conversa interna gentil

Uma conversa interna gentil e encorajadora muitas vezes pode fazer maravilhas pela nossa motivação.

Por exemplo: Eu posso fazer isso. São apenas vinte minutos do meu tempo. No final desse tempo, posso parar — ou posso continuar, se quiser. Sei que, muitas vezes, quando começo alguma coisa, eu ganho impulso e continuo. Mas se isso não acontecer, pelo menos fiz vinte minutos, e isso é um começo. Eu posso aumentar a partir daí. Estou disposto a abrir espaço para o meu desconforto e fazer o que importa.

Hora da ação

Se você executou as etapas acima, é hora da ação. (E se as barreiras difíceis atrapalharem, você sabe o que fazer; consulte o Capítulo 23 se tiver esquecido.) No entanto, lembre-se: você não *precisa* fazer isso; é uma escolha pessoal. A escolha de viver de acordo com seus valores, de se comportar mais como o tipo de pessoa que você quer ser. Então, ao executá-la, envolva-se nela; concentre toda a sua atenção na tarefa em questão. E abra espaço para todos os pensamentos e sentimentos que surgirem.

Em outras palavras: *Esteja presente, abra-se e faça o que importa.*

27
MANTENDO O RUMO

O filósofo Alfred Souza escreveu: "*Por muito tempo, me pareceu que a vida estava para começar — a vida real. Mas sempre havia algum obstáculo no caminho, algo a ser superado primeiro, algum negócio inacabado, tempo a ser cumprido, uma dívida a ser paga. Então a vida começaria. Finalmente me dei conta de que esses obstáculos eram a minha vida.*"

Ele estava no caminho certo. A vida é cheia de obstáculos e, sempre que os encontramos, podemos dizer "sim" — abrir espaço para nossos pensamentos e sentimentos e fazer o que importa — ou dizer "não" e recuar. Se dissermos não repetidamente, nossa vida estagna ou encolhe. Se dissermos sim repetidamente, nossa vida se torna maior. Felizmente, mesmo quando não *queremos* dizer sim, ainda podemos *escolher* fazer isso. E cada vez que fazemos essa escolha, crescemos como pessoa.

Com o tempo, dizer "sim" aos nossos obstáculos se tornará mais fácil, mais habitual. E a experiência que ganhamos ao fazer isso nos dá um profundo reservatório de força, ao qual podemos recorrer quando as coisas ficam difíceis. Estamos falando aqui de uma qualidade a que tenho me referido como "vontade" ou "disposição". Para entender melhor esse conceito, considere…

A cidade perdida dos Oompa-Loompa

Você é um explorador intrépido, abrindo caminho pela selva em busca da antiga cidade dos Oompa-Loompa. De repente, você se depara com um pântano enorme e fedorento cheio de sanguessugas. A única maneira de chegar a essas ruínas antigas é atravessar toda aquela sujeira infestada de mosquitos. É isso ou voltar, sem terceira opção. Então, qual você escolhe?

Se optar por continuar, não é porque gosta de caminhar com a água fria e fedorenta do pântano até a cintura, sendo comido vivo por sanguessugas e mosquitos — é porque explorar essas ruínas antigas é realmente importante para você. Está disposto a sentir esse desconforto, não porque *gosta*, *quer* ou *aprecia*, mas porque isso permitirá que faça algo importante e significativo.

Soula entendeu o ponto dessa história. Para perseguir seu objetivo de encontrar um parceiro, ela começou a sair com caras que conheceu por meio do site de namoro. Estava disposta a abrir espaço para sentimentos de vulnerabilidade, insegurança e ansiedade e para pensamentos como "Estou perdendo meu tempo", "Só vou conhecer esquisitos e perdedores" e "Se eu conhecer alguém legal, ele não vai gostar de mim". Sua disposição a ter esse desconforto permitiu que ela saísse em alguns encontros e conhecesse alguns rapazes legais.

Da mesma forma, para passar mais bons momentos com a família, Michelle estava disposta a abrir espaço para a ansiedade de dizer "não" de forma assertiva, em vez de sempre agradar as pessoas. E para recuperar sua vida e abandonar o alcoolismo, Donna estava disposta a se abrir, dar espaço para a tristeza e praticar a autocompaixão, em vez de tentar afastar a dor com a bebida.

E chegamos a Kirk, um rico advogado comercial. Quando Kirk realmente se conectou com seus valores, seu trabalho deixou de ter sentido. Havia se tornado advogado principalmente por *status* e dinheiro, e para obter a aprovação de seus pais (ambos advogados de sucesso). O que ele realmente queria fazer, porém, era apoiar e cuidar das pessoas, especialmente ajudá-las a crescer, aprender e se desenvolver. Por fim, decidiu estudar novamente para se tornar psicólogo. Para fazer isso, estava disposto a abrir espaço para muito desconforto: perda de renda, muitos anos extras de estudo, desaprovação dos pais, ansiedade sobre se estava fazendo a coisa certa, pensamentos sobre "todos aqueles anos perdidos" e assim por diante. Na última vez que vi Kirk, ele havia se formado como psicólogo e estava amando a profissão. Mas nunca teria chegado lá sem o ímpeto de abrir espaço para todo aquele desconforto.

Crescimento pessoal

Se quisermos continuar crescendo como pessoa, precisamos continuar nos abrindo e fazendo o que importa. Até agora, definimos metas de curto prazo em apenas uma área da vida, porque essa é a melhor maneira de seguir. No entanto, com o passar do tempo, queremos também traçar metas a médio e longo prazo em todos os domínios da vida que consideramos importantes. Então, começaremos agora mesmo.

Objetivos de médio prazo

Escolha uma área da vida, conecte-se com dois ou três valores que deseja colocar em prática e pergunte-se: "Que desafios maiores (alinhados com esses valores) posso traçar para as próximas semanas e meses?"

Como de costume, seja específico. Por exemplo, se o domínio for saúde e o valor for autocuidado, uma meta de médio alcance poderia ser: "Três noites por semana, prepararei o jantar seguindo um livro de receitas saudáveis" ou "Farei caminhadas todos os dias durante vinte minutos da minha hora de almoço".

Objetivos de longo prazo

Para a mesma área e valores mencionados, pergunte-se: "Que grandes desafios posso definir para os próximos anos?" É aqui que você ousa pensar grande. O que gostaria de alcançar daqui a um, dois, três, quatro ou cinco anos? Metas de longo prazo podem incluir qualquer coisa, desde mudar de carreira, encontrar um parceiro ou ter filhos, até comprar uma casa, aprender a tocar um instrumento ou viajar pelo mundo. Permita-se sonhar.

E se der branco aqui e se sua mente disser: "Não faço ideia!" — fique tranquilo, isso é extremamente comum e não é um problema. Atenha-se apenas aos objetivos de curto e médio prazo. Com o tempo, você crescerá, sua vida se expandirá e, mais cedo ou mais tarde, esses objetivos de longo prazo se tornarão claros para você. Ou não. Isso realmente não importa; porque, enquanto isso, você viverá seus valores, sendo quem quer ser e aproveitando ao máximo a vida como ela é no momento.

Outras áreas da vida

Depois de progredir em uma determinada área da vida, geralmente é uma boa ideia mudar para outra. E depois de fazer algum progresso nessa, mudar para outra.

Não há maneira certa ou errada de fazer isso; nenhuma fórmula a seguir. Cada um de nós precisa experimentar e descobrir o que funciona melhor. Algumas pessoas trocam de área semanalmente; outras mensalmente; outras somente depois de atingirem um objetivo específico. E algumas pessoas descobrem que podem trabalhar em várias áreas simultaneamente; mas a maioria acha demais se concentrar em mais de uma ou duas de cada vez.

Portanto, é importante estar sempre verificando esses aspectos em si mesmo. Está se sentindo sobrecarregado, cansado, preso? Nesse caso, você está excedendo seus recursos, tentando fazer demais, muito cedo (ou com perfeição). Portanto, reduza: torne seus objetivos ao mesmo tempo realistas *e* capazes de melhorar a vida. Se estão sugando sua vida, você caiu na armadilha da vida focada em objetivos (veja o Capítulo 21).

Fique atento também à seguinte armadilha mental comum: "O que devo fazer da minha vida?" Já foi fisgado por essa? Eu com certeza fui, e posso dizer: é uma receita para a angústia. Quanto mais isso lhe fisgar, mais insatisfeito você estará com a vida que tem. O problema é que essa pergunta é *muuuito* complexa, quase ninguém pode respondê-la (exceto o pequeno número de pessoas que têm algum tipo de grande vocação a vida inteira — geralmente relacionada a religião, política ou salvar o mundo).

Para a maioria de nós, essa não é uma pergunta útil; é muito grande, muito opressora. Perguntas muito mais úteis são:

Nessa *área específica* da minha vida, o que eu quero fazer...

... nas próximas horas?

... nos próximos dias?

... nas próximas semanas?

... nos próximos meses?

Depois de responder, escolha outra área e faça as mesmas perguntas. E assim por diante. Tenho certeza de que descobrirá que esta é uma maneira muito mais gratificante de viver do que tentar descobrir "o que devo fazer da minha vida?".

Agora, na segunda metade deste capítulo, examinaremos outro tópico muito importante...

Como manter o novo comportamento em andamento

Existem centenas, senão milhares de ferramentas disponíveis para nos aju-dar com o difícil desafio de sustentar nossos novos padrões de comporta-mento — mas podemos agrupar todas elas no que chamo de "Os Sete Rs": Recados, Registros, Recompensas, Rotinas, Relacionamentos, Reflexões e Reestruturações do ambiente. Daremos uma olhada em cada tópico.

Recados

Podemos usar vários tipos de ferramentas simples com recados para nos aju-dar a lembrar do novo comportamento que desejamos reforçar. Por exemplo, podemos criar um pop-up ou um protetor de tela em nosso computador ou smartphone com uma palavra, frase ou símbolo importante que nos lembre de agir com atenção ou exercitar um valor específico.

Podemos usar a antiga e querida tática de escrever uma mensagem em um cartão e grudá-la na geladeira, no espelho do banheiro ou no painel do carro.

Ou podemos escrever algo em um diário, no calendário ou no aplicativo de "notas" do celular. Podemos escrever apenas uma ou duas palavras, como "lan-ce âncora" ou "seja gentil"; ou um acrônimo como RCE; ou ainda uma frase, como "esteja presente, abra-se, faça o que importa".

Alternativamente, podemos colocar um post-it de cor viva na pulseira do relógio, na parte de trás do celular ou no teclado do computador, para que sem-pre que utilizarmos estes dispositivos, o post-it nos lembre de agir com base no novo comportamento.

Registros

Podemos manter um registro do nosso novo comportamento ao longo do dia, anotando quando e onde o adotamos e quais são os benefícios dele; e também quando e onde adotamos o antigo comportamento e quais são seus custos. Qualquer diário ou caderno — em papel ou no computador — pode servir a esse propósito.

Recompensas

Quando temos um novo comportamento que envolve agir de acordo com nossos valores, esperamos que isso seja recompensador por si só. No entanto, podemos ajudar a fortalecê-lo com recompensas adicionais.

Uma forma de recompensa é a conversa interna gentil e encorajadora (por exemplo, dizer a si mesmo: "Muito bem. Você conseguiu!"). Outra forma de recompensa é compartilhar seu sucesso e progresso com um familiar que você sabe que responderá positivamente.

Por outro lado, você pode preferir recompensas mais materiais. Por exemplo, se mantiver esse novo comportamento por uma semana inteira, poderá comprar ou fazer algo que realmente gosta (por exemplo, receber uma massagem ou comprar um livro).

Rotinas

Se você se levantar todas as manhãs no mesmo horário para correr, fazer ioga ou meditar, com o tempo esse novo padrão de comportamento começará a surgir com mais naturalidade; não terá que pensar tanto para fazê-lo; exigirá menos "força de vontade"; se tornará parte de sua rotina regular. Portanto, experimente: seja qual for o novo comportamento, veja se pode encaixá-lo na rotina para que se torne uma parte normal da vida diária. Por exemplo, se você dirige do trabalho para casa, todas as noites, pouco antes de sair do carro, pode lançar âncora por dois minutos e refletir sobre os valores que deseja colocar em prática ao entrar pela porta de casa.

Relacionamentos

É mais fácil estudar se você tiver um "companheiro de estudo"; mais fácil se exercitar se tiver um "companheiro de exercícios". Nos programas de Alcoólicos Anônimos, eles juntam o participante a um padrinho que está lá para ajudá-lo a continuar sóbrio quando as coisas ficam difíceis.

Sendo assim, há como encontrar uma pessoa gentil, atenciosa e encorajadora que possa ajudá-lo com seu novo comportamento? (Pode ser um terapeuta, consultor ou *coach*.) Talvez você possa entrar em contato com essa pessoa regularmente e dizer a ela como está indo, conforme mencionado em "Recompensas".

Ou talvez possa enviar um e-mail para a pessoa que o apoia com os registros que você mantém. Ou pode usar a outra pessoa como seu Recado; peça-lhe para lembrá-lo de agir conforme o novo comportamento, se e quando isso for útil. Por exemplo, pode dizer ao seu parceiro: "Quando eu estiver preocupado, pode me lembrar de lançar âncora?"

Reflexões

Reserve regularmente um tempo para refletir sobre como está se comportando e que efeito isso está tendo em sua vida. Pode fazer isso escrevendo (Registros) ou conversando com outra pessoa (Relacionamentos).

Também pode ser um exercício mental ao longo do dia, ou antes de ir para a cama, ou ao acordar de manhã. Simplesmente passe alguns momentos refletindo sobre questões como:

"Como estou indo?"

"O que estou fazendo que está funcionando?"

"O que estou fazendo que não está funcionando?"

"O que posso fazer mais, menos ou de forma diferente?"

Certifique-se de também refletir sobre os momentos em que você voltou ao seu antigo comportamento. Observe o que desencadeia essas recaídas e contratempos e o que isso custa a você (ou seja, como você sofre?) quando acontece. Não é para se culpar! Apenas reflita *compassivamente* sobre os custos genuínos para sua saúde e bem-estar ao voltar aos velhos hábitos — e use sua consciência do sofrimento que isso lhe causa para se motivar a voltar aos trilhos.

Reestruturações do ambiente

Muitas vezes podemos reestruturar nosso ambiente para tornar o novo comportamento mais fácil e, portanto, mais provável de ser sustentado. Por exemplo, se o novo comportamento for "alimentação saudável", podemos reestruturar a cozinha para tornar isso mais fácil: livrar-se das porcarias ou escondê-las e abastecer a geladeira e a despensa com alimentos saudáveis.

Se quisermos ir para a academia de manhã, podemos arrumar a bolsa de ginástica e colocá-la ao lado da cama ou em outro lugar óbvio e conveniente, para que esteja tudo pronto para irmos assim que levantamos. (E, claro, quando vemos a bolsa de ginástica ali, ela age como um Recado.)

Então, aí estão "Os Sete Rs": Recados, Registros, Recompensas, Rotinas, Relacionamentos, Reflexões e Reestruturações do ambiente. Agora, seja criativo; misture e combine esses métodos o quanto quiser para criar seu conjunto de ferramentas e alcançar uma mudança duradoura. Boa sorte!

28
QUEBRANDO AS REGRAS

Às vezes, nossa mente pode ser um pouco tirana. Ela estabelece regras estritas e nos diz: "Você tem que ACATAR! E se *não* fizer isso, as consequências serão *terríveis!*" Todos nós seguimos essas "regras rígidas" até certo ponto — e muitas vezes não temos consciência disso. Elas geralmente podem ser identificadas por palavras como *deve, tem que, precisa, é necessário, não pode a não ser que, a menos que, não até, é melhor não, sempre, nunca, faça desta maneira, não faça desta maneira* e assim por diante.

Aqui estão alguns exemplos comuns:

- *Tenho que fazer as coisas com perfeição; não devo cometer erros.*

- *Tenho que manter os outros felizes; minhas necessidades não importam.*

- *Tenho que ficar fiscalizando os outros; não posso confiar neles.*

Quando regras rígidas nos fisgam, a vida se contrai. Por exemplo, a primeira regra acima nos leva ao estresse do "perfeccionismo doentio"; a segunda, à tensão de "agradar demais as pessoas". E a terceira nos leva aos maus hábitos de checar continuamente os outros — como um pai supercontrolador ou um "microgestor" no local de trabalho.

Na década de 1940, a psicóloga Karen Horney referiu-se a essas questões como "A tirania dos deveres"; e na década de 1960, o psicólogo Albert Ellis chamou de "*mus*turbation", algo como "*mas(tenh)oqu*ismo". Daremos uma olhada em como se libertar dessa tirania.

Recompensas e custos

No Capítulo 25, exploramos a arte de acabar com os maus hábitos, e todos os mesmos princípios se aplicam aqui. Portanto, primeiro examinamos as recompensas e os custos de responder a uma regra no modo ACATAR.

As recompensas

Quando Michelle ACATAVA as regras de agradar as pessoas, isso a motivava a cuidar dos outros; protegia-a da rejeição ou da hostilidade; ajudava-a a receber aprovação, afeto ou gratidão e a evitar conflitos; melhorava sua autoimagem de alguém atenciosa, gentil, prestativa, uma "doadora"; e ajudava-a a escapar brevemente da história de "eu não sou amável".

Você pode aceitar quase qualquer regra rígida — seja baseada nas exigências de seus pais, sua religião, sua cultura, seu local de trabalho ou suas próprias exigências autoimpostas de perfeição — e encontrar recompensas semelhantes. Quando ACATAMOS regras rígidas, isso nos ajuda a evitar ou escapar *temporariamente* de pensamentos e sentimentos indesejados, especialmente medo, ansiedade, culpa, vergonha e histórias de não ser bom o suficiente; e também nos ajuda a obter ou alcançar as coisas que queremos.

Os custos

Geralmente há muitos custos de longo prazo ao se ACATAR regras rígidas, incluindo estresse, exaustão, esgotamento, falta de realização, tensão e conflito em relacionamentos íntimos, sensação de perda da experiência de viver, sensação de peso ou de estar preso, ou uma vida que é, em grande parte, drenada de alegria e contentamento. Michelle passou por tudo isso. Além disso, quanto mais sua vida girava em torno de agradar os outros, mais isso fortalecia sua crença: "Não sou importante; minhas necessidades não importam." E, com o tempo, seu medo de desaprovação aumentou. Por quê? Porque enquanto evitarmos aquilo de que temos medo, nunca teremos a chance de aprender que podemos lidar com isso. Eleanor Roosevelt resumiu de forma brilhante: "*Você ganha força, coragem e confiança em cada experiência em que realmente para e en-*

cara o medo. Você é capaz de dizer a si mesmo: 'Se eu passei por isso, posso passar por qualquer coisa.' Você deve fazer o que acha que não pode fazer."

Obviamente, se ACATAR a regra não tiver custos significativos, não há problema. Mas se isso estiver afetando sua saúde, seu bem-estar e sua felicidade, reserve um minuto para se conectar profundamente com os custos antes de continuar lendo.

Uma vida mais livre e plena

Ao deixar de viver preso a regras rígidas, você conquista uma vida mais livre e plena. Veja bem, sob regras rígidas sempre há valores importantes. E podemos exercitar esses valores de maneiras que nos dão muito mais liberdade.

Por exemplo, enterrados sob o perfeccionismo, geralmente encontramos valores como eficiência, confiabilidade, competência e responsabilidade. E abaixo da regra de agradar as pessoas, tendemos a encontrar valores como autoproteção, doação, cuidado e solicitude. Podemos aprender a viver de acordo com esses valores *sem* transformá-los em regras que esgotam a vida; podemos aprender a pô-los em prática com flexibilidade, de forma a melhorar nosso bem-estar e nossa qualidade de vida a longo prazo.

Ao fazer isso, ainda obteremos muitos dos benefícios de ACATAR regras rígidas, mas sem todos os custos. Sim, perderemos algumas recompensas — especialmente aquela fuga temporária da ansiedade e de outros sentimentos desconfortáveis — mas esse é o preço de uma vida mais livre e satisfatória.

Agora pare por um momento e perceba quais pensamentos e sentimentos estão surgindo. Ansiedade? Ceticismo? Sua mente está protestando? A máquina de razões está ativada? Ou você está animado, curioso, aberto a algo novo? Seja qual for a sua reação, perceba-a, nomeie-a, permita-a e continue lendo.

A boa notícia é que todos nós podemos dobrar ou desobedecer regras rígidas e viver uma vida melhor, mais livre e mais agradável — *desde que* estejamos dispostos a abrir espaço para os pensamentos e sentimentos desconfortáveis que inevitavelmente surgirão: medo, ansiedade, culpa, autojulgamento, máquina de razões ativada e assim por diante. Em outras palavras, precisaremos usar *todas* as nossas habilidades de desprendimento!

Escolhendo movimentos para frente

Se quisermos desobedecer a essas regras rígidas, precisaremos considerar: quais movimentos para frente faremos no lugar? Como colocaremos esses valores (aqueles que foram enterrados sob as regras) em prática, de maneira que nos liberte e melhore nossa saúde e nosso bem-estar? Isso é ilustrado abaixo.

Para trás

Padrões de comportamento problemáticos e desgastantes baseados em ACATAR regras.

FISGADO

DESPRENDIDO

Para frente

Vida livre e flexível baseada em valores que a melhoram.

Regras rígidas

Situações, pensamentos e sentimentos difíceis

Por exemplo, regras perfeccionistas o levam a estabelecer metas não realistas: tentar alcançar demais, muito cedo, com perfeição. Portanto, um bom movimento para frente que pode substituir isso é definir metas realistas e orientadas por valores, como as do Capítulo 22. E isso exigirá suas habilidades de desprendimento. Antes de definir qualquer novo objetivo, você precisará desligar o "piloto automático" e estar presente. (Quando estamos no piloto automático, ACATAMOS automaticamente nossas regras rígidas, sem nem perceber.) Então, é melhor fazer uma pausa por alguns segundos enquanto lança âncora ou respira lenta e suavemente; se necessário, DOME sua ansiedade ou surfe no impulso de estabelecer uma meta perfeccionista. Depois de se desprender, você poderá definir uma meta realista, flexível e que melhora sua vida.

E, como sempre, comece aos poucos: com desafios menos difíceis antes de avançar para os mais exigentes. Por exemplo, um dos comportamentos perfeccionistas de Karl era reescrever seus e-mails pelo menos quatro ou cinco vezes até ficar satisfeito; o que deveria ser uma tarefa simples de cinco minutos tornava-se uma provação de meia hora. Mas Karl era muito bom em escrever e-mails. E às vezes ele absolutamente precisava despachá-los com rapidez; devido a um prazo louco, simplesmente não havia tempo para reescrevê-los. E sempre que ele fazia isso... *nada de ruim acontecia*. Seus e-mails sempre eram diretos, práticos e bem recebidos. Toda aquela reescrita reduzia a ansiedade de Karl, mas não servia a nenhum outro propósito. Sabendo disso, o primeiro objetivo dele foi: "Só me permitirei reescrever meus e-mails uma vez."

Karl também começou a estabelecer limites de tempo para suas tarefas. Se sabia que poderia completar uma "razoavelmente bem" dentro de trinta minutos (mas seu movimento para trás o levava a repassá-la indefinidamente, tentando torná-la perfeita, estendendo-a por duas horas), então ele definia o objetivo: "Vou me permitir apenas trinta minutos para fazer isso." Em outras ocasiões, seu objetivo era: "Farei isso com apenas 80% do meu esforço máximo."

(Obviamente, se você decidir usar essas estratégias, precisará ser sensato. Um neurocirurgião perfeccionista não operaria com 80% de sua capacidade. No entanto, ele pode aplicar essa estratégia para escrever um e-mail para a administração do hospital.)

Cada vez que Karl completava suas tarefas não tão perfeitamente, ele se inundava de ansiedade. Mas abria espaço para o desconforto de modo a fazer o que importava. Sabia que não poderia se livrar da voz que dizia "você deve fazer isso perfeitamente" (não há botão de "deletar" no cérebro). Mas aprendeu a percebê-la e nomeá-la, agradecer à mente e deixá-la tocar como uma rádio ao fundo. E ele falava palavras gentis para si mesmo: "Bom o suficiente é o bastante", "Não tenho que fazer isso perfeitamente", "Todo mundo comete erros. Sou apenas humano".

Com o tempo, ele aprendeu que nada de terrível acontecia quando seu trabalho não saía perfeito. Pelo contrário, tornou-se mais eficiente e produtivo: menos procrastinação, mais tarefas concluídas. E passou a achar seu trabalho muito mais agradável quando não se fixava continuamente na necessidade de um resultado perfeito.

Aprendendo novas habilidades

Às vezes, para nos livrarmos de regras rígidas, precisamos aprender novas habilidades. Michelle nos traz um bom exemplo. Ela queria ter tempo para fazer coisas por si mesma, em vez de estar sempre ocupada ajudando os outros. Isso significava que ela precisaria começar a recusar os pedidos e demandas de outras pessoas — e começar a respeitar suas próprias necessidades e direitos. Em outras palavras, precisava aprender habilidades de assertividade.

"Assertividade" significa defender nossos direitos, nossos desejos e nossas necessidades de uma forma firme, mas também justa, calma e respeitosa. Todos temos o direito de recusar solicitações descabidas de outras pessoas; e todos temos o direito de pedir o que quisermos; mas a maneira como o fazemos é muito importante. A forma justa, calma e respeitosa como nos comportamos quando somos assertivos é radicalmente diferente do comportamento "agressivo", que envolve exigir o que se quer (ou recusar o que não se quer) de uma forma que descarta ou oprime os direitos dos outros. Quando somos agressivos, somos como um aríete, arrombando a porta para conseguir o que queremos; não há nada da calma, justiça e respeito pelos outros que a assertividade envolve.

Ser assertivo também é radicalmente diferente de ser "passivo". Quando somos passivos, somos como o proverbial "capacho", deixando todos passarem por cima de nós; nossos direitos, nossos desejos e nossas necessidades não importam; todos os outros são mais importantes. "Passivo" era a configuração padrão de Michelle. Então ela começou a trabalhar em como dizer não de forma assertiva. Para fazer isso, usou três estratégias úteis para trazer qualquer novo padrão de comportamento para sua vida: *prática, pausa* e *começar aos poucos.*

Prática

Qualquer nova habilidade requer prática. Então, sozinha, em frente ao espelho do quarto, Michelle praticava recusar pedidos de forma assertiva, usando declarações como: "Vou dizer não, porque tenho algo muito importante para fazer", "Obrigada pela oferta, mas eu vou recusar desta vez", "Estou lisonjeada por você querer minha ajuda, mas preciso recusar porque tenho muito trabalho para fazer", "Gostaria de ajudar, mas infelizmente isso entra em conflito com outras prioridades".

E especificamente para solicitações do seu gerente no trabalho, Michelle praticou essa: "Gostaria de ajudar, mas já tenho tantas prioridades; podemos definir qual é a mais importante no momento e quais você gostaria que eu colocasse de lado por um tempo?" (Observação: parte do ensaio inclui planejar quando e onde você aplicará suas novas habilidades e estratégias. Por exemplo, não teria caído bem se Michelle tivesse dito isso a seu gerente enquanto os dois estavam de passagem pelo bebedouro; ela separou um horário para a conversa.)

Michelle também praticou dizer: "Vou verificar e te dou um retorno." Essa é uma frase assertiva especialmente útil para ganhar tempo. Você pode seguir essa afirmação dizendo que "precisa conferir com outra pessoa", "ver o que está no calendário" ou que está "com a agenda lotada", então "precisa verificá-la e ver o que é possível". Você pode então levar o tempo necessário para fazer a escolha certa para você. E se optar por dizer não, muitas vezes é mais fácil enviar uma mensagem de texto, um e-mail ou fazer uma ligação do que fazer isso pessoalmente.

Pausa

Quando você sentir vontade de ACATAR sua regra rígida, uma breve pausa pode fazer maravilhas. Lance âncora por cinco segundos: respire lenta e suavemente ou firme os pés e endireite as costas. Os poucos segundos que isso lhe dá são suficientes para interromper sua "configuração padrão".

Quando as pessoas pediam para ela fazer alguma coisa, Michelle respirava devagar e suavemente e esperava três ou quatro segundos antes de responder. Essa breve pausa dava a ela tempo suficiente para se lembrar das afirmações assertivas que vinha praticando.

Começar aos poucos

Ao experimentar novas habilidades, queremos "começar aos poucos" e desenvolvê-las ao longo do tempo. Então, Michelle começou recusando pedidos de forma assertiva em situações que não eram muito difíceis: quando alguém ligava para ela e pedia para responder a uma pesquisa; quando um lojista dizia: "Se você comprar dois, ganha o terceiro de graça"; e quando sua filha dizia, pouco antes do jantar: "Posso comer um pouco de chocolate, por favor?" Então, gradualmente, com o tempo, ela começou a recusar pedidos em situações mais complexas.

Ao longo de vários meses, Michelle foi desenvolvendo seus músculos de assertividade — recusando pedidos (e demandas) de muitas pessoas que consideravam sua ajuda garantida. E cada vez que fazia isso, desencadeava uma grande ansiedade. Mas dizia a si mesma gentilmente: "Tenho o direito de dizer não." E abria espaço para sua ansiedade, para "fazer o que importa".

Algumas pessoas reagiam bem quando Michelle dizia não. Mas outras dificultavam a situação. Ficavam mal-humoradas, diziam como estavam "desapontadas" ou tentavam empregar várias maneiras de manipulá-la para que mudasse de ideia. E às vezes ela cedia e dizia "sim" quando realmente não queria. Mas, na maioria dos casos, persistia com seus nãos assertivos — e cada vez que o fazia, sentia uma sensação de triunfo.

Pouco a pouco, Michelle reduziu suas obrigações e liberou seu tempo para poder fazer mais coisas que realmente queria. Ao longo do caminho, rompeu relações com dois "amigos tóxicos" que não aceitavam um não como resposta. Isso provocou muita ansiedade a curto prazo, mas, a longo prazo, ela percebeu que estava muito melhor sem eles.

Claro, há muito mais na assertividade do que recusar pedidos absurdos; também envolve fazer pedidos e solicitar o que você deseja — com calma, justiça e respeito. Para Michelle, isso foi ainda mais difícil do que dizer não; bastava pensar no assunto para desencadear a tirana interior: "Suas necessidades não importam." Então, o próximo objetivo dela foi se inscrever em um curso online sobre habilidades de assertividade.

Com o tempo, Michelle moldou sua vida de maneira significativa. Ainda era prestativa, amorosa e solidária com os outros — mas agora fazia isso em seus próprios termos (em vez de sempre ACATAR sua regra rígida). E quando começou a viver do seu jeito, desprendendo-se de suas regras e autojulgamentos, abrindo espaço para a ansiedade e praticando a autocompaixão, sua vida melhorou muito. A ansiedade diminuiu, a depressão desapareceu, os níveis de estresse diminuíram e a vida se tornou muito mais gratificante.

Impondo suas regras aos outros

Nas páginas anteriores, focamos regras autoimpostas ("Eu deveria... XYZ"). Mas igualmente problemáticas são as regras que impomos aos outros (Ele/ela/eles/você/nós deve/devemos... XYZ). Quando somos fisgados por regras sobre o que os outros devem ou não fazer, essa é uma receita para conflito e tensão nesses relacionamentos. Por quê? Porque ficamos com raiva, magoados, ansiosos ou desapontados quando os outros não ACATAM nossas regras. Então, se você está entrando em conflito e tensão com seus entes queridos ou pessoas no trabalho, considere: que regras estou lhes impondo? Se eu seguir essas regras com firmeza, isso me ajudará a construir os relacionamentos que desejo?

Então, volte para seus valores. Quem você quer ser nesse relacionamento? Como você quer tratar a outra pessoa? Como ser assertivo, em vez de passivo ou agressivo: dizendo não ao que não quer e pedindo o que quer, de forma calma, justa e respeitosa?

Qualquer valor é uma via de mão dupla: descreve como queremos tratar a nós mesmos *e* aos outros. Portanto, se você tem se concentrado demais em si mesmo, reflita sobre como deseja tratar os outros. E se tem se concentrado demais nos outros, veja como deseja se tratar. Não existe uma fórmula simples para fazer isso; realmente é preciso experimentar e perceber o que funciona. Mas vale a pena reservar um tempo para isso, porque todos os relacionamentos inevitavelmente têm...

29
ALTOS E BAIXOS

Não importa quão bem você aprenda a andar, mais cedo ou mais tarde tropeçará. Às vezes você se equilibra a tempo e às vezes cai. Às vezes pode até se machucar. O fato é que, desde o dia em que deu o primeiro passo, você caiu centenas de vezes — e em nenhum momento desistiu de andar! Sempre se levantou, aprendeu com a experiência e seguiu em frente. É a esse tipo de atitude que nos referimos quando usamos a palavra "compromisso" na Terapia de Aceitação e Compromisso.

"Compromisso" não significa ser perfeito, sempre seguindo em frente, nunca desistindo ou se desviando. "Comprometimento" significa que, quando inevitavelmente tropeçamos ou saímos do caminho, levantamo-nos, orientamo-nos e seguimos na direção que queremos seguir.

Isso é bem exemplificado na lenda do grande herói escocês, Roberto de Bruce. Trata-se de uma história real que aconteceu há setecentos anos, em um período em que o rei da Inglaterra governava a Escócia. O rei inglês era violento e cruel e oprimiu brutalmente os escoceses por muitos anos. Mas em 1306, Roberto de Bruce foi coroado rei da Escócia e tornou sua prioridade número um libertar seu país. Logo depois de assumir o trono, formou um exército e o liderou na guerra contra os ingleses, no sangrento campo de batalha de Strathfillan. Infelizmente, o exército inglês tinha números maiores e armas superiores, e os escoceses foram derrotados de forma brutal.

Roberto de Bruce escapou e se escondeu em uma caverna. Com frio, molhado, exausto e ferido, ele se sentia totalmente sem esperança. Tão grande era sua vergonha, tão esmagador seu desespero, que pensou em deixar o país e nunca mais voltar.

Mas enquanto estava lá, olhou para cima e notou uma aranha que tentava tecer sua teia em uma fenda na parede da caverna. Não era uma tarefa fácil. A aranha tecia um fio e o prendia de um lado ao outro do vão. Então tecia outro e mais outro, para frente e para trás para construir a teia. No entanto, a cada poucos minutos, uma forte rajada de vento soprava pela fenda, quebrando a teia e fazendo a aranha cair.

Mas ela não desistia. No momento em que o vento amenizava, rastejava de volta até a borda da fenda e começava a tecer do zero novamente.

De novo e de novo o vento despedaçava a teia, e de novo e de novo a aranha a reconstruía. Por fim, as rajadas diminuíram por tempo suficiente para a aranha criar uma base verdadeiramente firme, de modo que, na próxima vez que o vento aumentou, a teia estava forte o suficiente para suportá-lo e a aranha finalmente pôde terminar o trabalho.

Roberto de Bruce ficou surpreso com a persistência dessa aranha. Ele pensou: "*Se aquela pequena criatura pode persistir apesar de todos esses contratempos, eu também posso!*" A aranha se tornou seu símbolo pessoal de inspiração e dizem que ele cunhou o famoso lema: "*Se não conseguir de primeira, tente outra vez.*" Depois que seus ferimentos cicatrizaram, ele juntou outro exército e continuou a lutar contra os ingleses pelos próximos oito anos, finalmente os derrotando em 1314, na Batalha de Bannockburn — um conflito em que seus homens estavam em desvantagem de dez para um!

Claro, Roberto de Bruce não sabia que teria sucesso em seu objetivo. Só sabia que a liberdade realmente importava. Enquanto buscasse essa liberdade, gozaria a vida que valorizava. (Estava, portanto, *disposto* a abrir espaço para todas as dificuldades que a acompanhavam.)

Essa é a natureza do compromisso: você nunca saberá com antecedência se alcançará seus objetivos; tudo o que pode fazer é seguir em frente, em uma direção significativa. O futuro não está sob seu controle. Você controla apenas sua capacidade de continuar a jornada, passo a passo, aprendendo e crescendo à medida que progride — e voltando ao caminho sempre que vaguear.

Redefinindo o sucesso

Há um perigo potencial em histórias inspiradoras como a de Roberto de Bruce. O perigo está na maneira como definimos o sucesso. Quer estejamos falando de artistas, médicos, atletas, empresários, estrelas do rock, políticos ou policiais, "pessoas de sucesso" são normalmente definidas em termos dos objetivos que alcançaram. Se atingiram um objetivo particularmente impressionante, dizemos que são "bem-sucedidas". Mas se aceitarmos essa definição terrivelmente limitada, nos condenaremos a uma vida focada em objetivos: longos períodos de frustração pontuados por momentos fugazes de gratificação se e quando atingimos nossas metas.

Portanto, convido você a considerar uma nova definição: *Sucesso na vida significa viver de acordo com seus valores.*

Adotar essa definição significa que você pode ter sucesso agora mesmo, tenha alcançado ou não seus principais objetivos. A realização está aqui, neste momento — sempre que agir de acordo com seus valores. E você está livre da necessidade de aprovação de outras pessoas. Não precisa de alguém para lhe dizer que "conseguiu". Não precisa de alguém para confirmar que está "fazendo a coisa certa". Você sabe quando está agindo de acordo com seus valores, e isso é o suficiente.

Soula, Donna e as outras pessoas que conhecemos neste livro não eram heróis do tipo que encontramos nos filmes. Não realizaram feitos inspiradores ou triunfaram contra todas as adversidades. Mas todas tiveram sucesso em se conectar com seus corações e fazer mudanças significativas em suas vidas. (Claro, como eu disse, viver de acordo com os valores não significa desistir dos objetivos; significa apenas mudar a ênfase, para o foco da vida ser apreciar o que você tem agora, em vez de sempre se concentrar no que não tem.)

Também vale a pena mencionar que todos os clientes sobre os quais escrevi, em muitas ocasiões, saíram dos trilhos. Todos perderam o contato com seus valores às vezes, foram pegos em pensamentos inúteis, lutaram contra sentimentos dolorosos e agiram de maneira autodestrutiva. Porém, mais cedo ou mais tarde, sempre voltavam aos trilhos.

Donna, por exemplo, levou quase um ano para se recuperar completamente do alcoolismo. Ficou sem beber por algumas semanas muitas vezes, mas então algo desencadeava o consumo outra vez: o aniversário do acidente de carro; o aniversário do funeral; o primeiro dia de Natal desde a morte do marido e da filha. Ocasiões como essas traziam à tona muitos sentimentos e lembranças dolorosos para Donna, e com eles vinham fortes desejos de beber. Às vezes, ela "esquecia" todas as habilidades que havia aprendido na terapia e recorria ao álcool para tentar fugir da dor.

Mas com o passar do tempo, Donna ficou cada vez melhor em se conter. Sua primeira recaída ocorreu no dia do aniversário de sua filha. Isso desencadeou uma semana inteira de bebedeira. Sua segunda recaída foi de apenas três dias de bebedeira e a terceira durou só um dia.

Ela aprendeu rapidamente que não há sentido em se culpar ao cometer um erro ou não cumprir um objetivo. Afundar em culpa e autocrítica não motiva ninguém a fazer mudanças significativas; apenas mantêm a pessoa presa, remoendo o passado. Assim, após cada recaída, Donna voltava à fórmula básica da ACT:

Esteja presente.

Abra-se.

Faça o que importa.

O que isso significa na prática? Bem, o primeiro passo, uma vez que saímos do caminho, é reconhecer isso conscientemente: estar totalmente presente com o que está acontecendo. Ao mesmo tempo, precisamos reconhecer que uma vez que isso acontece, não podemos mudar; não há como alterar o passado. E embora possa ser valioso refletir sobre o passado e pensar no que podemos fazer de diferente da próxima vez, não faz sentido insistir nisso e nos crucificarmos por sermos imperfeitos. Portanto, reconhecemos que saímos do caminho certo e somos gentis com nós mesmos. Desprendemo-nos do "não sou bom o suficiente". Abrimos espaço para os pensamentos e sentimentos dolorosos que inevitavelmente surgem quando voltamos aos nossos movimentos para trás. Praticamos "mãos gentis" ou "palavras gentis". Nós nos lembramos, com grande gentileza e compreensão: "O que aconteceu, aconteceu. Está no passado e agora é imutável. Como todo mundo no planeta, sou um ser humano imperfeito e às vezes estrago tudo."

O segundo passo é pensar: "O que eu quero fazer agora? Em vez de ficar remoendo o passado ou me culpando, o que posso fazer no presente que seja importante ou significativo?"

Então, o terceiro passo é, claro, agir de acordo com esse valor.

Tentar outra vez?

O lema de Roberto de Bruce: "*Se não conseguir de primeira, tente outra vez*" é certamente poderoso — mas é apenas metade da história. A outra metade é que devemos avaliar se o que estamos fazendo é eficaz. Um lema melhor seria: "Se não conseguir de primeira, tente outra vez; e se ainda não estiver funcionando, tente algo diferente."

Mas também há uma linha tênue a ser percorrida aqui. Quando enfrentamos um desafio significativo, a história do "É muito difícil!" geralmente aparece. "Você não consegue fazer isso! Desista!", nossa mente nos diz. E a máquina de razões imprime uma lista de vinte boas razões para parar. Naturalmente, então, nossa tentação é desistir e tentar outra coisa. No entanto, muitas vezes a persistência é precisamente o que é necessário.

É aqui que nossas habilidades de "focar e reorientar" e "estar presente" são úteis. Prestando total atenção ao que estamos fazendo e percebendo o impacto que está causando, estamos em melhor posição para responder a esta pergunta: "Para atingir meus objetivos, preciso persistir no que estou fazendo — ou mudar?" Então, dependendo da nossa resposta, nos comprometemos a mudar ou persistir.

Uma atitude de otimismo

Como vimos no capítulo anterior, Soula se cadastrou em uma agência de namoro e começou a sair com vários homens diferentes. A princípio, esse foi um processo estranho, embaraçoso e estressante para ela. Sua mente repetidamente dizia que era uma "perdedora" e que só conheceria "outros perdedores". Mas, apesar dessas histórias inúteis, Soula persistiu e, com o tempo, foi se sentindo mais confortável com o processo.

Alguns de seus encontros foram desastrosos: os homens eram chatos, arrogantes, sexistas, egoístas ou desagradáveis em geral. Por outro lado, alguns encontros foram muito divertidos: os homens eram espirituosos, charmosos, inteligentes, de mente aberta e atraentes. Não dava para prever como seria. A certa altura, ela namorou um rapaz por sete semanas, apaixonou-se perdidamente por ele e então descobriu que estava sendo traída o tempo todo. Naturalmente, ficou arrasada e, sendo humana, perdeu o rumo por um tempo. Por mais de um mês ela voltou aos seus velhos hábitos: ficar em casa sozinha, afastar-se dos amigos, refletir obsessivamente sobre sua solidão e tomar potes inteiros de sorvete para "se animar". Ainda assim, Soula finalmente percebeu o que estava fazendo e aplicou a fórmula básica da ACT: *Esteja presente, abra-se, faça o que importa.*

Ela se permitiu sentir tristeza e solidão e se tratou com gentileza. Concentrou-se novamente na vida aqui e agora e se reconectou com seus valores de amar e cuidar. Percebeu que, embora ainda não tivesse alcançado seu objetivo de longo prazo (cultivar um relacionamento amoroso e significativo com um parceiro íntimo), poderia viver seus valores de amar e cuidar naquele momento, de mil pequenas maneiras, em seus relacionamentos com amigos e familiares (e consigo mesma). Então voltou a passar bons momentos com entes queridos e continuou o processo de ter encontros.

Pouco tempo depois, Soula se apaixonou por outro homem, com quem namorou por mais de sete meses. Infelizmente, não deu certo; eles se separaram porque Soula queria ficar noiva, mas ele não estava pronto para se casar. E eu odeio desapontá-lo, mas não há um final de conto de fadas para a história de Soula. Na última vez que a vi, ela ainda estava tendo encontros. No entanto, também estava investindo em relacionamentos significativos e amorosos com seus amigos, familiares e consigo mesma — e embora isso não tenha acabado com seu desejo por um parceiro, certamente lhe deu muita satisfação e realização.

Além do mais, ela desenvolveu um senso de humor sobre os encontros. Aprendeu a ver isso como uma oportunidade de conhecer novas pessoas, descobrir novos espaços sociais e aprender mais sobre os homens! Também aproveitou os encontros como uma oportunidade para experimentar novas atividades, desde jogar minigolfe até andar a cavalo. Em outras palavras, o processo de namoro tornou-se uma atividade guiada por valores: um meio de crescimento pessoal, em vez de uma provação dolorosa impulsionada pela solidão.

Ao longo da vida encontramos todo tipo de obstáculos, dificuldades e desafios, e cada vez que isso acontece temos uma escolha: podemos abraçar a situação como uma oportunidade de crescer, aprender e se desenvolver; ou podemos lutar e tentar o que pudermos para evitá-la. Um trabalho estressante, uma doença física, um relacionamento fracassado: tudo isso são oportunidades para crescer como pessoa, para desenvolver novas e melhores habilidades para lidar com os problemas da vida.

A ACT é uma abordagem inerentemente otimista. Não ensina a identificar e desafiar pensamentos pessimistas e substituí-los por otimistas, mas a ter uma postura otimista em relação à vida. A ACT parte do pressuposto que não importa quais problemas encontre, você poderá aprender e crescer com eles; não importa quão terríveis sejam suas circunstâncias, poderá encontrar pelo menos um pouco de realização vivendo de acordo com seus valores; e não importa quantas vezes se desvie da rota, sempre poderá voltar ao caminho certo e começar de novo.

Escolha crescer

Um tema central neste livro é que a vida envolve dor. Mais cedo ou mais tarde, todos nós a experimentamos — fisicamente, emocionalmente e psicologicamente. Mas em todas as circunstâncias dolorosas da vida há uma oportunidade para crescermos. No início do livro, conhecemos Roxy, uma advogada de 32 anos que havia sido diagnosticada com EM (esclerose múltipla). Antes de sua doença, a vida de Roxy era totalmente voltada ao trabalho. O sucesso em sua carreira significava tudo, e ela se saiu muito bem, sendo promovida à sócia júnior e ganhando um salário enorme. Mas trabalhava em média oitenta horas por semana, vivia de comida para viagem, raramente se exercitava e estava sempre "cansada demais" para passar tempo com os amigos e familiares. Seus relacionamentos amorosos eram tipicamente de curta duração, porque nunca tinha tempo ou energia para investir neles. E raramente encontrava tempo para relaxar e se divertir.

Encarar a possibilidade de uma deficiência grave ou de uma morte prematura despertou Roxy para o fato de que a vida é mais do que trabalho e dinheiro. Ela percebeu que nosso tempo neste planeta é limitado e se conectou com o que era mais importante, no fundo de seu coração. Reduziu suas horas de trabalho, passou mais tempo com as pessoas de quem gostava e começou a cuidar da saúde por meio de natação, ioga e alimentação consciente.

Ela também mudou a maneira como se relacionava com as pessoas no trabalho. Sempre foi tão motivada a se destacar que prestava pouca atenção às sutilezas sociais no escritório e, como resultado, parecia fechada e fria para seus colegas. Passou então a tratá-los de maneira diferente: mostrando interesse pela vida deles fora do trabalho e se abrindo, deixando-os saber mais sobre sua própria vida. À medida que se afeiçoava aos colegas, eles, por sua vez, se afeiçoavam a ela, e assim começou a fazer algumas amizades genuínas no local de trabalho.

Ao abraçar a oportunidade diante de sua dificuldade, Roxy tornou sua vida muito mais rica e significativa. É claro que preferia não ter tido a doença em primeiro lugar, mas como isso não estava sob seu controle, escolheu seguir o caminho do crescimento pessoal.

Histórias como essa são comuns. Já vi muitas pessoas enfrentarem um diagnóstico sério — câncer, doença cardíaca, derrame — e reavaliarem completamente suas vidas como resultado. Mas não precisamos esperar até que a morte esteja nos encarando; podemos fazer mudanças significativas sempre que desejarmos. Portanto, quando as dificuldades aparecerem em sua vida (como muitas vezes acontecerá), desenvolva o hábito de se perguntar: "Como posso pensar sobre isso de uma maneira que me permita viver de acordo com meus valores?" ou "Como posso olhar para isso de forma que me ajude a agir de maneira mais eficaz?" Quanto mais frequentemente fizermos isso, mais nossa vida se torna...

30
UMA OUSADA AVENTURA

Talvez você conheça a história de Helen Keller. Nascida no Alabama, nos Estados Unidos, em 1880, ela foi acometida por uma doença terrível (provavelmente meningite) quando tinha apenas 19 meses. Isso a deixou surda e cega. No entanto, contra todas as probabilidades, aprendeu a ler e a escrever e se tornou uma autora prolífica e uma poderosa impulsionadora de mudanças sociais. Ela disse essa famosa frase: *"A vida é uma ousada aventura ou não é nada."*

E aí, o que você escolhe? Se quisermos transformar nossa vida em uma ousada aventura — sair da zona de conforto e deixar que nossos valores nos guiem para um território desconhecido, sem saber o que vai acontecer e sem garantias de que vai sair do jeito que queremos —, precisaremos abrir espaço para todo o desconforto que certamente aparecerá ao longo do caminho. Então, como este é o capítulo final, recapitularemos algumas coisas úteis que podem nos ajudar em nossa grande aventura.

Estar presente, abrir-se, fazer o que importa

Mais uma vez, para dar sorte: os três princípios fundamentais da ACT são:

Estar presente. Concentre sua atenção no que é importante e se envolva no que faz.

Abrir-se. Desprenda-se de seus pensamentos e sentimentos; permita que eles sejam como são e deixe-os fluir livremente através de você.

Fazer o que importa. Aja de forma eficaz, guiado por seus valores.

O termo técnico para nossa capacidade de estar presente, aberto e fazer o que importa é "flexibilidade psicológica". Anteriormente, mencionei o fato impressionante de que existem mais de 3 mil estudos publicados sobre ACT e todos mostram a mesma coisa: quanto maior seu nível de flexibilidade psicológica, melhor sua qualidade de vida. Mas não acredite nisso apenas por causa da pesquisa. Experimente e confie na sua própria experiência. Se os princípios da ACT funcionam para você, se lhe proporcionam uma vida rica e plena, então faz sentido adotá-los o máximo que puder.

Ao mesmo tempo, veja isso como uma escolha pessoal. Você não *precisa* viver de acordo com esses princípios. Não há obrigação, não há certo ou errado, bom ou ruim. Se você adotar esses princípios, isso não fará de você uma "boa pessoa" ou superior aos outros de forma alguma. E se você os ignorar, isso não o tornará "mau" ou "inferior". Sair por aí pensando que *tem* de viver de acordo com esses princípios é apenas ACATAR mais uma regra rígida; cria uma sensação de coerção, como se você estivesse sendo forçado a fazer algo que realmente não quer fazer — o que certamente esgotará sua vida, em vez de melhorá-la.

A maneira como você vive é uma escolha pessoal. E embora a maioria das pessoas descubra que esses princípios transformam suas vidas de muitas maneiras positivas, é importante lembrar que eles não são os *Dez Mandamentos*! Aplique-os se e quando quiser, no interesse de tornar a vida melhor. Mas não os transforme em regras que deva ACATAR!

Tenho certeza de que muitas vezes você "esquecerá" o que aprendeu neste livro. Ficará preso em pensamentos inúteis, lutará inutilmente com seus sentimentos e agirá de maneira autodestrutiva. Mas no instante em que reconhecer o que está fazendo, poderá escolher agir a respeito — se quiser, é claro. Novamente, essa é uma escolha pessoal. Você não *precisa* fazer nada.

Na verdade, tenho certeza de que haverá momentos em que decidirá deliberadamente não usar os princípios deste livro. E tudo bem. Apenas procure estar mais consciente das escolhas que faz e dos efeitos que elas exercem em sua vida; especialmente quando se trata de pontos de escolha como os que estamos prestes a discutir.

Ponto de escolha: Ficar preso ou se libertar?

Pode ser que você tenha chegado a esse ponto do livro e ainda não tenha feito muitas (ou nenhuma) mudanças significativas. Se é isso que está acontecendo, você provavelmente já se deparou com uma ou mais das quatro barreiras difíceis e está:

Fisgado.

Evitando desconforto.

Afastado de seus valores.

Com metas duvidosas.

Portanto, se está se sentindo preso ou adiando uma ação, reserve alguns momentos para identificar as barreiras em seu caminho e aplique os "antídotos" discutidos no Capítulo 23.

Ponto de escolha: ACATAR, LUTAR ou se desprender?

Nossas configurações padrão quando surgem pensamentos e sentimentos difíceis são ACATAR ou LUTAR. No modo ACATAR, damos a eles toda a atenção, permitindo que ditem nossas ações. No modo LUTAR, lutamos ou fugimos deles. E embora esses modos de resposta nem sempre sejam problemáticos, geralmente nos levam a movimentos para trás.

As habilidades de desprendimento nos dão muitas outras maneiras de responder a pensamentos e sentimentos difíceis. Podemos observá-las com curiosidade e franqueza e ver sua verdadeira natureza: palavras e imagens em nossa cabeça e sensações físicas no corpo. Podemos nomeá-las sem julgamento e permitir que se manifestem, permaneçam e saiam livremente, quando quiserem. Podemos reconhecer nossa dor e tratar a nós mesmos com gentileza, enquanto concentramos e reorientamos nossa atenção no que realmente importa.

Ponto de escolha: Ser arrastado ou lançar âncora?

Lançar âncora é de longe a habilidade de desprendimento mais amplamente aplicável neste livro. Você pode fazê-la a qualquer hora, em qualquer lugar, em qualquer atividade, esteja seu clima emocional agradável ou desagradável, ameno ou extremo. Pode usá-la para se desprender, abrir espaço, acordar, reorientar sua atenção, se envolver no que está fazendo, recuperar o controle sobre suas ações ou manter-se firme para "enfrentar a tempestade". Pode fazer uma versão de dez segundos ou dez minutos, ou qualquer outra duração, dependendo das demandas da situação. Então, se você pulou essa técnica, apenas a testou um pouco ou tentou uma vez e não gostou, sugiro que revisite o Capítulo 5 e treine-a de verdade.

Ponto de escolha: Aceitar o desafio ou não?

Quando os tempos estiverem difíceis, lembre-se da "fórmula do desafio". Não importa que tipo de situação problemática encontre na vida, você sempre tem escolhas. Suas opções são:

1. Sair.
2. Ficar e viver de acordo com seus valores: fazer o que puder para melhorar a situação, abrir espaço para a dor que a acompanha e tratar-se com gentileza.
3. Ficar, mas fazer coisas que não fazem diferença ou que pioram a situação.

Às vezes, a melhor maneira de melhorar uma situação desafiadora é abandoná-la. Mas se você não puder ou não quiser deixá-la, a opção 2 será muito mais gratificante que a opção 3.

Ponto de escolha: Sucesso instantâneo ou frustração a longo prazo?

Se você gosta da ideia de "sucesso instantâneo" (e quem não gosta?) com certeza vai querer abraçar a vida focada em valores. Quando vivemos uma vida assim, ainda definimos metas e as perseguimos — mas elas não são o princípio e o fim de tudo. Em vez disso, definimos sucesso como viver de acordo com seus valores. E como sempre há algum jeito de se fazer isso, em qualquer momento da vida, o sucesso instantâneo é possível sempre que desejarmos.

Ponto de escolha: Um sentimento agradável ou uma vida significativa?

No Capítulo 1, examinamos dois significados diferentes de felicidade: a) uma sensação transitória de prazer e contentamento; b) uma vida valiosa e significativa, na qual sentimos toda a gama de emoções humanas, tanto agradáveis quanto dolorosas. Quando paramos de perseguir o primeiro e começamos a construir o segundo, escapamos da "Armadilha da Felicidade". (E quando fazemos o contrário, voltamos a ela.)

Ponto de escolha: Perder a experiência ou aproveitá-la ao máximo?

Quando somos fisgados por pensamentos e sentimentos — no modo LUTAR ou ACATAR —, estamos perdendo a experiência de viver. Habilidades de desprendimento, especialmente "estar presente", "focar" e "saborear", nos permitem apreciar o que temos em nossa vida agora. Isso é importante, porque o agora é o único tempo que temos. O passado não existe; nada mais é do que lembranças no presente. E o futuro não existe; nada mais é do que pensamentos e imagens no presente. O único tempo que você tem é este momento: *agora*. Então aproveite-o ao máximo. Aprecie-o em sua plenitude. E lembre-se: *A vida dá mais a quem aproveita ao máximo o que ela dá.*

Ponto de escolha: Autocompaixão ou autojulgamento?

Já disse antes e repito: você é humano. Então, assim como eu e todos neste planeta, vai estragar tudo, cometer erros, sair do caminho. Haverá momentos em que você esquecerá tudo deste livro. Será fisgado por seus pensamentos e sentimentos, afastado de seus valores e agirá de maneiras muito distantes da pessoa que deseja ser. E vai se machucar e sofrer como resultado.

Então, você pode ser compassivo consigo mesmo? Pode reconhecer o quão difícil é ser humano e se tratar com gentileza? Consegue reconhecer seu sofrimento como algo que compartilha com todos os outros humanos do planeta? Podemos melhorar nosso comportamento, mas não conseguimos ser perfeitos. Todos nós saímos do caminho; todos cometemos erros; e todos sofremos como resultado. Mas ser duro consigo mesmo não ajuda. Isso só nos deixa mais presos do que antes. Portanto, desprenda-se da história de "não sou bom o suficiente" e trate-se como trataria um amigo que sofre: palavras gentis, mãos gentis, ações gentis.

A escolha final

Auschwitz foi o mais notório dos campos de extermínio nazistas. Mal podemos começar a imaginar o que aconteceu lá: o horrível abuso e a tortura, os extremos da degradação humana, as incontáveis mortes por doenças, violência, fome e as infames câmaras de gás. Viktor Frankl era um psiquiatra judeu que sobreviveu aos horrores indescritíveis de Auschwitz e outros campos, que ele descreve em detalhes horríveis em seu livro inspirador *O homem em busca de um sentido*.

Uma das revelações mais fascinantes desse livro é que, ao contrário do que esperaríamos, as pessoas que sobreviveram por mais tempo nos campos de extermínio muitas vezes *não eram* as fisicamente mais aptas e fortes, mas sim aquelas que estavam mais conectadas com um senso de significado e propósito na vida. Quando os prisioneiros se conectavam com seus valores, tinham algo pelo que viver; algo que os mantinha em movimento, apesar de todo o sofrimento. Aqueles que não podiam fazer isso, logo perdiam a vontade de viver — e, portanto, suas vidas.

Por exemplo, um dos valores centrais de Frankl era ser útil. Assim, ao longo de seu tempo nos campos, ele constantemente ajudava outros prisioneiros a lidar com o sofrimento. Ouvia compassivamente seus infortúnios, oferecia palavras de bondade e inspiração e cuidava dos doentes e moribundos. Mais importante, ajudava as pessoas a se conectarem com seus próprios valores mais profundos, para que pudessem encontrar seu propósito. Isso *literalmente* dava a elas força para sobreviver.

Outro *insight* poderoso de *O homem em busca de um sentido* é que mesmo em um campo de concentração nazista, as pessoas têm escolhas. Frankl descreve os nazistas que às vezes escolhiam agir com bondade com os prisioneiros judeus. Por exemplo, ele menciona um guarda nazista que, com grande risco pessoal, secretamente deu a Frankl um pedaço de pão. *"Foi muito mais do que o pequeno pedaço de pão que me levou às lágrimas na época. Foi a parte humana que esse homem me deu — a palavra e o olhar que acompanharam o presente."* Em um sério contraste, Frankl também descreve prisioneiros judeus que escolhiam agir com hostilidade e sadismo terríveis contra seus próprios companheiros. A mensagem é clara: mesmo nas circunstâncias mais extremas, há escolhas disponíveis.

Frankl escreve: *"Nós, que vivemos em campos de concentração, podemos nos lembrar dos homens que caminhavam pelas cabanas confortando os outros, distribuindo seu último pedaço de pão."* Ele reconhece que tais pessoas eram poucas em número, mas aponta que elas oferecem uma prova inegável de que: *"Tudo pode ser tirado de um homem, menos uma coisa: a última das liberdades humanas — escolher a própria atitude em qualquer conjunto de circunstâncias, escolher o próprio caminho."*

Toda vez que leio essa citação, fico arrepiado. *"Escolher a própria atitude em qualquer conjunto de circunstâncias, escolher o próprio caminho."* Como isso é inspirador!

Mas... como *de fato* fazemos isso? Quer dizer, é fácil escolher a nossa atitude quando a vida vai bem, dando-nos o que queremos, sem grandes lacunas de realidade; quando nossa saúde está boa, estamos de férias, o tempo está ótimo e não temos nenhuma preocupação no mundo. Mas como escolhemos nossa atitude quando a vida é realmente difícil? Quando existem enormes lacunas entre a realidade que queremos e a realidade que temos? Apenas "pensamos positivamente"? Ou lemos um pôster da Nike e *"Just do it[1]"*?

Se quisermos escolher nossa atitude quando a vida estiver incrivelmente difícil, primeiro precisamos lançar âncora. Reconhecemos a dolorosa realidade com a qual estamos lidando, abrimos espaço para todos esses pensamentos e sentimentos dolorosos e nos tratamos com gentileza. Aí entramos em contato com nossos valores e escolhemos o que defenderemos diante disso. Em outras palavras: *Esteja presente, abra-se e faça o que importa.* Quanto maior a nossa capacidade de fazer isso, mais liberdade temos — não importa quais obstáculos a vida coloque em nosso caminho.

E isso nos leva ao fim deste livro, mas não ao fim da sua jornada. A vida continua, minuto a minuto, hora a hora e dia a dia. Então, aproveite ao máximo. Pergunte-se frequentemente, todos os dias: estou presente? Estou aberto? Estou fazendo o que importa?

Continue seguindo, continue vivendo, continue amando. E lhe desejo tudo de bom em sua ousada aventura.

---

1   "Apenas faça", em tradução livre. [N. da T.]

AGRADECIMENTOS

Palavras não podem expressar adequadamente a enorme gratidão que sinto por Steven Hayes, o criador da Terapia de Aceitação e Compromisso (ACT). Ele deu um grande presente para mim, para minha família, meus clientes e para o mundo em geral. Também estou em dívida com toda a comunidade ACT, por todos os conselhos, experiências e informações úteis que são tão livremente compartilhados entre eles em workshops, conferências e pela internet. Sou especialmente grato a Kelly Wilson e Kirk Strosahl, a cujos *insights* frequentemente recorri ao longo destas páginas, e também a todos os colegas da comunidade ACT que me deram *feedback* e conselhos para a primeira edição: Jim Marchman, Joe Ciarrochi, Joe Parsons, Sonja Batten, Julian McNally e Graham Taylor.

Em relação à primeira edição, gostaria de agradecer especialmente a meu irmão, Genghis, que foi (como sempre) uma fonte inesgotável de conselhos, força e encorajamento, especialmente naqueles tempos sombrios em que tive vontade de desistir.

E em relação à segunda edição, sou extremamente grato à minha parceira, Natasha, por todo seu amor, apoio e incentivo. Ela não apenas me deu *feedback* verdadeiramente inestimável durante o processo de escrita (incluindo inúmeras sugestões úteis para melhorar o texto), mas também me manteve abastecido com chocolate Lindt, sempre que meus níveis de energia diminuíam.

Também gostaria de agradecer a todos os amigos e familiares que ajudaram na primeira edição, lendo o livro (ou partes dele) e me dando *feedback*: Johnny Watson, Margaret Denman, Carmel Cammarano, Paul Dawson, Fred Wallace e Kath Koning.

E sou especialmente grato a todos os gentis membros da Exisle Publishing, que trabalharam arduamente para produzir este livro: na primeira edição, Benny St John Thomas, Penny Capp e Sandra Noakes; tanto na primeira quanto na segunda edição, Gareth Thomas e Anouska Jones; por seu excelente trabalho de editora na segunda edição, Karen Gee; e por seu design maravilhoso, Enni Tuomisalo. Por último, mas não menos importante, muito obrigado ao meu antigo agente, Sammie Justesen, por me reunir à equipe Exisle.

Russ Harris

Melbourne, Austrália, julho de 2021

ÍNDICE